PREFACE | 序

当前,全球新一轮科技革命和产业变革蓬勃发展,汽车与能源、交通、信息、通信等领域相关技术加速融合,电动化、智能化、网联化、共享化已经成为汽车产业发展的潮流和趋势。电动汽车汇集了新能源、新材料、互联网、大数据、人工智能等多种变革性技术,极大地推动了汽车从单纯交通工具向移动智能终端、储能单元及数字空间的转变,并带动能源、交通、信息、通信等基础设施的改造升级,对于促进能源消费结构优化、提升交通体系和城市运行智能化具有重要意义。在众多关于电动汽车的研究中,电动汽车生态驾驶已然成为能耗优化、效率提升及降低环境污染的重要手段。电动汽车生态驾驶属于典型的多学科交叉领域,涉及车辆、交通、通信、信息、电子、机械、控制等诸多学科。这一领域的人才需求大、培养难度也大,目前国内外尚未有系统的阐述关于电动汽车生态驾驶的成果论著和研究实践。

为此,吴新开博士梳理研究团队在科研和教学方面十余年研究积累,并汇集国内外最新科研动态,形成了多学科技术融合的电动汽车生态驾驶研究论著。本书聚焦电动汽车生态驾驶控制理论及应用,由浅入深,以基础、理论、应用为主线,系统地介绍了电动汽车能耗估算、生态驾驶控制、充电设施优化部署等关键理论、方法与技术,并通过实例全面地阐述了生态驾驶技术在共享电动汽车和电动公共汽车中的应用。该书是国内外第一部系统的针对电动汽车生态驾驶的学术专著,涵盖了该领域主要的控制理论及应用。该书为读者呈现了电动汽车在生态驾驶方面的关键技术和理论知识,无论对于从事电动汽车研究的学生和研究人员还是相关企业的工程技术人员,都具有很好的参考价值。

我衷心希望该书的出版能够对我国交通工程相应领域的教学和科研发展有所裨益,对推动我国相关领域人才培养有所贡献。此外,我殷切希望作者在后续研究中继续深化相关研究,取得更大的贡献。

中国工程院院士

Diandong Qiche Shengtai Jiashi

电动汽车生态驾驶

Kongzhi Lilun ji Yingyong

控制理论及应用

吴新开　王朋成　霍　向　著

人民交通出版社股份有限公司

北　京

内 容 提 要

本书系统阐述了电动汽车生态驾驶控制理论及应用，全书共 11 章，主要内容包括：概述、电动汽车能源消耗估算模型、电动汽车用户驾驶行为、电动汽车无线充电设施部署、电动汽车速度优化控制理论、网联电动汽车生态驾驶协同控制理论、网联电动汽车和燃油车混合生态驾驶理论、随机需求下共享网联电动汽车静态调度方法、随机需求下共享智能网联电动汽车动态调度方法、数据驱动的共享网联电动汽车智能调度方法、面向能耗优化的电动公共交通运行及政策分析。

本书适合作为电动汽车相关领域科研人员的学术参考书，也可作为交通工程、车辆工程、新能源汽车专业和其他相关专业本科生和研究生配套学习教材。

图书在版编目(CIP)数据

电动汽车生态驾驶控制理论及应用/吴新开，王朋成，霍向著. —北京：人民交通出版社股份有限公司，2023.7

ISBN 978-7-114-18857-2

Ⅰ.①电… Ⅱ.①吴… ②王… ③霍… Ⅲ.①电动汽车—驾驶系统 Ⅳ.①U469.72

中国国家版本馆 CIP 数据核字(2023)第 113141 号

书　　名：**电动汽车生态驾驶控制理论及应用**
著 作 者：吴新开　王朋成　霍　向
责任编辑：戴慧莉
责任校对：孙国靖　刘　璇
责任印制：张　凯
出版发行：人民交通出版社股份有限公司
地　　址：(100011)北京市朝阳区安定门外外馆斜街 3 号
网　　址：http://www.ccpcl.com.cn
销售电话：(010)59757973
总 经 销：人民交通出版社股份有限公司发行部
经　　销：各地新华书店
印　　刷：北京虎彩文化传播有限公司
开　　本：787 × 1092　1/16
印　　张：11.5
字　　数：272 千
版　　次：2023 年 7 月　第 1 版
印　　次：2023 年 7 月　第 1 次印刷
书　　号：ISBN 978-7-114-18857-2
定　　价：69.00 元
(有印刷、装订质量问题的图书，由本公司负责调换)

FOREWORD 前 言

能源是当今世界政治经济的主要议题之一，工业的发展造成了生态资源过度消耗和环境污染等问题。随着能源和环境问题的日益严峻，各国开始意识到能源转型、节能减排正成为汽车产业发展的主要方向。发展新能源汽车是我国从汽车大国向汽车强国迈进的必由之路，当前，得益于政策和市场的双重刺激，我国新能源汽车产销量呈持续高速增长趋势，连续八年位居全球第一。

伴随着汽车行业电动化、智能化、网联化、共享化的发展趋势，车联网和大数据的快速发展打通了车、桩、路、网之间的信息交互通道，海量运行数据的出现为产业发展的困境带来了新的解决方法。在新发展机遇下，充分利用车辆数据、充电桩数据、路网数据、电网数据等多源异构数据，从提升能耗估算精确性、用户充电便利性、车辆运行节能性的角度出发，挖掘用户出行热点、驾驶行为和充电规律，支撑充电站合理选址和部署规划，实施生态驾驶控制策略，优化共享电动汽车调度方案，降低用户"里程焦虑"，提升驾驶体验，成为当前电动汽车及智能交通领域亟须解决的问题。

本书是作者在科研和教学方面长期研究积累基础之上，结合国内外最新科研成果撰写而成的，系统阐述了电动汽车能源消耗估算、生态驾驶控制、共享电动汽车调度等内容，基本涵盖了电动汽车生态驾驶控制的主要原理及控制技术。全书共11章，在第1~4章中，详细阐述了电动汽车的发展背景、国内外研究现状和未来发展趋势；介绍了电动汽车能耗估算模型，分析了电动汽车用户的驾驶行为，介绍了电动汽车充电设施特别是无线充电设施的选址和部署理论。在第5~7章中，介绍了交叉路口处电动汽车最佳速度控制理论、网联环境下电动汽车生态驾驶协同控制理论，阐述了网联环境下燃油汽车与电动汽车混合行驶时的生态驾驶控制策略。在第8~11章中，阐述了随机需求下共享网联电动汽车静态和动态调度方法，介绍了面向租赁站点的共享智能网联电动汽车调度方法，并以北京市公交车为例，分析了面向能耗优化的电动公交车的相关运营和政策。

在撰写过程中，作者力求语言表达清晰、论证严谨、选材精良、内容新颖。由于电动汽车生态驾驶是一门涉及人工智能、信息通信、车辆工程和交通运输工程等多学科交叉的技术，读者开始阅读时会遇到一些困难。作者采用需要时才引用相应的学科知识，来避免有多学科交叉导致读者因知识不足难以理解的情况发生，并在必要的内容上引入参考文献，以便读者背景知识的补习。希望本书能够在培养电动汽车生态驾驶方面的人才方面起到承前启后、抛砖引玉的作用。

在本书的撰写工作和涉及的相关研究中，北京航空航天大学王云鹏院士、余贵珍教授、于滨教授、马晓磊教授、丁川副教授，美国密西根大学 Henry X. Liu 教授，美国伦斯勒理工学院 Sean He 教授，以及澳大利亚莫纳什大学 Nan Zheng 教授等给予了很多指导和鼓励。研究生李明、王光军、张少伟、陈恒威、高鑫、李睿楷等参与了本书部分研究内容和编排工作，谨在此向他们表示衷心的感谢。最后，真诚感谢所有直接或间接为本书作出贡献的同仁和编辑，也深深感谢所有被引文献的作者们。同时，限于本书作者的水平和能力，书中难免有疏漏和不妥之处，敬请读者批评指正。

作　者

2023 年 1 月于北京

CONTENTS | 目 录

CHAPTER 1

第1章 概述

1.1 电动汽车发展背景

能源推动了人类文明的进步,自人类使用火种以来,人类利用的能源类型经历了从薪柴到煤炭、石油、天然气的阶段,并将从油气转变为新能源。现今,人类文明正处于以煤炭、石油、天然气为主的化石能源阶段。据国际能源署统计,化石能源的消耗是现今碳排放的主要来源,也是全球温室气体排放的最大来源,对人类生活环境造成了严峻威胁[1]。由于预计的原油短缺和减少温室气体排放的迫切需要,人们期望构建一个可持续的交通生态系统,以应对气候变化的挑战,并减少对石油的依赖。在这一背景下,世界各国以全球协约的方式减排温室气体。2020 年 9 月,习近平主席在联合国大会上向世界宣布了 2030 年前实现碳达峰、2060 年前实现碳中和的目标❶[2]。

目前载运工具绝大多数都是以石油为燃料的内燃机来驱动的,交通运输行业成为经济中主要的温室气体排放源。大力发展新能源汽车已成为各国政府的主要任务,其中电动汽车(Electric Vehicle, EV)以零污染、低噪声和能源利用率高的特点快速发展,成为解决能源和环境问题的重要途径。从国际发展趋势看,面对金融危机、油价攀升和日益严峻的节能减排压力,2008 年以来,以欧洲、美国、日本为代表的国家和地区相继发布实施了新的电动汽车发展战略,明确了产业发展方向,加大了研发投入与政策扶持力度[3-5]。例如,日本全面发展混合动力、纯电动、燃料电池三种电动汽车,研发和产业化均走在世界前列;美国以能源安全为首要任务,强调插电式电动汽车发展;欧盟以碳排放法规为主驱动力,重视发展纯电动汽车。

我国政府也积极推动电动汽车的发展,国务院于 2012 年颁布了《节能与新能源汽车产业发展规划(2012—2020)》,该规划将发展电动汽车作为国家战略之一。为进一步推动电动汽车的发展,国务院于 2020 年发布了《新能源汽车产业发展规划(2021—2035 年)》,提出汽车产业转型升级和推动新能源汽车产业高质量发展的需求。可见,中国汽车电动化趋势并未放缓,未来新能源汽车价值链将进一步成长壮大。

伴随着全球新一轮科技革命和产业变革的蓬勃发展,互联网、大数据、人工智能等多种新兴技术渗透进入汽车产业,催生了汽车产业的历史性变革。电动化、智能化、网联化、共享化已经成为汽车产业不可逆转的发展潮流和趋势,由此重构汽车产业生态链,产生新

❶ 出自《人民日报》(2020 年 09 月 23 日 01 版)。

兴的价值增长点[6]。

1.2 电动汽车发展历史

从电动汽车发展历史来看,分成五个不同的时期:电动汽车的初始阶段(1830—1880 年),电动汽车的发展阶段(1880—1914 年),电动汽车的停滞阶段(1914—1970 年),电动汽车的回归阶段(1970—2003 年),电动汽车的高速发展阶段(2003 年及以后)[7]。

1.2.1 电动汽车的初始阶段(1830—1880 年)

在整个 19 世纪早期,蓄电池和电机方面的一系列技术突破,催生了大西洋两岸的汽车先驱们推出了第一批电动汽车。早在 19 世纪 30 年代,匈牙利、荷兰、英国和美国的发明家们就开始集中精力将这些技术结合起来,创造出一台动力汽车。1835 年,英国发明家罗伯特·安德森在一次行业会议上展示了第一辆电动汽车,该车使用由原油驱动的一次性蓄电池来转动车轮,如图 1-1 所示。大约在同一时期,匈牙利科学家阿尼奥斯·耶德利克和荷兰教授西布兰德斯·斯特拉廷格都发明了电动汽车模型。而在大西洋的另一边,据说美国铁匠转行的发明家托马斯·达文波特也发明了电动机的整体部件,从而生产出了第一辆电动汽车。

图 1-1　1835 年电动汽车模型

在 19 世纪 60 年代,法国物理学家加斯顿·普朗特发明了第一个可充电的铅酸蓄电池,实现了电动汽车的巨大突破。然而,直到 19 世纪 80 年代末,这些发明的蓄电池和电动机才被电动车先驱威廉·莫里森放在一起,创造了第一辆实用电动车。

1.2.2 电动汽车的发展阶段(1880—1914 年)

自 19 世纪 70 年代以来,蒸汽汽车越来越受欢迎,并在世纪之交的美国市场上占据了微弱的优势,但蒸汽汽车也有明显的不足,最终导致了蒸汽汽车的衰落。例如,蒸汽汽车的起动时间长达 45min,而且需要不断地加水,限制了它们的行驶范围。戈特利布·戴姆勒和卡尔·本茨于 1886 年在德国同时开发了世界上第一辆汽车,该汽车以汽油为动力且以沉重的手摇方式起动,还会产生大量废气和噪声。相比而言,电动汽车不排放任何污染物,不需要换挡,也没有很长的起动时间。这意味着它们更容易驾驶,而且也更安静。因此,电动汽车很快在电力供应充足的城市居民中流行起来,如图 1-2 所示。这种流行引起了当时许多先驱者的注意,保时捷开发了世界上第一辆混合动力电动汽车,而托马斯·爱迪生和亨利·福特合作制造了一辆价格低廉的电动汽车。然而,随着福特公司汽车流水线汽车装配系统的建立和汽油的广泛供应,电动汽车快速发展的势头才缓慢结束。

图 1-2 1904 年德国电动汽车

1.2.3 电动汽车发展停滞阶段(1914—1970 年)

伴随着福特的 T 型车被生产出来,以汽油为动力的汽车变得广泛可用且价格低廉。在接下来的 30 年里,电动汽车几乎没有什么进展,到 20 世纪 30 年代中期,几乎完全从市场上消失了,如图 1-3 所示。廉价、丰富的汽油和对燃油汽车的持续改进阻碍了对电动汽车的需求,巩固了燃油汽车的主导地位。因此,电动汽车在半个世纪的时间里处于停滞状态。

图 1-3 充电电动汽车(1919 年)

1.2.4 电动汽车的复苏阶段(1970—2003 年)

直到 20 世纪 70 年代,石油禁运、油价上升和汽油短缺使得人们降低对石油依赖性的呼声越来越大。汽车制造商感受到这种社会转变,开始探索替代燃料汽车的选择,包括电动汽车、氢能源汽车等。例如,通用汽车公司开发了一个城市电动车的原型,甚至美国国家航空航天局也帮助提高了电动月球车的知名度。然而,与燃油汽车相比,电动汽车仍然有几个缺点,包括有限的行驶范围和缓慢的运行速度。

最重要的转折点之一是丰田公司于 1997 年在日本发布的混合动力电动汽车普锐斯,这也是世界上第一种大规模生产的混合动力电动汽车,如图 1-4 所示。2000 年,普锐斯在全球范围内发布,获得了社会名流的青睐。

图 1-4 丰田普锐斯

1.2.5 电动汽车的高速发展阶段(2003 年及以后)

马丁·艾伯哈德与长期商业伙伴马克·塔彭宁克在看到锂离子蓄电池容量的增长后,于 2003 年成立了特斯拉汽车公司。到 2006 年,这家硅谷的初创公司宣布将开始生产豪华电动跑车,充电一次可行驶 320km 以上。特斯拉的成功刺激了许多大型汽车制造商加快了他们自己的电动汽车的研发工作。日产在 2010 年推出了日产 LEAF,这款全电动、零排放的汽车很快成为世界上有史以来最畅销的电动汽车。与此同时,新的蓄电池技术进入市场,帮助提高了续驶能力,并降低了电动汽车蓄电池成本,如自 1991 年以来,锂离子蓄电池的价格已经下降了 97%。这反过来又帮助降低了电动汽车的整体成本,使其对消费者来说更实惠。在此后的几年里,几乎所有的汽车制造商都加入了研发电动汽车的行列。到 2020 年底,世界道路上的电动汽车多达 1000 万辆。这种增长也不仅仅局限于几个国家,在世界各地,所有主要市场的电动汽车销售量都在持续增长,如图 1-5 所示,电动汽车与充电桩数量在国内外呈现爆发式增长。

图 1-5 电动汽车应用爆发式增长

1.3 电动汽车的分类

新能源汽车是指采用非常规的车用燃料作为动力来源或使用常规的车用燃料,但采用新型车载动力装置,综合车辆的动力控制和驱动方面的先进技术,形成新技术、新结构的汽车[8]。新能源汽车包括混合动力电动汽车(Hybrid Electric Vehicle, HEV)、纯电动汽车(Battery Electric Vehicle, BEV)、燃料电池电动汽车(Fuel Cell Electric Vehicle, FCEV)、氢发动机汽车(Hydrogen Internal Combustion Engine Vehicle, HICEV)以及其他新能源(如高效储能器、二甲醚)汽车等各类别产品。电动汽车在新能源汽车中占比超过 80%,因此,新能源汽车通常指的是电动汽车。

电动汽车,是指主要采用电力驱动的汽车,电动汽车的组成包括电力驱动及控制系统、驱动力传动等机械系统、完成既定任务的工作装置等。电力驱动及控制系统是电动汽车的核心,也是区别于内燃机汽车的最大不同点。电力驱动及控制系统由驱动电机、电源和电机的调速控制装置等组成。电动汽车不排放污染大气的有害气体,即使按所耗电量换算为发电厂的排放,除硫和微粒外,其他污染物也显著减少。此外,电厂大多建于远离人口密集的城市,对人类伤害较小,电厂污染物的集中排放与清除,相对较容易,且已经具备了相关技术。按照车辆驱动原理,电动汽车可分为纯电动汽车(BEV)、混合动力电动汽车(HEV)和燃料电池电动汽车(FCEV)。

纯电动汽车是指驱动能量完全由电能提供的、由电机驱动的汽车,它由底盘、车身、蓄电池包、驱动电机、控制器和辅助设施 6 部分组成,由于电机具有良好的牵引特性,因此,纯电动汽车的传动系统不需要离合器和变速器。车速控制由控制器通过调速系统改变电机的转速即可实现。纯电动汽车架构图如图 1-6 所示。

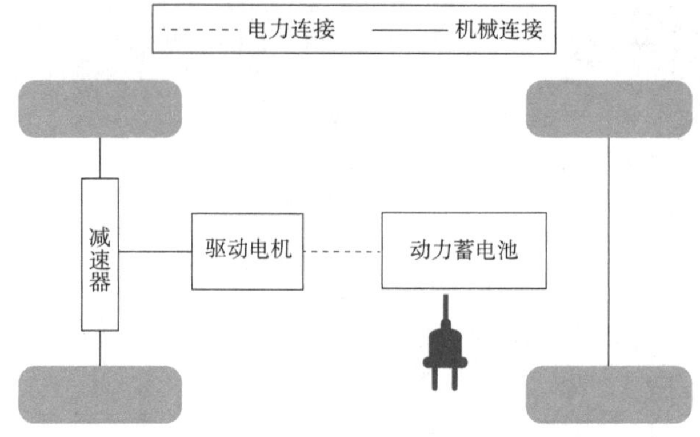

图 1-6　纯电动汽车架构图

混合动力电动汽车是指至少从下述两类车载储存的能量中获得动力的汽车:①可消耗的燃料;②可再充电能/能量储存装置。当前研发的混合动力电动汽车多采用电机作为主要动力或辅助动力,由蓄电池和电机组成辅助动力单元,既可以使用燃油驱动,也可以使用电力驱动,如图 1-7 所示。根据传动系统的拓扑结构或者动力总成配置和组合方式的不同,混合动力电动汽车可以分成串联式、并联式以及混联式三种类型。串联式混合动力电动汽车的驱动力只来源于电动机的混合动力,电能通过电动机控制器输送给电动机,由电动机驱动行驶,另外动力蓄电池也可以单独向电动机提供电能驱动车辆;并联式混合动力电动汽车的驱动力由电动机及发动机同时或单独供给,其结构特点是并联式驱动系统可以单独使用发动机或电动机作为动力源,也可以同时使用电动机和发动机作为动力源驱动车辆行驶;混联式混合动力电动汽车同时具有串联式、并联式驱动方式,既可以在串联混合模式下工作,也可以在并联混合模式下工作,同时兼顾了串联式和并联式的特点。

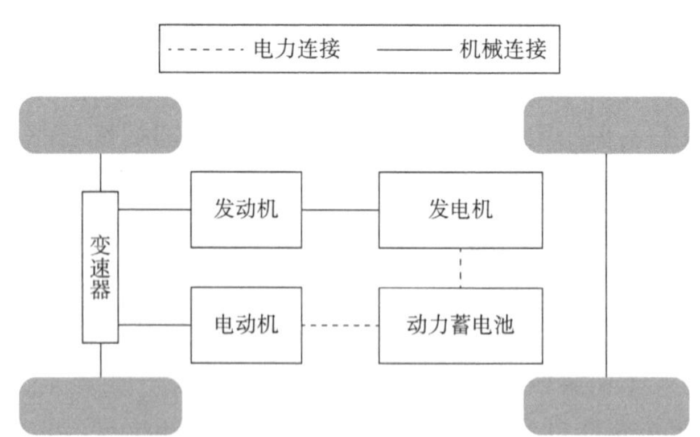

图 1-7　混合动力电动汽车架构图

燃料电池电动汽车是指以燃料电池系统作为单一动力源或者是以燃料电池系统与可充电储能系统作为混合动力源的汽车,其架构图如图 1-8 所示。燃料电池电动汽车的工作原理是作为燃料的氢或者其他醇类在其搭载的燃料电池中,与大气中的氧发生化学反应,从而产生电能起动电动机运行,进而驱动汽车行驶。从环境保护和节约能源的角度来看,燃料电池电动汽车是燃油汽车最好的替代品,是未来电动汽车的发展方向,但是目前燃料电池电动汽车仍处于研究阶段,燃料电池的许多关键技术还处于研发试验阶段。

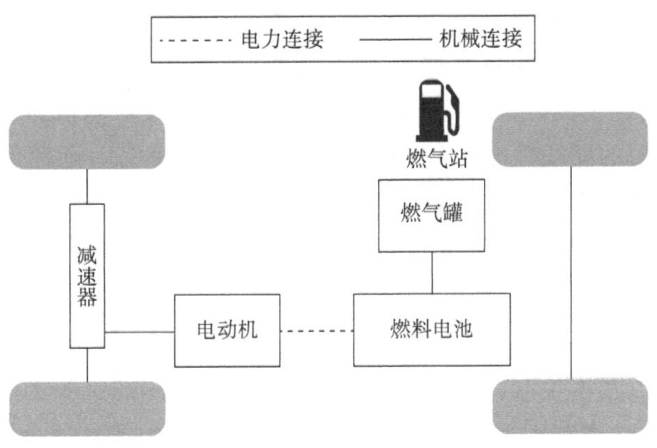

图 1-8 燃料电池电动汽车架构图

1.4 电动汽车国内外研究现状

1.4.1 电动汽车能耗分析

能源与环境是当今时代的主题,电动汽车因其零排放、低能耗的特点成为国家大力推广的对象,近年来纯电动汽车的市场保有量正在逐步上升。然而受制于蓄电池的容量,纯电动汽车续驶里程普遍较短。准确地预测车辆续驶里程可指导用户出行,帮助用户合理安排出行路线,缓解驾乘人员因可行驶里程难以预知而产生的"里程焦虑"。

相关研究大多集中于解决蓄电池存储限制以及充电基础设施部署问题。例如,Frade 等人[9]制作了一个覆盖范围最大的模型来部署一定数量的充电站;Ip 等人[10]应用了一个层次聚类模型来定位充电站;Pan 等人[11]开发了一个两阶段的随机程序以优化设置并联式混合动力电动汽车(Parallel Hybrid Electric Vehicle,PHEV)电池交换站;Sweda 等人[12]开发了一个基于代理的决策支持系统来部署电动汽车充电基础设施;He 等人[13]采用博弈论方法来研究 PHEV 公共充电站的最佳部署。

对于如何提高电动汽车交通效率的研究相对较少,主要原因是人们没有预见电动汽车即将到来的全球性增长,其次是由于人们缺乏对电动汽车性能以及驾驶人行为的了解。测量和估算电动汽车电量消耗是未来提高电动汽车交通系统能源效率的重要条件。与传统燃油汽车相比,电动汽车一个突出的特点就是它能够通过再生制动系统(Regenerative Braking System, RBS)来再生并储存能源[14]。RBS 使用电动机通过对驱动轮施加负力矩为蓄电池充电,并将动能转化为电能。由于安装了 RBS,电动汽车在走走停停的城市道路上行驶时,效率远高于其行驶在畅通无阻的高速公路上的效率。这一点和燃油汽车恰恰相反,由于制动以及热量消耗,燃油汽车在城市中行驶时反而需要更多能源[15]。

在城市交通中，能源焦虑问题会显著影响驾驶人的路线选择，并进一步改变传统交通分配理论的基础。1952 年，著名学者 Wardrop 提出了交通网络平衡定义的第一原理，即出行时选择驾驶时间最短的路线，奠定了交通流分配的基础。对于燃油汽车用户而言，减少能耗和最大程度缩短驾驶时间具有一致性。通常，要达到这种时间和能耗之间的最优平衡，则要偏向选择高速公路路线。然而，对于电动汽车驾驶人来说，选择一条能耗较少的路线与选择一条最短的路线完全不同。因为节约电能需要偏向选择低速路线（如城市道路），而节约时间则需偏向选择高速路线（即高速公路）。因此，当电动汽车用户数量很大时，电动汽车驾驶人选择节能或节省时间都可能极大影响交通网络中的交通分配，而这又将为高速公路和干线系统中的交通流量带来重大转变。电动汽车用户很有可能从最短路径切换到节能路径，这在一定程度上是由于电动汽车驾驶人可看到能耗量，且能敏锐意识到实时能源消耗量以及再生制动的优势。因此，当节省时间意义不大时（通常发生在高峰期），为节约能耗，电动汽车用户一般会选择当地城市道路而非高速公路。

虽然提高电动汽车系统能源效率的方法有很多，但典型的操作方法还是基于传统燃油汽车的，即使用更平稳的加速率和减速率对汽车速度模式进行优化。Schwarzkopf 和 Leipnik[16]提出了一个基于庞特里亚金最大原理的反馈算法，以实现车辆在不同路况下油耗最小化。随后，Hooker[17]开发了一种最优控制模型，可在速度和时间约束下将单个汽车耗油量降至最低。Trayford 等人[18]通过在信号控制交叉路口提供动态速度指导性标志来调查燃油消耗效率。Almqvist 等人[19]提出了一种智能速度调节系统，它可确定在如天气和交通等外部条件限制下的最佳速度。Sanchez 等人[20]提出了一种改良版智能驾驶人模型，通过向一个车辆队列的头车提供速度建议来最大限度降低燃油消耗量及温室气体的排放。Iglesias 等人[21]开发了一种车载交通灯助手，以帮助在信号控制交叉路口的驾驶方式更加节能。近来，Mandava 等人[22]建立了一种更全面的模型来确定信号控制交叉路口的最佳速度；Tielert 等人[23]模拟实验了一种交通信号灯与车辆的通信，该通信可提供速度建议，以减少油耗和排放；Liu 等人[24]则通过提出速度控制体系结构，将最优控制理论应用于减少高速公路上车辆的油耗和温室气体排放。

1.4.2 电动汽车生态驾驶

通常，降低燃油汽车燃料消耗的方法主要是通过控制车辆动力来提高能源效率，其中速度建议或变速限制是提高能源效率的常用控制方案，特别是对于走走停停和接近交叉路口的车辆而言。考虑到车辆在加速时会消耗更多的能源（化石燃料或电力），速度建议的目的是为接近队列或接近红灯信号的车辆提供最佳速度建议，可防止车辆进行不必要的加速和制动，从而降低能耗。事实上，由于车辆特定的机械特性，在相同交通和信号条件下，车辆应采用不同的速度，以最大限度地降低能耗。

车辆队列行驶也是一种提高能耗效率的有效方法，具有增强燃油经济性的良好潜力。队列中，车辆以较小的车距行驶可以减少空气阻力和能耗。通过基于视觉、毫米波雷达和激光雷达的自适应巡航控制（Adaptive Cruise Control, ACC）系统，驾驶人能够以较小的车距跟随领先车辆。协作式自适应巡航控制(Cooperative ACC, CACC)系统,利用相邻车辆之间共享的信息来更精确地控制车辆,让车辆以更近的前后车距行驶。有了车联网技术和必要基础设施后,车辆队列行驶将更多地出现在城市道路上,它除了能够减少能源消耗外,还可提高道路通行能力和行驶舒适性。

电动汽车与燃油汽车混合行驶是研究领域中的主流方向之一,其关注点在于如何提高混合交通流下的能源效率。对此,需要对不同的能源消耗特性和队列车辆之间相互作用进行整体考虑,以最大限度地降低整体能耗。例如,传统的燃油汽车以最佳能源速度72km/h驶近红灯时,其前面的电动汽车可能更想以其最佳能源速度32km/h行驶。这种情况带来一个问题:一个由燃油汽车和电动汽车组成的汽车队列的速度曲线如何才能实现最佳的能源经济性。

许多研究试图通过提供速度建议来减少燃油效率低下的驾驶操作,以解决有关能源危机和温室气体排放的问题。生态驾驶的早期研究着重于开发最佳控制模型,以最大限度地降低车辆的燃油消耗。Hooker等人[25]提出的最佳速度控制模型,在最小化油耗时考虑了速度和行驶时间的限制。Almqist等人[19]提出了一种动态速度建议策略,该策略考虑了包括天气和周围交通等的实时行驶条件。Wu等人[26]应用拉格朗日乘数法通过确定最佳车辆加/减速率来最大限度地减少车辆的燃油消耗,所提出的方法被应用于人工驾驶和自动驾驶车辆以最小化燃油消耗。Xu等人[27]开发了一种伪谱方法,通过优化发动机转矩和变速器挡位来解决生态驾驶最优控制问题。这些研究强调了方案效率对于现实应用中速度建议的重要性。

随着通信技术的应用,使得车车和车路通信成为可能,车辆信息的采集和传输与传统模式相比都有很大变化。因此,网联车辆的生态驾驶策略,尤其是网联车辆与传统车辆混行时生态驾驶策略需要进一步研究。例如,Yang等人[28]提出了由反馈控制系统确定的具有可变速度限制的网联车辆协作式生态驾驶策略。Ubiergo和Jin[29]研究了网联环境下车速建议策略对混合交通行驶延误、排放和燃料消耗的影响。

1.4.3 电动汽车共享出行

交通拥堵、空气污染等问题的暴发,使得共享出行被认为是解决交通难题的有效途径之一。共享出行是指交通工具所有权暂时转移的一种新型出行方式,如分时租赁、拼车、共享单车等。车辆共享是共享出行模式的典型应用,最早可追溯至瑞士人组织的"自驾车合作社"[30]。随着互联网通信技术的发展,汽车共享市场逐渐被划分为按天租赁和分时租赁两种模式,其中分时租赁由于使用方式相对灵活、使用成本较低,更受大众的青睐,适用于城区内的短途交通。

目前,提供车辆分时租赁服务的公司有德国Car2Go、美国Zipcar、法国Autolib、中国EVCARD等。车辆共享被认为是促进电动汽车发展的有效途径之一,国内大部分运营商采用电动汽车服务用户,如Gofun、EVCARD等。根据用户还车位置约束不同,共享车辆的运营模式可以分为异地还车和同取车地点还车两种方式[31]。对于异地还车模式,还可进一步细分为自由还车和指定站点还车两类。车辆共享领域涉及的问题主要包括站点选址、车队规模、车辆再调度策略、车辆充电等。其中,异地还车模式下的车辆再调度问题与车辆运行效率和订单损失率密切相关,是现有车辆共享领域研究中的热点话题。

共乘出行是时下另一种比较流行的共享出行模式,提倡多人同乘一辆车出行共享出行成本。随着城市交通问题的突出,共乘出行先后在不同国家获得推行和鼓励,如东京、伦敦等城市为了鼓励出租汽车合乘的出行方式,采取一人一车、择多收费,美国采用“合车道”,即大容量客车专用道,行驶在该车道上的车辆必须载有两位及两位以上的乘客。共乘出行模式下车辆乘客匹配策略是优化共乘出行服务领域的重点研究话题,根据乘客进入系统时间的不确定性,车辆乘客匹配问题分为静态优化和动态优化两种类型,其中,静态车辆乘客匹配表明乘客需求完全已知,而动态匹配表示随着时间的推移乘客需求逐渐增加,车辆的服务路线可能会随之进行调整。

现有共享出行模式中,站点间车辆再调度和动态调整车辆行驶路线是车辆调度系统面临的瓶颈问题。而网联自动驾驶背景下,车辆调度系统可以忽略还车站点约束和驾驶人驾驶不确定性的影响,极大地提高了车辆的服务效率,因此,融合共乘出行的车辆共享模式是网联自动驾驶车辆运营的必然趋势[32]。此外,定制公交与共乘出行都是面向需求响应式的出行服务,整合共享车辆和定制公交的车辆调度系统有助于构建智能出行服务体系,多车辆类型的车队管理模式将成为未来的主流研究方向之一。

随着自动驾驶技术的兴起,城市交通格局正在经历着巨大变革,共享自动驾驶被认为是提供按需出行服务的最佳选择之一。共享网联自动驾驶车辆(Shared Connected Autonomous Vehicle, SCAV)是汽车共享运营方式和自动驾驶车辆相结合的新型出行模式。由于自动驾驶车辆无人参与及随叫随到的特性,自动驾驶背景下的共享出行具有三大优势:①节省人工服务成本,有助于提升车辆运营经济效益和降低出行成本,这对吸引人们采用自动驾驶模式出行提供了优越的价格及服务优势;②根据自动驾驶车辆提供点对点服务的便利性,可减少乘客行走距离、消除乘客取车还车困扰,增强车辆使用灵活度;③自动驾驶车辆提供的行程共享出行服务是从全局优化的角度规划乘客的出行路线,避免车辆单方面选择引起的服务不均,确保车辆快速响应乘客出行需求。

SCAV 有助于促成按需出行、合乘出行、多模式出行等多元化服务体系,是未来建设可持续发展交通系统的重要组成部分。与传统汽车共享模式相比,除节省出行成本和提升便利性的优势外,SCAVs 还可缓解城市交通压力及减少温室气体排放量。据统计,如果市区内自驾出行的人们全部或部分行程采用基于自动驾驶车辆的共享服务,1 辆 SCAV 最多可以满足 12 辆私家车的出行需求并节省 11 个停车位。虽然每辆车在途服务乘客的频率较高导致其行驶里程增加 8% 左右,但 SCAVs 对减缓碳排放量方面仍有较大贡献,减少总量达 34%。人们对 SCAVs 的接受程度主要取决于出行成本、出行时间和等待时间三方面因素,年轻人或经常采用多模式出行方式的乘客会比较容易接受自动驾驶车辆参与的出行服务,未来选择 SCAVs 出行的乘客占比将会提升到 14% 以上。尽管 SCAVs 可能延长乘客在途时间,但与公共交通带来的“最后一公里”出行困扰相比,乘客更倾向于选择自动驾驶车辆提供的共享出行。

为丰富“共享出行+自动驾驶”领域的研究,学者们对如何构建 SCAVs 管理系统进行了深入的探讨。根据车辆同时服务人数,SCAVs 的共享模式分为车辆共享和行程共享两类。基于行程共享的车辆管理模式与拼车相似,一辆 SCAV 允许多人同时乘坐;而基于车辆共享的出行服务方式是分时租赁服务模式的演化,即车辆仅能响应一名乘客的出行请求。针对车辆和行程共享服务模式,乘客出行需求、车队数量、车辆乘客匹配方法、车辆再调度、收费标准、充电策略和停车路径规划是 SCAVs 管理系统建模仿真的重要组成部分。

以运营商为研究视角,乘客出行需求采集、车辆调度系统和交通网络是搭建 SCAVs 仿真平台的基础,其中乘客出行需求是 SCAVs 调度系统决策的重要前提。出行需求数据获取方式大致分为两类:①交通路网内随机生成乘客出行的起讫点 OD 和对应的出行时间窗;②通过出租汽车历史订单数据归纳总结路网内出行需求分布。此外,交通网络拓扑结构是模拟调度系统规划车辆服务路线的基础要素。常见的交通网络简化形式为曼哈顿网格网络和欧式空间网络,以及以实际路网拓扑结构为背景绘制的相对复杂的交通网络。

车辆调度系统的核心问题是如何高效地分配车辆服务乘客,这也是 SCAVs 领域的热点话题之一。学者们分别从模型建立和求解算法两方面着手,对车辆调度问题进行了深入的研究。在建模方面,大部分工作是以乘客出行起讫点组成的抽象网络为基础,通过构建车辆访问路径模型获得车辆乘客匹配方案。Ma 等[33]将车辆接送乘客过程抽象为有时间窗约束的装卸货问题,提出车辆访问路径的线性优化模型。同年,Levin[34]将 SCAVs 的车辆调度问题看成是典型拨叫车辆服务问题,在网络流模型基础上嵌入交通流动态演化模型,建立融合动态交通分配的 SCAVs 路径规划模型。Bongiovanni 等[35]延续拨叫车辆服务问题建模思路,增加车辆行驶里程约束和充电时间约束,建立面向电动汽车的共享网联自动驾驶车辆路径规划模型。Liu 等[36]从旅行时间可靠性角度丰富车辆调度系统的研究方法,建立以提升出行准点率为目标的车辆路径优化模型。对于这类线性整数优化模型,分支割平面法、拉格朗日松弛法、动态规划是搜索全局最优解的有效求解方法。然而,这类问题的求解规模随乘客数增加呈指数级增长,导致优化求解器无法在有效时间内获得最优解。为了提升算法的求解速率,Braekers 等[37]提出引入启发式算法快速裁剪无效解,这极大地缩短了可行解的搜索空间并增强了模型的适用性。随后,学者们还采用变邻域算法、禁忌搜索算法等其他启发式算法解决车辆乘客匹配问题。除上述方法外,搭建基于特定车辆调度原则的 SCAVs 仿真平台,也是完成车辆乘客匹配过程的另一种有效途径。其中,车辆就近服务原则和乘客先到先服务原则是文献中常见的两种车辆调派方法。虽然这类仿真方法不能以全局优化的角度调派车辆,但调度系统能够快速完成车辆乘客匹配工作,这对建立实时动态的车辆调度系统有一定的参考价值。

为提升车辆乘客匹配效率,车辆调度系统还需考虑闲置车辆再调度问题。车辆再调度策略是非对称运营模式的核心问题,也是现有国内外 SCAVs 研究领域内的重点研究对象。根据用户需求信息的不确定性,车辆调度模型[38]大致分为三类:①基于历史信息的需求预测方法;②基于完全信息的精确调度方法;③基于设定阈值的站点可用车辆数均衡方法。通常,车辆再调度问题被认为是以最大化系统或用户利益、最小化运营成本的数学优化问题,如混合整数线性规划、混合整数非线性规划、滚动时域优化。为确保调度方案的准确性,现有研究大多采用优化求解器 Cplex 对优化模型进行求解。Nair 和 Miller-Hooks[39]利用 Cplex 获得固定需求的车辆调度模型,主要适用于站点数较少的优化模型。Boyaci 等[31]采用分支定界算法求解多目标混合整数优化模型,虽然能够得到模型的最优解,但受计算能力的影响仅适用于中小规模问题的研究。由于优化求解器计算能力的限制,Cepolina 和 Farina[40]提出了基于模拟退火算法的启发式算法寻找近似最优解。以上方法是通过系统调派员工实现车辆挪移,除此之外,优化用户还车位置节省调度成本是实现车辆再调度的另一有效途径,如 Jorge 等[41]提出多种激励方式鼓励用户选择系统推荐的还车站点,间接完成车辆的再调度任务。

此外,为丰富组合出行模式、提升公共交通运行效率,学者们还纷纷对 SCAVs 与公共交通间可能存在的协调管理方法进行探讨。Shen 等[42]利用自动驾驶车辆解决早高峰期间人们乘坐公交车的"最初一公里"交通问题,实验结果表明自动驾驶车辆辅助的公共交通有助于提升服务质量、减轻道路交通负荷,是发展城市可持续交通的有效途径。Wen 等[43]综合对比分析多种出行模式的经济效益,验证融合自动驾驶的换乘出行模式的有效性。现有研究中,对于车辆的特征一般以电动汽车和非电动汽车为区分,虽然已有部分研究工作探讨 SCAVs 与公共交通组合出行服务模式,但融合多车型车队协调管理模式的车辆调度方面的研究工作还相对较少,面向电动化的多车型组合服务模式的研究更是相对欠缺。

1.5 电动汽车研究趋势与展望

1.5.1 深度学习技术在电动汽车中的应用

1.5.1.1 深度学习技术在能耗估算中的应用

由于电动汽车续驶里程较短,用户普遍存在里程焦虑。为解决这一问题,通常从两个方面入手,一方面是提升蓄电池能量密度和充、换电站覆盖率;另一方面是研究电动汽车能耗和蓄电池剩余能量来提升剩余续驶里程的预测水平,从而改善用户使用体验[44]。相关研究表明,相比于蓄电池容量的提升,驾驶人更希望能够准确预估剩余续驶里程。电动汽车能耗预测精度影响到续驶里程的估算精度。目前电动汽车续驶里程算法中采用平均能耗和实时能耗预测,前者在实际变化工况条件下的预测效果相对不佳,后者则对预测算法的预测精度和效率提出了更高的要求。对能耗预测的建模方法有两种思路,一种是基于物理模型,以蓄电池的性能研究为出发点,探究蓄电池的剩余电量、温度因素与能耗之间的关系;另一种是基于数据驱动,利用电动汽车真实行驶数据进行分析与预测能耗[45]。

随着电动汽车行驶监控数据逐渐规范化,深度学习技术在实时预测场景应用中不断成熟,这为从行驶数据中挖掘能耗信息而进行实时能耗预测提供了可能。近年来,相关的文章快速增多。相关研究通过使用深度卷积神经网络估计电动汽车的实时能量消耗来减少驾驶人的范围焦虑。与现有技术相比,影响因素的组合所引起的非线性和复杂性使该问题更适合于深度学习方法。例如 Modi 等[46]提出了基于三个参数,即车速、牵引力和道路海拔的深度学习方法,为了探索层数和输入特征描述符的影响,进行了多个不同的实验,所提出的方法与现有的五种技术比较表明,所提模型始终比现有的技术表现得更好、误差最小。

1.5.1.2 深度学习技术在生态驾驶控制中的应用

V2X(Vehicle-to-Everything,车联网)通信技术与汽车的融合是未来重要的发展趋势,基于道路交通信息来对车辆未来一段时间的车速轨迹进行估计,能够在很大程度上提高电动汽车的节能效果。目前相关车速预测研究已在汽车安全及节能辅助驾驶、路径规划、新能源汽车能量管理等方面有很多应用。国内外关于车速预测的方法主要分为基于模型和基于数据驱动的方法。其中,基于模型的车速预测方法主要是依据交通流理论对车辆的车速进行预测;基于数据驱动的车速预测方法是利用当前和历史车速信息及交通数据对车辆未来车速进行预测,而不考虑复杂的交通过程[47]。

城市交通环境下,电动汽车因频繁加减速会导致能耗增大。在车联网环境中,车辆提供周围交通信息的基础上,应用深度学习算法对车辆未来行驶车速进行预测,通过对预测车速轨迹进行修正和平滑,并结合成熟的转矩优化分配控制方法,进行基于预测车速的节能控制策略研究,从而为促进车辆平稳行驶、减少能耗提供一种解决方案。

1.5.2 区块链技术在电动汽车中的应用

区块链是一个共享的、不可篡改的账本,旨在促进业务网络中的交易记录和资产跟踪流程。资产可以是有形的(如房屋、汽车、现金、土地),也可以是无形的(如知识产权、专利、版权、品牌)。几乎任何有价值的东西都可以在区块链网络上跟踪和交易,从而降低各方面的风险和成本。随着人们对区块链技术研究的不断深入,区块链技术对于升级电动汽车领域各方面应用将带来颠覆性的突破,区块链技术在电动汽车领域的应用现状和发展潜力有着十分重要的意义[48]。

1.5.2.1 智能计费

现阶段,我国高速公路开始大量普及电子不停车收费(Electronic Toll Collection, ETC)系统,极大地节省了通行费的缴纳时间,但是由于使用该系统需要安装相应的感应设备,办理过程烦琐,因此,在收费站还是设立人工收费与电子收费同时进行的状态,无法实现真正不停车收费。通过区块链技术对汽车进行身份认证,汽车数据的传输、存储过程均建立在区块链体系之上,感应设备节点和数据库都改造为具有通信与验证功能的分布式账本,可以有效提升计费的准确性。

1.5.2.2 电网能量智能调度

充电站应在满足电动汽车用户个性需求的前提下对各电动汽车制订具体的充电计划,然而电动汽车的充电时间以及电动汽车用户的充电行为等均具有较强的随机性。通过区块链签署一系列智能合约,使参与调度的电动汽车成为稳定的可控负荷。区块链技术中的点对点通信广播特点可以将调度计划及电动汽车的实时数据传播至各节点，使调度数据的获取及传输成本大大降低。

1.5.2.3　充电桩管理

现阶段，电动汽车用户出行习惯及路网交通的不确定性会导致电动汽车的出行充电选择难以预测，进而导致公共充电站的利用率不均衡；私人充电桩则存在缺乏有效管理、利用率低等情况。利用区块链技术，帮助用户获取充电桩的实时信息，电动汽车用户可以基于智能合约智能选择充电站，以减少因盲目选择充电站导致的充电等待时间过长等问题。对于加入区块链的私人充电桩，通过区块链技术的数据共享特征将充电桩数据共享后，再对电动汽车进行有效充电引导，有助于提高私人充电桩的利用率。

CHAPTER 2

第2章 电动汽车能源消耗估算模型

随着电动汽车保有量的逐渐增加,以燃油汽车为主的交通模式也将发生变化。因此,有必要了解电动汽车及其驾驶人的特征,来提高交通效率。鉴于此,本章首先开发出一个电动汽车数据收集系统,该系统可以从蓄电池管理系统(Battery Management System, BMS)获取蓄电池的充电状态、蓄电池组电流、蓄电池组电压、蓄电池组功率,以及车辆行驶数据,包括速度、加速度以及车辆位置(纬度、经度和海拔);然后,将这一系统部署在改装的电动汽车上,收集了5个月的电动汽车数据,进而分析电动汽车在城市道路和高速道路行驶的效率,以及电动汽车能耗与车辆动力学参数及自身性能参数的关系。

2.1 电动汽车数据收集系统

2.1.1 实验用电动汽车

实验基于1987年的尼桑D21电动多用途货车进行改装,如图2-1所示。车辆系统是由一个50马力(约合36.77kW)、120V的交流电机和一款Curtis控制器组成。蓄电池包由36个3.2V、180A·h的锂聚合物蓄电池串联而成,构成一个115V、180A·h的蓄电池组。Elithion ®电池管理系统(BMS)则用于监视每个蓄电池的电压及温度并控制系统充电[49]。

a)改装用电动汽车

b)车辆控制结构

c)蓄电池包

图2-1 改装电动汽车及蓄电池包

电动汽车上安装了一款2000W的Elcon充电器,车上有两条数据总线,一条用于蓄电池管理系统(BMS),另一条用于电动机控制器。BMS总线充当控制器局域网(Controller Area Network, CAN)总线,并使用车载诊断系统(On-Board Diagnostics, OBD-Ⅱ)数据标准。OBD-Ⅱ提供的信息包括单个蓄电池的电压、温度和电阻,蓄电池组的电压、电流和功率和众多诊断和控制参数等。该电动汽车使用的基本上都是最新技术,如改装车中使用的锂离子蓄电池已在插电式混合动力汽车和纯电动汽车上使用,包括日产聆风、福特福克斯电动汽车、特斯拉 MODEL S 等；该车还安装了交流电动机，可进行制动再生，这是商业电动汽车最重要的一个特征。另外，D21 多用途货车大小与经典轻型乘客汽车类似，因此，该改装车辆的能耗行为也与实际乘用车类似。

2.1.2 数据收集系统

该系统可以用来收集电动汽车的性能信息和车辆的动力学信息。性能信息包括蓄电池使用情况、蓄电池充电状态、电流、蓄电池组电压、外接充电事件时间、持续时间、位置、功率水平和充电器类型等；动力学信息包括速度、加速度/减速度和车辆位置（纬度、经度和海拔）。该数据收集系统的体系结构如图 2-2 所示。它由四个部分组成。首先，CAN 总线数据记录器，通过 BMS 收集行驶中的车辆数据；然后，数据通过蓝牙发送到智能手机或平板电脑上。同时，智能手机中的全球定位系统（Global Positioning System，GPS）会收集车辆位置数据并生成行程轨迹。随后，智能手机中的 App（应用程序）将轨迹数据与车辆行驶数据同步。同步数据通过移动热点（Wi-Fi）或蜂窝网络以 1Hz 的采样频率传输到数据库中。此外，还开发了一种网络应用程序，将从原始数据中获得的一些有用信息发布给电动汽车用户。

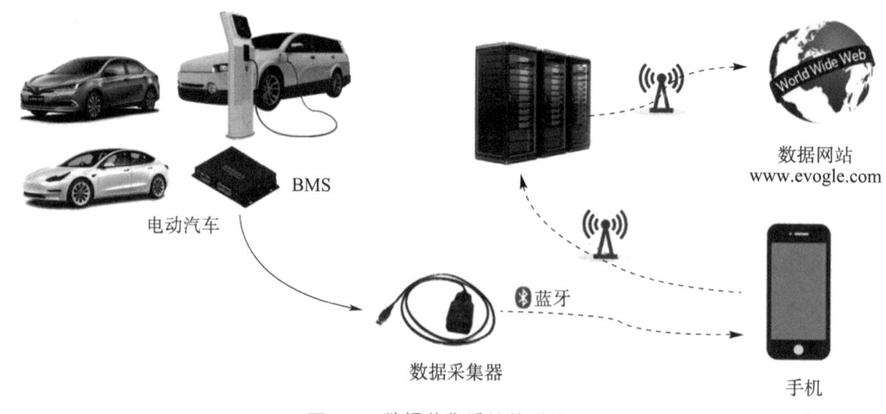

图 2-2 数据收集系统体系结构

图 2-3 是一个数据样本，A 列记录 GPS 时间；B 和 C 列记录经度和纬度；D 列是 GPS 测量的车速（以 m/s 为单位）；E 列是 GPS 测得的海拔高度；F 列是平板电脑中加速度计记录的加速度信息；G ~ J 列是能源使用相关信息，包括蓄电池组电流（以 A 为单位）、蓄电池组总电压（以 V 为单位）、蓄电池组功率（以 kW 为单位）和充电状态（以% 为单位）。

	A	B	C	D	E	F	G	H	I	J
1	GPS时间	经度	纬度	GPS速度(m/s)	海拔(m)	加速度（g）	电池组电流（A）	电池组总电压（V）	电池组功率（kW）	充电状态（%）
14	Mon Dec 03 08:42:29 PST 2012	-117.72477	34.12169	11.471457	392.1571	0.01566211	214.3000031	109.0999985	23.39999962	76
15	Mon Dec 03 08:42:30 PST 2012	-117.72492	34.12169	12.108709	392.4927	0.0045982	231.8999939	109.5	23.39999962	75
16	Mon Dec 03 08:42:31 PST 2012	-117.72506	34.12169	12.7350855	393.1273	-0.0242881	194.199997	110.199997	25.29999924	75
17	Mon Dec 03 08:42:32 PST 2012	-117.72521	34.1217	12.897027	393.9691	-0.05181026	173.8999939	111	19.29999924	75
18	Mon Dec 03 08:42:33 PST 2012	-117.72537	34.12171	13.385689	395.0216	-0.01456756	149.1000061	111.9000015	19.29999924	75
19	Mon Dec 03 08:42:34 PST 2012	-117.72553	34.12171	14.347867	395.0588	0.03336321	91.69999695	116.5999985	10.69999981	75
20	Mon Dec 03 08:42:35 PST 2012	-117.72571	34.12172	14.9783945	394.5511	0.02614931	-17.20000076	119.5	10.69999981	75
21	Mon Dec 03 08:42:36 PST 2012	-117.72588	34.12171	14.313869	394.1217	-0.07667585	-62	119.699997	-7.4000001	75
22	Mon Dec 03 08:42:37 PST 2012	-117.72604	34.12171	14.117733	393.5269	-0.05349614	-62	119.9000015	-7.4000001	75
23	Mon Dec 03 08:42:38 PST 2012	-117.7262	34.12171	13.395488	392.9295	-0.01359403	-59.70000076	119.9000015	-7.0999999	75
24	Mon Dec 03 08:42:39 PST 2012	-117.72635	34.12171	12.9544735	392.4275	0.02876573	-57.20000076	119.9000015	-7.0999999	75

图 2-3 数据样本

2.2 能耗效率分析

自 2012 年 11 月,波莫纳加州理工大学的一名教职人员一直在用该测试车辆进行日常通勤。收集了该教职人员大约 5 个月的数据包括 2012 年 11 月、2012 年 12 月、2013 年 1 月、2013 年 4 月和 2013 年 5 月。如图 2-4 所示,这些数据包括 169 次行程,每次行程记录了电动汽车性能数据和动力学信息。

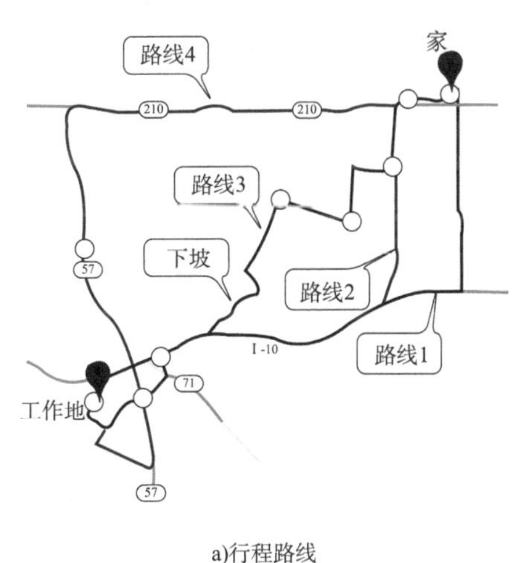

a)行程路线

OD	家	工作地	其他	总计
家	—	26	44	70
工作地	41	—	6	47
其他	25	21	6	52
总计	66	47	56	169

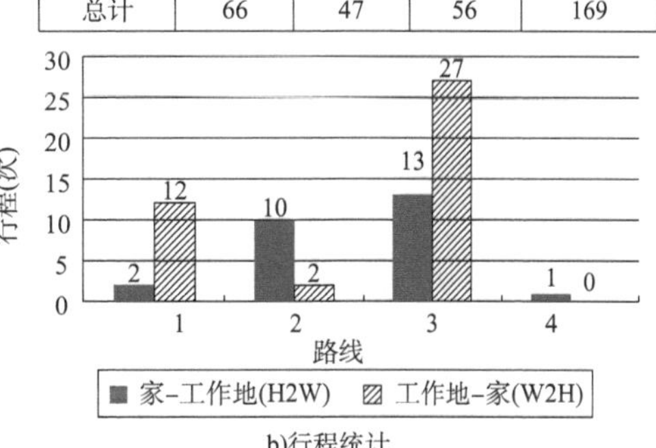

b)行程统计

图 2-4 行程及路线

上述数据分析表明,驾驶人期望选择城市内道路行驶,这种行驶的电动汽车能耗效率比畅通无阻的高速公路上的能耗效率要高得多。为进一步验证这一观点,本节将这 167 次出行的所有数据分为两类:城市道路驾驶和高速公路驾驶;然后用总消耗能源除以总行驶距离来计算每一类别数据中的能源效率。结果表明,在城市街道上驾驶比在高速公路上驾驶能耗更低,城市驾驶为 16.75kW · h/100km,高速公路驾驶为 17.32kW · h/100km,如图 2-5所示。可以看出,城市内行驶和高速公路行驶能耗值差异较小,主要原因是电动汽车驾驶人的出行大多选择城市驾驶路线,市区驾驶的总行驶距离为 859km,而高速公路驾驶的总行驶距离仅为 171.1km。此外,这些城市内的出行路线许多都是上坡路线,这也降低了城市驾驶的能源效率。如果有更多高速公路驾驶数据,城市驾驶和高速公路驾驶的能源效率差异可能会增大。

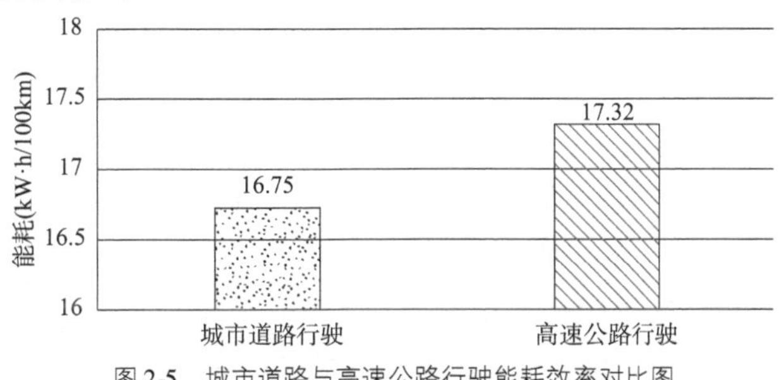

图 2-5 城市道路与高速公路行驶能耗效率对比图

图 2-6 显示了在城市道路和高速公路上电动汽车功率和速度、加速度和坡度之间的关系。总体来看，在城市和高速公路行驶中，高速行驶能耗更多。但是在城市和高速公路行驶中，当电动汽车以大约 88km/h 的速度行驶时，瞬时功率会大幅下降至局部最小值；当车速达到约 88km/h 时，驾驶人松开加速踏板，所需能耗更少。实验表明，与城市道路行驶相比，要保持这一速度时，在高速公路上行驶所需功率稍高，但两者差异并不明显。

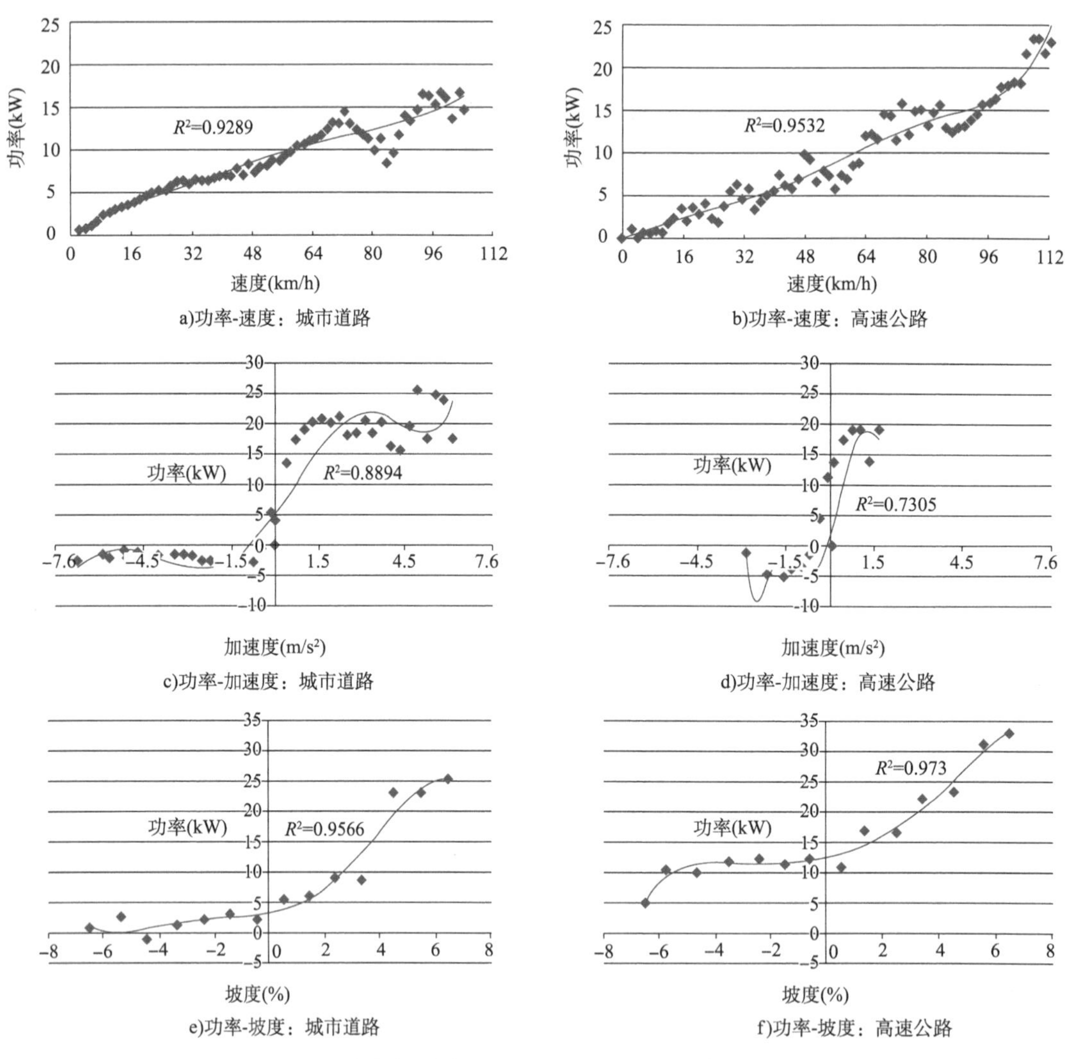

图 2-6　城市和高速公路驾驶的功率随速度、加速度、坡度变化的趋势

与燃油汽车相比，电动汽车显著的特征是其可通过再生制动系统进行发电。图 2-6c）和图 2-6d）中的数据证实了这一结论。当加速度为负（即减速）时，功率为负，表示电动汽车正在再生能源。当加速度为正时，功率为正，表示电动汽车正在消耗能源。当加速度在 $-1.5 \sim 1.5 \text{m/s}^2$ 之间时，功率随加速度的增长而成比例地增加；当加速度低于 -1.5m/s^2 或高于 1.5m/s^2 时，功率几乎保持不变且不会随加速度而变化，这一点在图 2-6c）中尤为

明显。功率的上限约为 20kW，下限约为 -5kW。

道路坡度对电动汽车的能耗也会产生重大影响，如图 2-6e）和图 2-6f）所示，随着道路坡度的增加，所需瞬时功率也随之增加。由于数据收集中使用的 GPS 难以提供准确的海拔高度，因此，通过 Google Earth 手动收集了海拔和坡度信息。通过数据发现，坡度为正（即上坡）时，功率变化明显大于坡度为负（即下坡）时的功率变化，如图 2-6e）所示，根据城市驾驶数据得出的功率与坡度的关系为：当坡度从 0% 变为 6% 时，功率从 5kW 增加到 25kW（相差 20kW）；但当坡度从 -6% 变为 0% 时，功率仅从 0kW 增加到 5kW（相差 5kW）。同样，根据高速公路驾驶数据得出的功率与坡度的关系为：当坡度从 0% 变为 6% 时，功率约增加 20kW（从 12kW 增加到 32kW）；但是当坡度从 -6% 变为 0% 时，功率仅增加 7kW（从 5kW 到 12kW）。这可能是因为不管坡度是多少，驾驶人在下坡时都只松开加速踏板，因此所需功率相似，而上坡时，为保持一定速度，所需功率则对坡度非常敏感。另外，从图 2-6e）和图 2-6f）中可以看出，即使坡度相同，高速公路驾驶也比城市驾驶需要更多功率。这可能是因为高速公路上的行驶速度通常高于城市街道上的行驶速度。

图 2-6 仅描述了电动汽车的瞬时功率与速度、加速度和道路坡度之间的一般关系。为了更好地理解功率、速度、加速度以及道路坡度之间的关系，通过对细分数据进行统计分析，可以量化电动汽车在一定坡度的路线上以特定速度和特定加速度驾驶所需功率的变化范围，如图 2-7 所示。图中括号中的两个数字分别表示平均偏差和标准偏差。

图 2-7a）显示了加速度处于 $0 \sim 0.6\mathrm{m/s^2}$ 范围内且道路坡度从 0% 变为 2% 时，电动汽车功率与速度之间的关系。因此，图中带有方形标记的每个红点代表电动汽车在加速度介于 0 和 $0.6\mathrm{m/s^2}$ 之间、坡度介于 0% 和 2% 之间以特定速度行驶时所需的功率的平均值。同样，图 2-7b）显示了速度在 7 ~ 9m/s 范围内且道路坡度从 0% 变为 3% 时，电动汽车功率与加速度的关系；图 2-7c）显示了车速介于 11 ~ 13m/s 之间且加速度在 $0 \sim 0.6\mathrm{m/s^2}$ 范围内时，功率与道路坡度的关系。

功率平均值（即图 2-7 中的正方形点）是从一组数据点得出的，该数据点与在特定速度、加速度和坡度范围这些特定条件下电动汽车所需功率值一致。图 2-7 的柱状图表示速度、加速度和坡度特定范围下，电动汽车的功率可以描述为正态分布；平均值和方差的不同值表示不同范围内的分布不一样。每种分布的平均值（以正方形表示）根据不同的“x”坐标值而变化，而且每种分布的范围（以竖线条表示）在不同条件下也不同。每个数据点的范围是用平均值减去（对于下限）或加上（对于上限）标准偏差计算得出。

使用上述数据分布来描述与特定范围内的速度、加速度和道路坡度相对应的功率数据对电动汽车的能耗估算非常重要。如图 2-7 所示，通过分布直接估计电动汽车在特定速度、加速度和坡度范围内行驶时所需的功率平均值及其方差，这实质上是一种数据驱动方法，可用于估算电动汽车的瞬时功率和能耗。但该方法需要大量数据才能找出电动汽车的功率、速度、加速度和道路坡度之间的准确关系。因此，该方法可能非常耗时且计算成本大，因此可能不适合实时应用。为克服这些缺点，本章提出了一种基于车辆动力学信息的电动汽车功率估算模型。

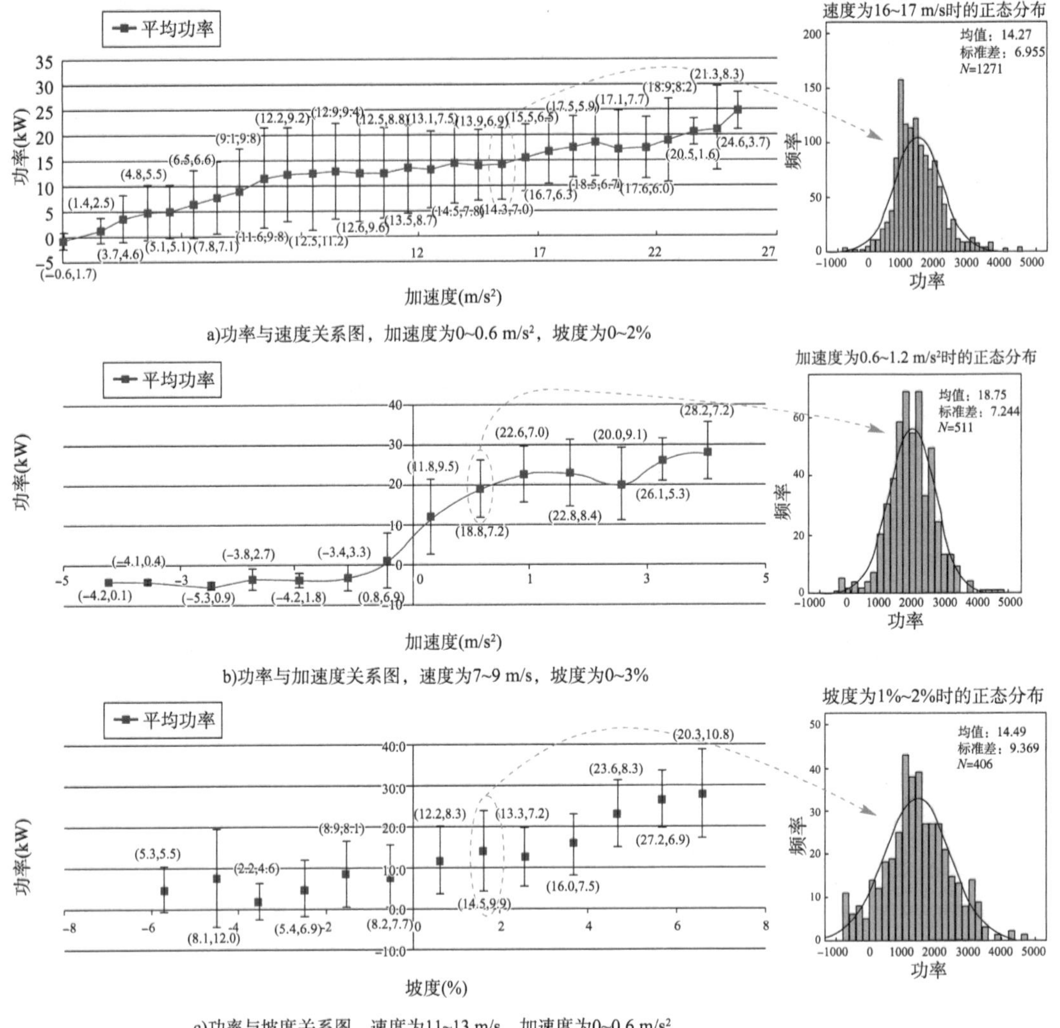

图 2-7 加速度和坡度的平均功率分布(括号内数字分别表示平均值和标准偏差)

2.3 电动汽车能源消耗估算模型实例

2.3.1 电动汽车能源消耗估算模型构建

根据车辆动力学基本理论,电动汽车的瞬时功率取决于车速、加速度和道路坡度。因此,该模型本质上是对电动汽车的功率、速度、加速度和坡度之间关系的分析描述。

电动汽车行驶所需牵引力取决于三个主要阻力,公式如下:

$$F = ma + R_{\mathrm{a}} + R_{\mathrm{rl}} + R_{\mathrm{g}} \tag{2-1}$$

式中,F 表示牵引力;m 表示车辆质量;a 表示加速度;R_{a}、R_{rl}、R_{g} 分别表示空气动力阻力、滚动阻力和坡度阻力。

假设车速为 v，则加速度为 a，道路坡度为 θ（以°为单位），则 R_a、R_{rl}、R_g 可通过以下公式计算得出：

$$\begin{cases} R_a = kv^2 = \dfrac{\rho}{2}C_dA_fv^2 \\ R_{rl} = f_{rl}mg \\ R_g = mg\sin\theta \end{cases} \tag{2-2}$$

式中，k 表示空气动力学阻力常数，由空气密度 ρ、车辆的前部面积 A_f 和阻力系数 C_d（无单位）决定；f_{rl} 表示滚动阻力常数（无单位）；g 表示重力加速度。

将式(2-2)代入式(2-1)中，可以得到：

$$F = ma + kv^2 + f_{rl}mg + mg\sin\theta \tag{2-3}$$

式(2-3)可以应用于燃油汽车和电动汽车。估算车辆以速度 v 行驶时所需功率 P_{out} 的公式如下：

$$P_{out} = Fv = (ma + kv^2 + f_{rl}mg + mg\sin\theta)v \tag{2-4}$$

式中，P_{out} 表示输出功率。

对于燃油车辆，输入功率 P_{in} 由燃料燃烧产生；对于电动汽车，P_{in} 由电动机产生。电动汽车比燃油汽车更有效，因为电动机的电能损耗很小。假设电机效率为 η，则输入功率和输出功率具有以下关系：

$$P_{in} = \eta P_{out} \tag{2-5}$$

忽略气候控制与其他车辆附件所使用的电力，则大部分电力损失将是大电流区域的直流电动机或交流电动机的损耗。通常，功率损耗可描述为电流 I 的平方和导体电阻 r 的乘积[50]。因此，电机效率 η 可以通过以下公式计算：

$$\eta = \frac{(P_{in} - I^2r)}{P_{out}} \tag{2-6}$$

式中，I 表示电流；r 表示导体电阻。

通过式(2-4)～式(2-6)，电动汽车的瞬时功率可通过以下公式进行估算：

$$P_{in} = I^2r + Fv \tag{2-7}$$

另一方面，力 F 由电动机转矩产生，可简化为电枢常数 K_a、磁通量 Φ_d 和电流 I 的乘积：

$$F = \frac{\tau}{R} = \frac{K_a\Phi_dI}{R} \tag{2-8}$$

式中，τ 表示转矩；R 表示轮胎半径；K_a 表示电枢常数；Φ_d 表示磁通量；I 表示电流。值得一提的是，直流和交流电动机的 Φ_d 不同，直流电动机的 Φ_d 是每极的直轴气隙磁通，而交流电动机的 Φ_d 是每极直轴气隙通量的均方根值。

为简化式(2-8)，定义如下：

$$K = K_a\Phi_d \tag{2-9}$$

然后式(2-8)可以改写为：

$$F = \frac{KI}{R} \tag{2-10}$$

最后结合式(2-3)、式(2-7)和式(2-10),电动汽车的瞬时功率由以下公式估算:

$$P = \frac{rR^2}{K^2}(ma + kv^2 + f_{rl}mg + mg\sin\theta)^2 + v(kv^2 + f_{rl}mg + mg\sin\theta) + mav \tag{2-11}$$

式(2-11)可以简化为:

$$P = P_m + P_t + P_g \tag{2-12}$$

式中,$P_m = \frac{rR^2}{K^2}(ma + kv^2 + f_{rl}mg + mg\sin\theta)^2$ 表示电动机功率损耗;$P_t = v(kv^2 + f_{rl}mg + mg\sin\theta)$ 表示功率因行驶阻力而造成的损失;$P_g = mav$ 表示可能从加速或减速中获得的能源。

2.3.2 电动汽车能源消耗估算模型评估

为估算电动汽车瞬时功率,首先确定方程式(2-11)中的参数值,包括车辆质量 m、滚动阻力系数 f_{rl}、空气动力学阻力系数 k、电枢常数 K_a 和磁通量 K 的乘积、电动机的等效电阻 r、轮胎半径 R 和传输效率 η,其中大多数参数都为测试车辆的物理特征,因此可直接从车辆上测量得到。其他诸如滚动阻力系数、空气动力学阻力系数和传递效率之类的参数则根据相关研究估算而得。表 2-1 提供了相关参数的建议值。

参数参考值 表 2-1

参数	数值
m(kg)	1266
f_{rl}	0.006
k(kg/m)	1.30
K(V·s)	10.08
r(Ω)	0.11
R(m)	0.50
η(%)	95

根据表 2-1 中的数值,在给定电动汽车速度、加速度和道路坡度信息后,使用式(2-11)估算电动汽车的瞬时功率。如前文所述,数据收集系统直接测量出车辆在每个时间步的速度和加速度,坡度信息则通过 Google Earth 手动收集。利用这些输入值,可使用式(2-11)计算每个时间步的电动汽车功率。然后,将估算功率与数据收集系统直接测量的数值进行比较。

行程总用电量 E 是通过将行程时间 T 上的功率通过积分计算而来

$$E = \int_0^T P(t)\,dt \tag{2-13}$$

根据式(2-13)积分计算 2013 年 5 月 41 次出行的能源使用量。图 2-8 比较了每次出行的实测能耗和估算能耗。显然,该模型可估计出行程的能源使用量。

从图 2-8 中可以计算出所有行程的平均绝对误差(Mean Absolute Error, MAE)为 15.6%。该模型通过电动机损耗、行驶阻力损耗以及可能因加速度增加的能源这三个部分可较为准确地描述电动汽车的瞬时功率，有助于估算电动汽车功率。

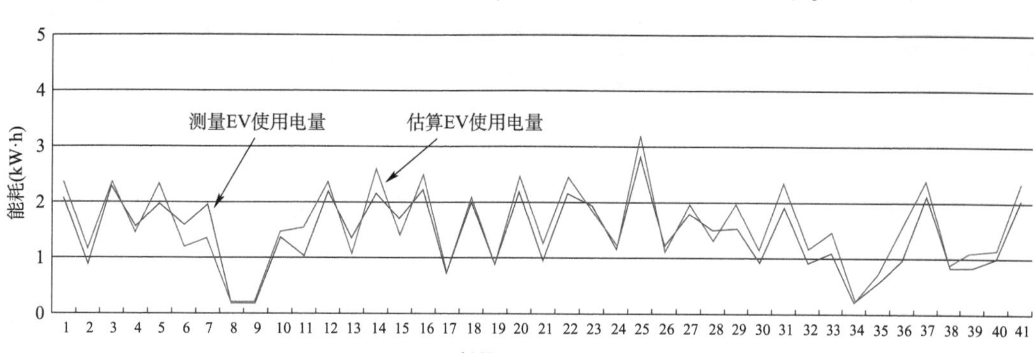

图 2-8 41 次出行中估算 EV 能耗与测量 EV 能耗对比示意图

综上，本章首先设计了一个针对电动汽车的数据收集系统，可收集行驶中电动汽车的性能数据和动力学信息，为进一步分析能耗因素奠定了基础；继而分析了电动汽车功率与车速、加速度和道路坡度之间的关系，进一步提出了一种分析模型，可以实时估算电动汽车的瞬时功率。实验结果表明，该模型能够估算电动汽车瞬时功率以及行驶能耗。

CHAPTER 3

第3章 电动汽车用户驾驶行为

前面内容已经讨论了电动汽车驾驶人与燃油汽车驾驶人的驾驶行为是不一样的，相比燃油汽车驾驶人，电动汽车驾驶人节省能耗的意识或行为更明显。本章通过用户调查来分析驾驶人的这一行为。

3.1 基于出行数据的电动汽车用户出行行为分析

3.1.1 出行行为分析

出行数据来自波莫纳加州理工大学的一名教职人员使用测试车辆(见第2章)进行日常通勤(图2-4)。

为研究电动汽车驾驶人的行为，首先将这169次行程归类为“家—工作地”(Home-Work, H2W)出行、“家—其他”(Home-Other, H2O)出行、“工作地—家”(Work-Home, W2H)出行、“工作地—其他”(Work-Other, W2O)出行、“其他—家”(Other-Home, O2W)出行、“其他—工作地”(Other-Work, O2W)出行和“其他—其他”(Other-Other, O2O)出行。图2-4列出了这些出行类型的详细信息。在169次记录的行程中，67次完全为通勤出行(H2W有26次和W2H有41次)。由于驾驶人会在某些地点停车，所以许多其他通勤出行都被分成2次出行。例如，由于驾驶人在一家商店前停车了，所以一趟H2W行程被分为了一趟H2O行程和一趟O2W行程。

从参与者的家到其工作地点，Google地图建议了三种可行路线：路线1、路线2和路线4。但是通过收集的数据发现参与者也经常使用路线3。在这4条路线中，4号路线主要为高速公路，3号路线主要为城市干线，而1号和2号路线则一部分为高速公路，一部分为城市道路。在67条通勤出行中，参与者有40次选择了城市内驾驶路线3(H2W出行13次，W2H出行27次)；但只有1次选择了高速公路驾驶路线4，可以发现该参与者更倾向于市内驾驶。

为进一步了解驾驶人为什么更喜欢市内路线，梳理出可能的影响因素，包括总驾驶时间、行程总长度、平均行驶速度、总能耗和平均能源效率。图3-1分别表示H2W和W2H出行四条路线的平均测量值。通过图3-1a)可以看出，驾驶人选择市内行驶路线3而非高速公路行驶路线4的可能原因是与3号公路相比，路线4节不仅节省的行驶时间十分有限(1.3min)，且能耗明显更高(3.0kW·h)。此外，由于H2W出行中2号和3号路线在行驶时间和能耗上均无显著差异，因此，驾驶人选择这两条路线的次数相近(路线2为10

次，路线 3 为 13 次）。这一数据表明，驾驶人在这两条路线之间并无选择偏好。但总体而言，驾驶人选择 2 号和 3 号路线的频率比选择 1 号和 4 号路线的频率高得多，因为 1 号路线行驶时间过长（27min 对比 23min），而 4 号路线能耗又明显更高（4.7kW · h 对比 1.8kW · h）。

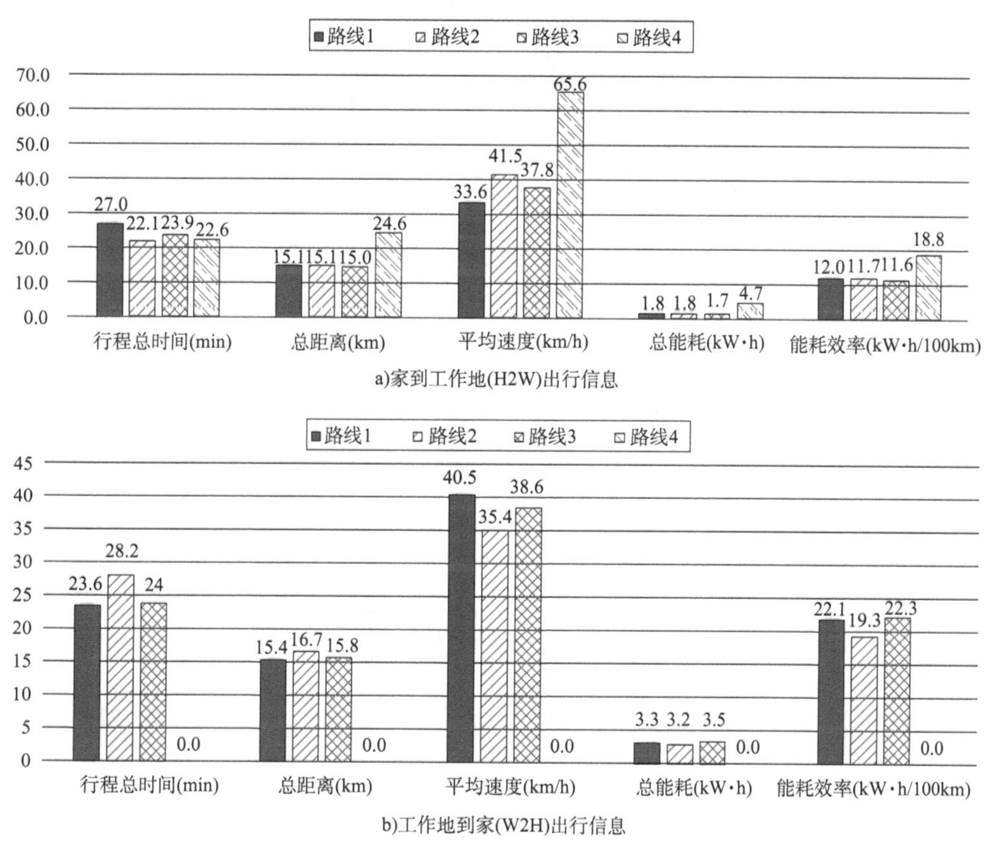

图 3-1 从家到工作地（H2W）及从工作地到家（W2H）出行信息

同样，从工作地点行驶到家时，参与者多数情况都选择了城市内行驶路线 3（41 趟行程中共选择 27 次）。数据分析显示，路线 3 并非最佳选择。如图 3-1b）所示，与路线 3 相比，路线 1 行驶时间更少（23.6min 对比 24.9min）且能耗更低（3.4kW · h 对比 3.5kW · h）。实际上，路线 2 的能源效率最高（19.28kW · h/100km），但该结论具有争议性，因为路线 2 的样本量只有两个。因此，总体而言，该驾驶人在节能和省时方面的路线选择实际很好。

此外，驾驶人选择“城市路线”也有可能是由某些特定原因引起的，例如周围高速公路的拥堵或某些特定天气状况。从图 3-2 中可以看出，周围的高速公路包括 10 号州际公路（I-10）、210 号州际公路（I-210）和国道 57（SR-57）。I-10 是 1 号和 2 号路线的高速公路部分；I-210 和 SR-57 几乎涵盖了整条 4 号路线。交通拥堵程度可以采用美国《道路通行能力手册》中的服务水平（Levels of Service，LoS）来表示。美国 LoS 共分为 6 级（A ~ F），LoS A 表示自由流，LoS B 表示低密稳定流，LoS C 表示中密稳定流，LoS D 表示高密稳定流，LoS E 表示接近饱和状态，LoS F 表示过饱和状态。对于 H2W 或 W2H 行程，首先估计三个高速公路段(I-10,I-210和SR-57)的平均密度值,如图3-2所示,然后得出LoS值,数据如图3-2所示。

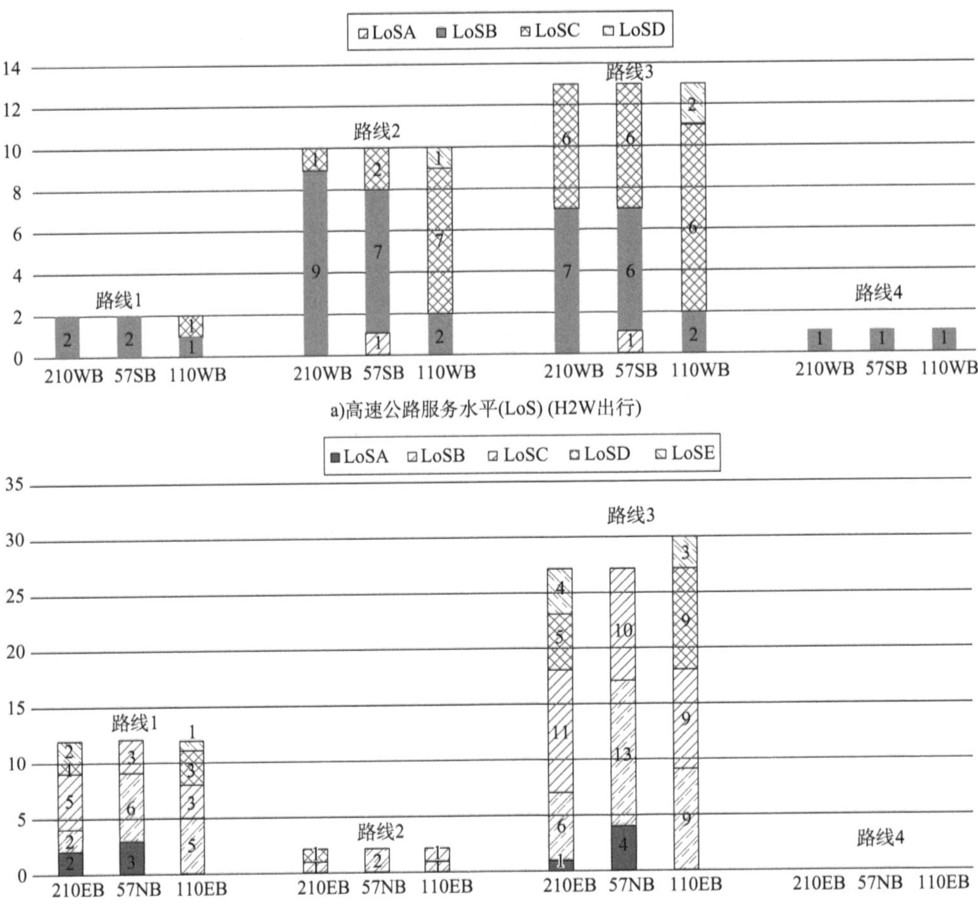

a)高速公路服务水平(LoS) (H2W出行)

b)高速公路服务水平(LoS) (W2H出行)

图3-2　周围高速公路的服务水平(LoS)

在图中,用LoS表示周围三个高速公路段(包括I-210、SR-57和I-10)的交通拥堵水平。不同的条框表示不同的LoS,每个条框上的数字表示同一条路线上的行驶次数且与当前道路的拥堵程度是相同的。例如,图3-2a)中“路线3”下第一个条框上的第一个数字“6”表示在路线3上有6次H2W出行,周围高速公路I-210WB的交通拥堵水平(即LoS)为LoS C。从图中可看出,当驾驶人选择3号路线(城市内行驶路线)时,当前道路的交通拥堵并不一定会造成交通拥堵。“路线3”下的不同条框代表LoS从A到E的不同水平。同样,驾驶人选择路线1或2时,I-10上的交通可能会拥挤(例如LoS D或E),正如图3-2b)中“路线1”和“路线2”下的竖线和斜线条框所示。因此,从数据分析来看,并不能说明驾驶人选择的城内路线与周围高速公路的交通拥堵程度之间的因果关系。

由于恶劣天气会极大增加高速公路上的交通事故,因此,为避免恶劣天气对高速公路的影响,驾驶人很可能选择在当地街道上行驶。为探索这一可能性,我们再从美国国家气候数据中心收集每次出行期间的天气数据,天气状况分为晴、部分多云、多云和下雨。从图3-3中可以看出,很难找到该特定驾驶人的路线选择和天气状况之间的因果关系。驾驶人选择3号路线时的天气似乎基本都很晴朗(55.0%),但这仅仅是因为南加利福尼亚州的天气大多数都很晴朗(54.5%)。另外,从数据中也看不出雨天对该驾驶人路线选择有任何显著影响。

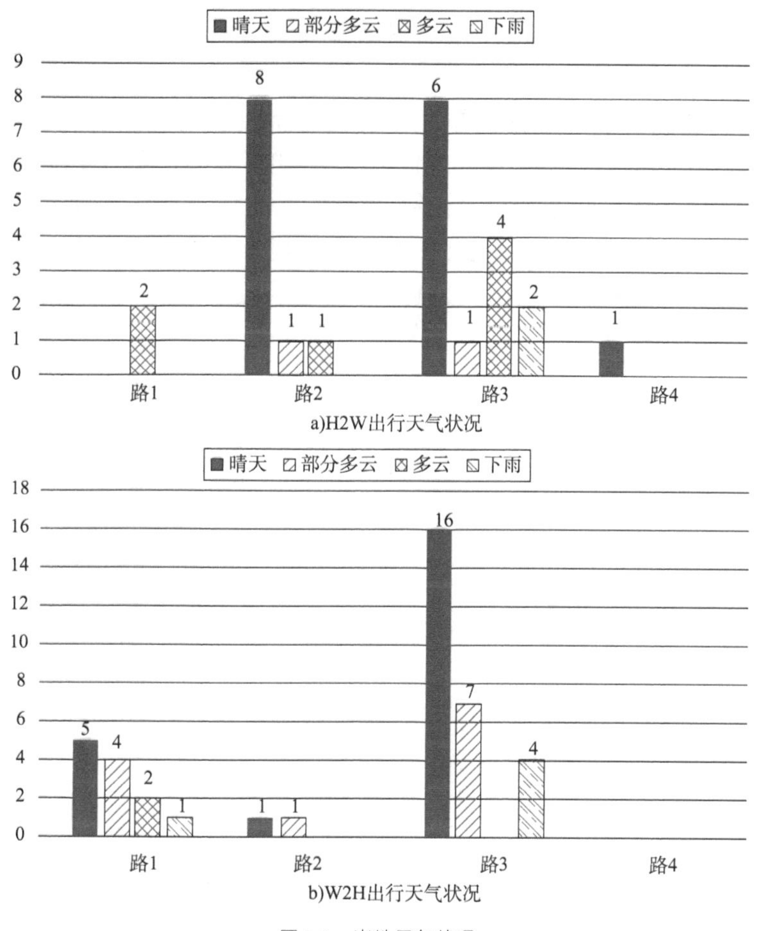

图3-3 当地天气状况

最后,对驾驶人进行了采访分析,结果显示,驾驶人选择路线时并不只考虑出行时间;选择路线时,还重点考虑电动汽车的能源消耗。驾驶人在驾驶燃油汽车时选择的路线和驾驶电动汽车时截然不同。驾驶燃油汽车时,驾驶人始终选择含有大量高速公路的路线1、2和4行驶,因为驾驶人认为这些路线的行驶时间最短。除非驾驶人被告知高速公路有严重拥堵路段外,他几乎没有选择过当地的街道路线,即3号路线。相反,在驾驶电动汽车时,由于高能耗成本,驾驶人很少选择完全高速公路路线,即路线4。此外,驾驶人一旦了解路线的能源消耗数据,他便会更改电动汽车路线。最初,驾驶人并未使用1号和2号路线进行H2W出行,因为他认为由于这两个路线高速公路数量较多,会导致能源消耗高得多。但是,在得知H2W的能耗在路线1、2和3上基本相同后,驾驶人开始更频繁地使用路线2。因为与2号路线相比,1号路线行程时间明显更长。

对于大多数传统的燃油车辆驾驶人来说,驾驶时间是选择路线时的唯一主导因素。

但对于电动汽车用户而言，路线选择不仅取决于行驶时间，还与能耗有关。因此，在不久的将来，随着电动汽车保有量的快速增加，传统交通分配理论将被改变。

3.1.2 出行行为和能耗相关性

由于该驾驶人的大部分出行都是日常通勤，因此许多出行路线都相同。根据数据，可以确定电动汽车用户使用 10 次以上的三条路线：一条 H2O 路线（18 次）、一条 O2H 路线（10 次）和一条 W2H 路线（27 次）。图 3-4 给出了使用这三种路线的所有行程的能源效率。从图 3-4 上可以清楚地看到，随着时间的流逝，能源效率正在逐步提高。实验期间，我们为驾驶人提供其日常出行的能源效率数据之后，驾驶人调整了驾驶行为，以节省数据收集期间的用电量。驾驶人自行确定了一些需要消耗大量能源的路线，调整了驾驶行为以提高驾驶效率。实验表明，如果能够为电动汽车用户提供能耗信息或反馈，用户可能就会有意识地调整其驾驶行为，以提高能源效率。

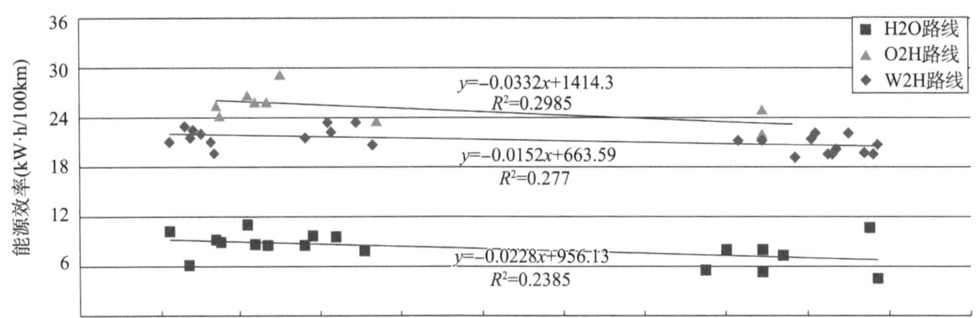

图 3-4 三条路线日常能效

3.2 基于问卷调查的电动汽车驾驶行为分析

3.2.1 问卷设计

3.2.1.1 问卷设计指标

生态驾驶行为是指在日常驾驶中与节能相关的意识和行为。为了研究生态驾驶行为，首先需要明确衡量生态驾驶行为的指标[51]。

（1）驾驶操作：驾驶人如何保持何种速度、如何加速和减速的驾驶操作，是生态驾驶行为的最重要指标之一。相关文献表明[52-54]，合理的加减速和巡航速度可更高效地利用能源，恒速行驶时的能耗呈现下凹函数，而较低的加减速将显著降低能耗。因此，为了提高能源效率，驾驶人如何驾驶汽车是衡量生态驾驶行为的重要指标。

（2）出行计划和出行链：出行计划是出行的时间、目的地、规划路径等；出行链通常被定义为在到达一个目的地的途中，停留时间少于 30min 的站点，例如购买咖啡、加油或下车等，都被视为出行链。在发动机预热的情况下，可能会大大提高汽车单位油耗的行驶里程;出行链以及合理的加速/减速驾驶习惯是重要的生态驾驶指标之一。

(3) 行程时间与节能之间的权衡:第三个重要指标是驾驶人在节省时间和节省能源之间的权衡。对于大多数通勤者而言,总出行时间是最重要的问题。Agrawal 等人[55]指出,考虑到能耗利用率的问题,电动汽车驾驶人通常更喜欢低速的城市环境驾驶而不是高速公路行驶,原因是与高速公路行驶相比,城市行驶由于行驶速度较低而能显著节省电动汽车的能源。因此,行程时间与节能之间的平衡已成为重要的生态驾驶指标。

(4) 使用导航系统时的路线选择偏好:驾驶人在使用导航系统时的日常路线偏好(即最短时间、最短距离、最大能源效率等)与行程时间和节能之间的权衡取舍有关,这也是生态驾驶的指标。通常,大多数驾驶人在导航的路线选择中仅考虑行驶时间。

(5) 车载显示(In-Vehicle Display, IVD)/车载系统(On-Board System, OBS)技术:车载显示技术或车载系统可以使驾驶人获得诸多提高能源效率的建议。例如,许多车型都具有"节能模式"的功能,其使得动力系统不那么激进以获得更长的行驶里程。此外,电动汽车通常配备"制动模式",当车辆在陡峭的山坡上行驶时,可实现更强的再生制动。显然,驾驶人愿意使用这些建议功能表明了他们有生态驾驶的意识。另外,在加速/减速时仪表将告诉他们如何在节能方面适当地操纵车辆。

上述五个重要的生态驾驶指标中,前两个指标着重于参与者的实际驾驶习惯,第三、四个指标分别反映了在假设或理想情况下的态度和个人偏爱,第五个指标是新技术下驾驶人使用行为。

3.2.1.2 问卷设计方案

根据上一小节确定的五个指标,本章设计了一系列问题来调查插电式电动汽车(Plug-in Electric Vehicle, PEV)、混合动力电动汽车(Hybrid Electric Vehicles, HEV)和燃油汽车(Internal Combustion Engine Vehicle, ICEV)驾驶人的生态驾驶行为和动机。每组问题均包含子问题,这些子问题侧重于驾驶操作、路线选择偏好、行驶时间与节省能源之间的权衡等。此外,该调查还提出了一系列有关采用新技术和新概念的问题,例如无人驾驶汽车或共享交通工具等。总体而言,本章在问卷中设计了六个主题(表3-1 ~ 表3-6),这些主题与上一节中介绍的五个环保驾驶指标完全对应:

(1) 驾驶操作:问题集中于参与者的驾驶行为,包括平均行驶速度、加速行为和减速行为。

(2) 出行链:询问参与者他们多久进行一次出行链的问题。

(3) 在旅行时间和能源效率之间进行权衡的态度:问题揭示了参与者对节约能源的态度。询问他们是否愿意在旅行中增加特定的旅行时间,以提高一定比例的能源/燃料使用效率。

(4) 路线选择偏好:要求参与者按照重要性对各种路线选项进行评分。有些选择是在使用导航系统的前提下提出的,而其他选择则偏好一般行程因素。选项包括最小化旅行时间、最小化行程距离、减少能源/燃料消耗、尽量减少碰到交通信号灯、避开收费站、反转起点/终点、添加一个停靠点或目的地、更改出发或到达时间、最佳风景路线、往返、尽量减少使用高速公路。

(5) IVD 或 OBS 的应用:要求参与者回答有关使用各种 IVD 的频率的问题,其中包括车辆制造商提供的环保功能。本章调查的 IVD 有加速参考功率计、减速参考功率计、“制动模式”或发动机制动的使用、“节能模式”的使用以及能源经济的参考。此外,参与者回答了是否觉得安装在车辆中的距离估算设备足够准确;如果不准确,则是低估还是高估了范围。对每一个 IVD 使用情况的问题,调查也设计了“我的车辆没有这种 OBS”的选项,以便调查结果能够正确反映此类功能的使用情况。

此外,调查还调查了以下主题:生态驾驶人的自我认知,即参与者被要求自我识别自己是否是一名生态驾驶人。它旨在验证具有特定的驾驶行为或环保驾驶动机是否可以与这种自我认知相关联。这个问题还可以间接帮助检查成为生态驾驶人是因为他们驾驶的是电动汽车还是本身就是生态驾驶人。

关于驾驶行为的问题 表 3-1

问题		有效回答	ID
你购置车辆后驾驶行为的变化	行驶速度怎么改变的?	5 = 快多了 4 = 更快了 3 = 无改变 2 = 更慢了 1 = 慢多了	(1-A)
	加速行为怎么改变的?		(1-B)
	制动行为怎么改变的?		(1-C)

关于出行链的问题 表 3-2

问题	有效回答	ID
你多久进行一次出行链?(出行链指将各独立行程串联成一次出行的行为)	4 = 几乎每次 3 = 经常 2 = 偶尔 1 = 从不	(2)

关于行程时间和节能的权衡的问题 表 3-3

问题			有效回答	ID
假设一趟行程需用时	10min	你是否愿意增加一定量的时间	不愿意增加任何行程时间,增加(1, 2.5, 5)min 的行程时间来增加(15%, 30%, 45% 或更高)的能量/燃油使用效率	(3-A)
	20min		不愿意增加任何行程时间,增加(3, 6, 9)min 的行程时间来增加(15%, 30%, 40% 或更高)的能量/燃油使用效率	(3-B)
	40min		不愿意增加任何行程时间,增加(5, 10, 20)min 的行程时间来增加(15%, 30%, 45% 或更高)的能量/燃油使用效率	(3-C)

关于路线选择重要性的问题 表3-4

问题		有效答案	ID
为以下旅途中的因素按重要性排序	最小化行程时间	5 = 最重要 4 = 重要 3 = 中立 2 = 不是很重要 1 = 最不重要	(4-A)
	最小化行程距离		(4-B)
	最小化能源/燃油消耗		(4-C)
	最少交通信号灯		(4-D)
	最佳风景		(4-E)
	最少使用高速公路		(4-F)
	最多可用充电/加油站		(4-G)
为以下用网页地图服务或者导航系统时的路线选项按重要性排序	避开收费站		(4-H)
	反转起始点		(4-I)
	增加一个经停站或者终点		(4-J)
	改变出发和到达时间		(4-K)
	往返		(4-L)

关于车载系统使用的问题 表3-5

问题	有效答案	ID
你在加速时多久会参考一次功率计?	4 = 经常 3 = 比较经常 2 = 很少 1 = 从不	(5-A)
你在减速(制动)时多久会参考一次功率计?		(5-B)
你在下坡/减速时多久会使用一次“制动(B)模式”或同等功能?		(5-C)
你进行“环保驾驶”的频率如何?		(5-D)
你多久参考一次你车辆的能源经济?		(5-E)
你的范围估计器准确度如何?	很准确 比较准确 不准确:低估(范围偏小) 不准确:高估(范围偏大)	(5’)

关于环保驾驶人的自我认知的问题 表3-6

问题	有效答案	ID
你自认为是环保驾驶人(试图最大化能源使用效率的驾驶人)吗?	是,否	(6)

3.2.2 调查概述

3.2.2.1 调查方法

这项调查于2016年4—6月在网络上(SurveyMonkey.com)公开,通过电子邮件发送至全美国范围内4000多人。首先发送到加利福尼亚州和其他州的电动汽车俱乐部,然后通过他们转发推荐给他们的朋友或工作伙伴。调查结果收到了347个有效反馈(约

9%),参与调查者的人口组成情况见表3-7。

参与调查者的人口组成　表3-7

人口组成	类别或数字	占参与调查者比例(%)	占美国人口(差值*)比例(%)
性别	男性	68.9	49.8(-18.9)
	女性	29.8	50.2(+20.3)
	其他	1.3	—
年龄(岁)	20或以下	12.6	6.6(-6.0)
	21~29	46.8	16.3(-30.5)
	30~39	24.3	18.5(-5.8)
	40~49	8.3	16.2(+7.9)
	50~59	5.3	17.7(+12.4)
	60+	2.7	24.4(+21.7)
家庭收入(美元)	0~24999	15.9	15.7(-0.2)
	25000~49999	16.6	20.8(4.2)
	50000~74999	18.0	17.4(-0.6)
	75000~99999	15.3	14.1(-1.2)
	100000~124999	12.2	11.5(-0.7)
	125000~149999	6.8	6.8(0.0)
	150000~174999	3.0	6.8(+0.7)
	175000~199999	2.7	—
	200000以上	9.2	7.0(-2.2)
学历	高中学历以下	0.3	5.9(+5.6)
	高中学历或同等	8.0	20.4(+12.4)
	上过大学但没有学位、大专学位	34.1	30.9(-9.6)
	大专学位	6.4	—
	学士学位	32.8	23.6(-9.2)
	硕士、博士和专业学校学位	24.8	19.1(-5.7)

注:* 总百分比相加不一定等于100%;括号中的数字表明全美有车人口和受访人群的差异。

3.2.2.2　参与调查人员特征

表3-8为参与调查人员的统计数据,本章将车辆类型定义为燃油汽车(ICEV)、纯电动汽车(BEV)、插电式混合动力电动汽车(PHEV)、混合动力电动汽车(HEV)、摩托车等。

每个参与者根据他们主要驾驶的车辆选择了一种车辆类型。总体而言,男性和较年轻的参与者在受访者中的占比相较于占美国总体汽车所有者的比例更多。参加者的受教育程度略高于整体美国有车用户,但是收入分配与美国个人驾驶人群体的差别不大。由于这项调查首先发送给各地的电动汽车俱乐部,因此,受访者的 BEV/PHEV/HEV 驾驶人比例(约 35%)明显高于整个美国 BEV/PHEV/HEV 驾驶人的比例。该调查表明,受过高等教育和高收入的人更有可能购买电动汽车。

车辆拥有量统计 表 3-8

车辆种类	车主数量(人)	比例(%)	占全美国人口比例(差值)
IECV	210	60.5	94.1%(+33.6%)
HEV	26	7.5	1.7%(-5.8%)
PHEV	53	15.3	0.2%(-15.1%)
BEV	40	11.5	0.2%(-11.3%)
摩托车	5	1.4	3.3%(+1.9%)
其他	13	3.7	0.2%(-3.5%)

注:总百分比相加不一定等于 100%;括号中的数字表明全美有车人口和受访人群的差值。

通过分析问卷参与者的邮政编码信息、家庭收入和家庭汽车数量,验证参与者是否来自同一家庭,发现 289 名参与者中,13 个参与人的邮政编码重复信息(表 3-9)。根据这些数据,可以估计至少有 95% 的参与者来自独立家庭,表明样本并非来自同一家庭,并且彼此独立。

重复记录 表 3-9

重复次数	频数
3	3
2	7
1	279
总计	289

注:重复次数表示在以下主题中有多少参与者提供了相同的答案:"邮政编码""家庭收入""家庭拥有多少 BEV/PHEV/HEV/ICEV/摩托车/其他车辆"。

3.2.2.3 调查结果与分析

首先汇总调查观察结果,然后使用假设检验对其进行分析,以验证 PEV、HEV 和 ICEV 驾驶人是否与该指标中的其他组有不同的趋势。为此,将参与者的回答转换为李克特量表或离散变量,量表的范围取决于不同指标的问题。

下面将使用费希尔精确检验(Fisher's Exact Test, Fisher)和曼-惠特尼检验(Mann-Whitney U Test, M. W.)对五个指标(驾驶操作、出行链、在旅行时间和能源效率之间权衡的态度、使用导航系统时的路线选择偏好、IVD 技术的应用）进行一组统计检验。费希尔精确检验方法用于测试有两个属性的两组是否具有不同显著的分布。如果存在显著差异，则可以进一步使用曼-惠特尼检验，该检验可以检测一组的中位观察值是否明显大于另一组的中位观察值。

3.2.2.4 驾驶操作

每个参与者根据其购买当前车辆以后驾驶行为（加速度、减速度或行驶速度）的变化提供李克特量表反馈。从非常温和/慢得多到非常激进/快得多的反馈已转换为每个子主题从 1 到 5 的离散分数。原始统计数据见表 3-10，从该表中可以看出，PEV/HEV 驾驶人在所有三个子主题（即行驶速度，加速度和制动）上的平均戴维森堡丁指数（Davies-Bouldin Index，DBI）均低于 ICEV 驾驶人。这意味着 PEV/HEV 驾驶人比 ICEV 驾驶人具有更温和的驾驶习惯。

驾驶行为结果　　表 3-10

子主题	组	反馈人数 $n=142$					平均 DBI
		温和/慢(1)⇔激进/快(5)					
行驶速度	ICEV	1	15	40	27	2	3.16
	PEV	1	16	15	4	6	2.95
	HEV	0	5	7	3	0	2.87
加速	ICEV	3	13	45	19	5	3.12
	PEV	6	15	6	7	8	2.90
	HEV	1	5	5	3	1	2.87
制动	ICEV	5	20	49	8	3	2.81
	PEV	16	12	8	3	3	2.17
	HEV	1	6	7	0	1	2.60

基于以上观察，本章提出以下第一组假设：

$$\text{假设 I}——\begin{cases} H_0:\text{两组在驾驶得分方面的分布没有显著差异} \\ H_1:\text{反之} \end{cases} \tag{3-1}$$

该假设可以使用费希尔检验来检验两组的反馈总体分布是否有显著不同。

如果第一个原假设在 90% 的置信度水平上被拒绝，本章将使用曼-惠特尼检验来进一步检验一个组的反馈是否明显大于或小于对应组的反馈。

表 3-11 展示了检验的 p-值表明，在 ICEV-PEV 组之间所有驾驶操作方面的比较中，可以 95% 或更高的置信度否定原假设 H_0。但是，对于 ICEV-HEV 或 HEV-PHEV 组的比较，无论如何都不能否定置信度为 90% 的原假设。针对同对照组的曼-惠特尼检验进一步证明，相比具有 90% 置信度的 ICEV 驾驶人、PEV 驾驶人具有更温和的驾驶行为。

驾驶行为——假设验证 表3-11

子主题	组	p-值(Fisher)	p-值(M. W.)
行驶速度	ICEV-PEV	5.88×10^{-4}***	3.80×10^{-2}**
	ICEV-HEV	6.23×10^{-1}	—
	HEV-PHV	4.61×10^{-1}	—
加速	ICEV-PEV	1.67×10^{-5}**	9.11×10^{-2}*
	ICEV-HEV	3.02×10^{-1}	—
	HEV-PHV	5.08×10^{-1}	—
制动	ICEV-PEV	5.21×10^{-6}***	9.90×10^{-5}***
	ICEV-HEV	4.02×10^{-1}	—
	HEV-PHV	6.28×10^{-2}	—

注：*：置信度>90%；**：置信度>95%；***：置信度>99%。

结果证明，PEV驾驶人的驾驶操作更加生态，这可能是因为他们更加注重节能以实现更长的行驶距离。相比之下，HEV驾驶人并未表现出这种趋势，这可能是由于HEV的单位油耗行驶里程高所致。

本章假定PEV/HEV驾驶人在购买PEV/HEV之前驾驶的是ICEV，以评估其驾驶行为的变化。参加者中PEV车主驾龄约为3年，HEV车主驾龄约为6年。由于该项调查是在2016年中进行的，主要汽车制造商直到2010年底才批量生产电动汽车车型，例如日产聆风和雪佛兰，因此，可以推断出PEV驾驶人过去主要驾驶的是ICEV车型。

3.2.2.5 出行链

对于参与调查者日常驾驶过程中出行链的频率，该问题的每个选项分配了从1到4的离散值。调研数据见表3-12。结果显示，大约有三分之一的PEV和HEV驾驶人经常拥有出行链行为，只有极少数的人从未这样做过。相反，约有一半的ICEV驾驶人从未有出行链或只是偶尔。

出行链频率结果 表3-12

组	受访者数量——你多久进行一次链式出行？(分数)：$n=136$			
	从不(1)	偶尔(2)	经常(3)	几乎总是(4)
ICEV	25	21	27	8
PEV	1	5	21	13
HEV	2	2	5	6

鉴于此，该主题的假设可以表示为：

$$\text{假设Ⅱ——}H_0\text{：两组出行链的分数分布没有显著差异} \tag{3-2}$$

将费希尔检验应用于假设，检验两组是否存在显著差异，结果表明与 ICEV 驾驶人相比，PEV 驾驶人的出行链行为存在显著差异，如出行链频率-假设检验，见表 3-13。曼-惠特尼检验进一步支持了 PEV 驾驶人比 ICEV 驾驶人更频繁地有出行链的行为。而且，根据测试结果，HEV 驾驶人的出行链频率趋势与 PEV 驾驶人相近。

出行链频率——假设检验 表 3-13

组	p-值(费舍尔)	p-值(M. W.)
ICEV-PEV	1.65×10^{-5} ***	1.11×10^{-6} ***
ICEV-HEV	3.32×10^{-2} **	4.62×10^{-3} ***
HEV-PEV	3.45×10^{-1}	—

注：**：置信度 >95%；***：置信度 >99%。

调查结果表明，与 ICEV 驾驶人相比，PEV 和 HEV 驾驶人都更加愿意有出行链行为，这对电动汽车驾驶人的生态驾驶行为具有重要意义。

3.2.2.6 行程时间与能源利用效率权衡

在本主题中，每个参与者回答了在三种不同的假设情况下他们对节省能源的想法，将这些问题的回答转换为离散数据，分数从 1(最不愿意节能)到 4(最愿意节能)。表 3-14 汇总了三个不同组的反馈。

行程时间和节省能源的权衡——结果 表 3-14

最佳行程时间(min)	组	受访者数量(分数)				平均分数
		不愿意(1)⇔很愿意(4)				
10	ICEV	15	12	27	27	2.81
	PEV	5	8	11	16	2.95
	HEV	5	3	2	5	2.47
20	ICEV	13	26	28	14	2.53
	PEV	4	12	9	15	2.88
	HEV	5	6	1	3	2.13
40	ICEV	25	27	18	11	2.19
	PEV	6	14	10	10	2.60
	HEV	6	5	2	2	2.00

结果表明，在三种情况下，与 ICEV 和 HEV 驾驶人相比，PEV 驾驶人平均而言更愿意牺牲出行时间以节省更多能源。相反，HEV 驾驶人似乎最不愿意用出行时间换取能源，这可能是因为 HEV 驾驶人已经对当前的节能效率感到满意。

本章提出假设Ⅲ并将两个检验方式应用于每个结果。

$$\text{假设Ⅲ——}H_0\text{：两组之间权衡得分的分布没有差异} \tag{3-3}$$

表 3-15 中，当行驶时间为 20min 或 40min 时，对 ICEV-PEV 组的比较，发现有 90% 的

置信水平否定原假设。结合曼-惠特尼检验,这意味着除非行程太短,否则,他们可能更愿意节约能源。在20min出行时间的情况下,ICEV-HEV组有着显著差异,但是,由于HEV组的平均分数(2.13)小于ICEV的平均分数(2.53),因此,曼-惠特尼检验表明,HEV驾驶人不太愿意增加自己的行驶时间,以提高能源效率。

行程时间和节省能源的权衡——假设检验 表3-15

最佳行程时间(min)	组	*p*-值(Fisher)	*p*-值(M. W.)
10	ICEV-PEV	6.77×10^{-1}	—
	ICEV-HEV	3.39×10^{-1}	—
	HEV-PHV	3.21×10^{-1}	—
20	ICEV-PEV	9.70×10^{-2} *	4.02×10^{-2} **
	ICEV-HEV	9.60×10^{-2} *	6.52×10^{-2} * #
	HEV-PHV	1.09×10^{-1}	—
40	ICEV-PEV	1.85×10^{-1} *	2.00×10^{-2} **
	ICEV-HEV	8.69×10^{-1}	—
	HEV-PHV	2.54×10^{-1}	—

注:*:置信度>90%;**:置信度>95%;#:表明在此子主题中,HEV驾驶人比ICEV驾驶人明显更不愿意提高能源效率。

尽管如此,结果表明,PEV驾驶人愿意牺牲更多的旅行时间以节省更多能源。这种生态驾驶行为可能会对电动汽车旅行者的路线选择产生重大影响,尤其是当替代路线的旅行时间名义上有所不同时。实验结果表明,通过用户的偏好来实现用户优化的网络平衡,可以最大程度地减少旅行时间和成本。

3.2.2.7 所需的路线选择

在本主题中,要求参与者在考虑其旅行的理想路线时,将其路线决策中的各种因素评分,从1(最不重要)到5(最重要)。请注意,某些因素是根据一般路线决策的重要性来评估的,而另一些因素是根据使用导航系统的重要性来评估的。

表3-16表明,最小化行程时间的路线选择被一致认为是最理想的特性,其次是将行程距离最小化。该表也可以表明,与PEV/HEV组相比,ICEV驾驶人可能更想避开收费公路,该选项平均得分高0.9,而且更愿意选择充电站或加油站最多的路线。尽管PEV驾驶人表现出生态驾驶行为,但他们对此因素的关注较少,HEV驾驶人对此因素的兴趣最小。

路线选择的关注重点——结果 表3-16

因素	平均评分:$n=136\sim139$ *			按载具种类的平均值		
	平均值	中位数	模式	ICEV	PEV	HEV
最小化行程时间	4.64	5	5	4.77	4.35	4.73
最短行程距离	4.15	5	5	4.37	3.95	3.47
最短行程距离	3.99	4	5	4.10	3.93	3.53

续上表

因素	平均评分：n = 136 ~ 139 *			按载具种类的平均值		
	平均值	中位数	模式	ICEV	PEV	HEV
最少交通信号灯	3.29	3	3	3.48	3.13	2.73
最佳风景	2.76	3	3	3.95	2.63	2.13
最少使用高速公路	2.54	2	3	2.62	2.63	1.93
最多可用充电/加油站	2.56	2	1	2.65	2.70	1.67
避开过路费	3.28	3	5	3.82	2.56	2.27
反转起始点	3.24	4	4/5	3.36	2.88	3.60
增加经停或终点	3.29	3	3	3.33	3.30	3.07
修改离开或到达时间	3.21	3	3/5	3.46	2.76	3.07
往返	2.74	3	1	2.99	2.32	2.53

注：* 有些参与者并未回答全部子问题。

尽管最小化旅行时间和旅行距离是主要因素，但本主题中的关键问题是它们是否以相同的方式来节省时间和节省能源。表3-17 中数据显示，对于 ICEV 驾驶人，最小化行驶时间(4.77)的重要性远高于最小化油耗(4.10)，差异为 0.67；但对于 PEV 驾驶人，差异较小，为 0.42(4.35 ~3.93)。

在路线选择时最小化行程时间和最小化能源消耗的重要性——结果 表3-17

组	最小化	受访者数量(评级)：n = 136					平均评级
		不重要(1)⇔很重要(5)					
ICEV	行程时间	1	0	2	11	67	4.77
	能源消耗	1	6	15	21	38	4.10
PEV	行程时间	1	2	3	10	24	4.35
	能源消耗	3	4	4	11	18	3.93
HEV	行程时间	0	0	1	2	12	4.73
	能源消耗	1	2	5	2	5	3.53

基于上述观察，本章提出了一个假设，该假设检验了在每组驾驶人中，最小化行驶时间和最小化能耗之间的优先级之间是否存在显著差异。假设应为：

假设Ⅳ——H_0：出行时间和能源消耗对驾驶人的路线选择同样重要 (3-4)

通过费希尔检验(表3-18)，对于 ICEV 驾驶人，原假设 H_0 被否定，置信度为99%。这意味着 ICEV 驾驶人相比节能更注重减少旅行时间。相反，对于 PEV 驾驶人，原假设无法以 90% 的置信度被否定。这表明，实际上 PEV 用户认为这两点同等重要，即 PEV 驾驶人实际上将节能与节省时间视为同等重要。因此，对于 PEV 用户，路线选择可能不一定基于节省时间。实际上，该结果证实了假设Ⅲ的测试结果，表明 PEV 驾驶人愿意牺牲更多的行驶时间以节省更多能源。

最小化能源消耗的重要性大于最小化行程时间——假设检验 表3-18

组	p-值(Fisher)	p-值(M. W.)
ICEV	4.70×10^{-8}***	1.95×10^{-3}***
PEV	6.24×10^{-1}	—
HEV	4.26×10^{-2}**	8.77×10^{-1}

注:**:置信度>95%;***:置信度>99%。

3.2.2.8 IVD 的应用

参与者回答了他们在日常生活中使用多种 IVD 的频率。用从该问题的答案转换成的离散数字来描述参与者对每个 IVD 的使用频率。根据表 3-19 中的结果,每个 IVD 的平均分数表明,PEV/HEV 驾驶人似乎比 ICEV 驾驶人更频繁地使用车辆中的生态驾驶功能。对于 PEV 驾驶人而言,这些 IVD 特征是实现或检查能源高效驾驶里程的适用工具。特别是,对直接延长里程的工具(例如制动模式或参考能源经济)在 ICEV 和 PEV 驾驶人之间表现出很高的分数差异(制动模式:1.13;能源经济参考:0.83)。HEV 驾驶人表现出类似的趋势,与 ICEV 驾驶人的平均得分差异很大(环保模式:1.16;能源经济参考:0.98)。PEV/HEV 驾驶人很自然地关心最大化其行驶里程,并且更频繁地依赖于此类功能或显示。

OBS/IVD 的使用——结果 表3-19

OBS/IVD	组	受访者组数量——你使用环保功能的频率如何?(分数):n=81~94*				平均分数
		从不(1)⇔经常(4)				
加速度功率计	ICEV	6	5	23	14	2.96
	PEV	0	9	15	11	3.06
	HEV	1	3	0	4	2.88
制动功率计	ICEV	14	15	14	4	2.23
	PEV	3	8	14	14	3.00
	HEV	2	2	2	2	2.50
制动模式	ICEV	11	16	13	2	2.21
	PEV	1	8	4	22	3.34
	HEV	2	2	1	3	2.63
环保模式	ICEV	16	4	3	12	2.51
	PEV	5	7	3	22	3.14
	HEV	1	0	0	8	3.67
能源经济参考	ICEV	12	11	14	3	2.35
	PEV	2	7	13	18	3.18
	HEV	1	0	3	5	3.33

注:*有些受访者的回答可理解为"没有此类功能"。

鉴于此,该主题的假设可以表述为:

假设Ⅴ——H_0:两组受访者在IVD的使用分布分数上不存在显著差异 (3-5)

费希尔检验结果表明,对于所有IVD功能的ICEV-PEV比较,H_0被90%的置信度否定。曼-惠特尼检验进一步确认PEV驾驶人更频繁地使用此类生态驾驶功能,除了在加速时使用功率计。同时,检验结果仅在使用生态模式或节能模式时支持HEV驾驶人的生态驾驶行为。总而言之,PEV和HEV驾驶人都习惯于IVD的使用,但是PEV驾驶人对此类功能的使用程度更深、范围更广,见表3-20。

IVD的使用——假设验证 表3-20

IVD	组	p-值(Fisher)	p-值(M. W.)
加速功率计	ICEV-PEV	5.71×10^{-2} *	4.11×10^{-1}
	ICEV-HEV	1.45×10^{-2} **	5.04×10^{-1}
	HEV-PEV	1.99×10^{-2} **	3.74×10^{-1}
制动功率计	ICEV-PEV	2.39×10^{-3} ***	9.20×10^{-5} ***
	ICEV-HEV	5.88×10^{-1}	—
	HEV-PEV	4.49×10^{-1}	—
制动模式	ICEV-PEV	9.32×10^{-8} ***	2.31×10^{-7} ***
	ICEV-HEV	7.58×10^{-2} *	1.48×10^{-1}
	HEV-PEV	1.41×10^{-1}	—
环保模式	ICEV-PEV	1.98×10^{-2} **	3.71×10^{-3} ***
	ICEV-HEV	4.70×10^{-2} **	4.83×10^{-3} ***
	HEV-PEV	4.18×10^{-1}	—
能源经济参考	ICEV-PEV	1.98×10^{-4} ***	8.38×10^{-6} ***
	ICEV-HEV	4.51×10^{-3} ***	1.13×10^{-3} ***
	HEV-PEV	4.97×10^{-1}	—

注:*:置信度>90%;**:置信度>95%;***:置信度>99%。

本章进一步向参与者提出了另一个与此特定主题相关的问题,他们对范围估计器的工作精度进行了评估。

图3-5为不同类型的车主对范围估计器准确性的评估,大多数PEV/HEV和ICEV小组将其范围估算器评估为非常准确或比较准确。但是在声称范围估算不准确的PEV驾驶人中,更多人表示范围估计器是高估了范围而不是低估了范围。这些信息可能有助于解释电动汽车驾驶人的范围焦虑问题。

3.2.2.9 驾驶人自我认知

本节增加了一个问题,直接询问参与者是否觉得自己是环保驾驶人。表3-21为每个小组的答案分布。显然,PEV/HEV 驾驶人将自己视为环保驾驶人的比例更高。

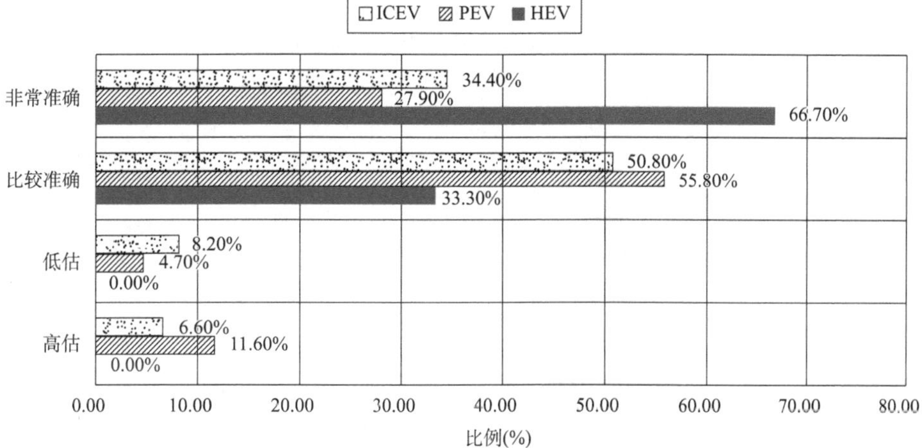

图 3-5 用户对车载范围估计器精准度的印象

驾驶人的自我认知——结果 表 3-21

组	受访者数量——你是否自认为是环保驾驶人;$n=142$	
	否	是
ICEV	42	43
PEV	12	30
HEV	6	9

为了利用这些数据,本节首先验证在生态驾驶行为和动机方面,非生态驾驶人和生态驾驶人是否存在显著差异。表 3-22 为非生态 ICEV 驾驶人(即自认为是非生态驾驶人的 ICEV 驾驶人)和生态 ICEV 驾驶人(即自认为是生态驾驶人的 ICEV 驾驶人)之间的指标区别。

非环保 ICEV 驾驶人和环保 ICEV 驾驶人的差异 表 3-22

因素		p-值(Fisher)	p-值(M. W.)
驾驶操作	行驶速度	1.00×10^{-1}	—
	加速	7.97×10^{-1}	—
	制动	3.32×10^{-1}	—
出行链	出行链	5.18×10^{-1}	—
权衡意愿	基础行程时间 10(min)	7.26×10^{-1}	—
	基础行程时间 20(min)	8.26×10^{-2} *	7.60×10^{-3} ***
	基础行程时间 40(min)	1.61×10^{-2} **	3.70×10^{-2} **
路线选择	关于最小化行程时间和最小化燃料消耗的重要性(以指数表示)的差异	2.10×10^{-1}	—

注:*:置信度 >90%;**:置信度 >95%;***:置信度 >99%。

根据测试结果,除两个小类别外,环保 ICEV 驾驶人似乎与非环保 ICEV 驾驶人没有显著差异,见表 3-23。

非环保 PEV 驾驶人和环保 PEV 驾驶人的差异 表 3-23

因素		p-值(Fisher)	p-值(M. W.)
驾驶操作	行驶速度	6.92×10^{-1}	—
	加速	2.22×10^{-1}	—
	制动	4.90×10^{-1}	—
出行链	出行链	7.94×10^{-1}	—
权衡意愿	基础行程时间(10min)	3.43×10^{-1}	—
	基础行程时间(20min)	8.53×10^{-1}	—
	基础行程时间(40min)	1.00×10^{-0}	—
路线选择	关于最小化行程时间和最小化燃料消耗的重要性(以指数表示)的差异	2.15×10^{-1}	—

因此,通过数据分析可知生态驾驶行为可能不是由驾驶人本身的自我意识导致,可以推断出车辆本身可能是生态驾驶行为的主要原因。

综上,本章通过将驾驶人分为 ICEV、HEV 和 PEV 三类,分析调查结果,结果显示 PEV 驾驶人比 ICEV 驾驶人具有更多的环保驾驶倾向。数据显示,与 ICEV 驾驶人相比,PEV 驾驶人拥有更温和的驾驶操作,并且更频繁地出现出行链;PEV 驾驶人更愿意牺牲行驶时间以节省能源;PEV 驾驶人比 ICEV 驾驶人更愿意采用环保的 IVD 技术。所有这些发现可以帮助读者更好地理解电动汽车驾驶人的生态驾驶行为和动机。

CHAPTER 4

第4章 电动汽车无线充电设施部署

尽管电动汽车的市场渗透率越来越高,但是里程焦虑、充电焦虑也越来越普遍,如何化解这些焦虑,成为电动汽车进一步发展的关键。与此同时,用户对完善充电基础设施、提升充电技术的呼声越来越高。全球最大的电动汽车基础设施公司 ChargePoint 将投资2000 万美元用于开发和部署高速充电站,建设大量的公共充电站,有望提供更好的服务并减轻电动汽车用户的担忧。此外,无线充电技术也被认为是一项有希望解决电动汽车里程焦虑痛点的关键技术。借助无线充电技术,电动汽车能够在行驶过程中补充能量,从而提升了行驶里程。现阶段,韩国龟尾市已经在电动公交车的道路下成功铺设了占总路线 5% ~15% 的充电板;沃尔沃集团和瑞典运输协会计划修建约 500m 长的充电道路,以实现无线功率传输。根据充电汽车的行驶速度,无线充电可以进一步分为静态充电模式和动态充电模式。在静态充电模式下,车辆处于静止状态或超低速行驶状态,并且充电速率在技术上高于动态模式。考虑到车速对充电功率的影响,在保证较高总充电能量的同时,也要考虑到交通效率。

本章致力于研究可以使充电量最大化的无线充电设施安装地点[56]。由于信号交叉口处,车辆更加频繁地起动和停车,显然,这些地方更适合安装无线充电板,因为在这些地方低速行驶下充电速率更高,充电时间更长。此外,不同的信号策略将产生不同的交通状态,进而导致不同的充电板最佳部署方案。因此,建立考虑信息策略与交通状态的模型是确定最优无线充电设施部署方案的前提。

4.1 无线充电设施部署模型

4.1.1 元胞传输模型

本章采用元胞传输模型(Cell Transmission Model, CTM)来描述交通流状态。如图 4-1所示,根据 CTM 规则,道路分为 n 个单元,CTM 单元具有传递无线充电的信息。将无线充电设施分成长度同为 Δx 的各个部分。这样,可以使用二进制变量来定位充电单元的位置,然后乘以单元长度 Δx,便可获得无线充电的长度。本章的重点是在不影响交通流动性的情况下预定预算最大化总充电量,因此,该问题实质上变成一种权衡出行延误和充电量的双目标模型。

CTM 通过将道路离散成均匀的单元,根据流量守恒方程,建立模型如下:

$$\frac{\partial k(t)}{\partial t}+\frac{\partial q(t)}{\partial x}=0 \tag{4-1}$$

$$q(t)=F(k,x,t) \tag{4-2}$$

式中，x 和 t 分别表示空间和时间；q 和 k 是交通流量和密度；F 表示交通密度与流量之间的关系。

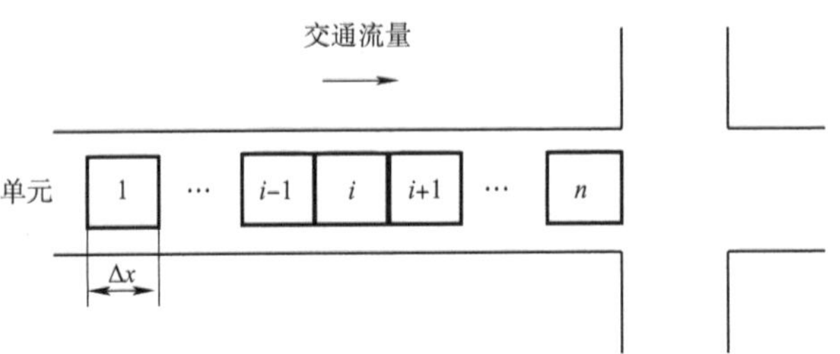

图 4-1 单向车道的单元表示

流量 q 和密度 k 之间的关系如下式定义：

$$q(t)=\min[v_f k(t),q_c,w(k_{jam}-k(t))] \tag{4-3}$$

式中，v_f 和 w 是自由流速度和后向冲击波速度；而 q_c 和 k_{jam} 分别是蓄电池容量和单元阻塞密度。

本章所提出的 CTM 模型具有更加真实的设计结构，如图 4-2a）所示。结构中有两个区域，分别是接近区域和扩展区域。接近区域里只有一个宽阔的小单元，这意味着车辆可以从物理上自由越过黑色虚线。但是，在交叉路口附近的扩展区域中，有三个平行单元，分别代表左转、直行和右转车道。这三个平行单元不能通信，即禁止更改车道。接近区域中宽单元容量等于扩展区域中 3 个单元容量的总和，从而保证了交通流量守恒。通过这种联结单元结构，CTM 能够区分不同方向上的排队。

图 4-2b）为交叉路口处单元间的路段，图中仅描述了从左到右的交通流。在图中，一个箭头表示一种可能的交通流向。例如，左转向单元连接到顶部的接收单元，这意味着从左转单元流出的车流只能输入到顶部的接收单元。而右侧的接收单元可以从左侧的直行单元接收输出车流，也接收底部的车流。

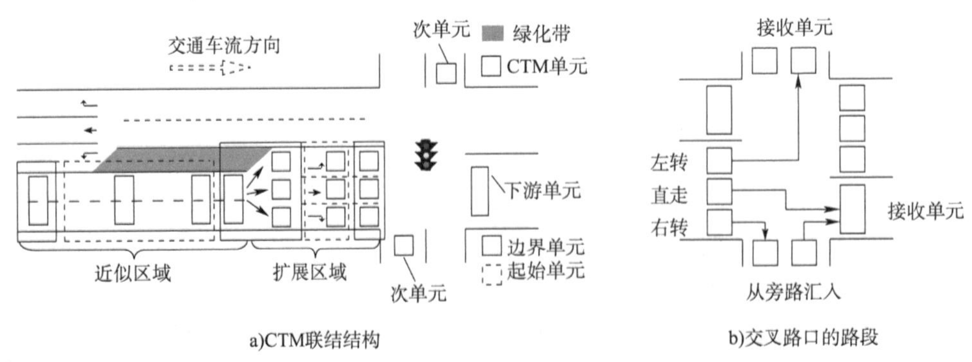

图 4-2 CTM 在交叉口处示意图

交叉路口的规则遵循真实的交通规则。当绿灯亮起时，允许交叉路口左单元流出的车流移动到它们各自的接收单元格中。红灯亮时，流出车流设置为零。左转和直行使用了不同的绿灯。右转车流不受交通信号灯的控制，并且模型中使用以下符号。

4.1.2 信号交叉路口控制

交通信号优化模型目的是确保交通延误最小。在模型中，信号相位和偏移被视为自由变量，表4-1列出了详细的信号控制模型。

符号汇总　　表4-1

I	干线交叉路口 i 集合
J	绿灯阶段 j 集合
N	所有特定车道数量集合（右车道、通行车道、左车道）
D	交通车流方向 d 集合
P	干线道路集合
L	所有特定车道集合（右车道、通行车道、左车道）
M	接近区域 h 单元数量集合
R	扩展区域 o 单元数量集合
C	冲突阶段集合，如果 j' 和 j 为一对冲突阶段，则 $c_{jj'}=1$，否则为0
$\delta_{i,j}$	二进制因子，如果阶段 j 在交叉路口 i 被执行，则为1，否则为0
Y	转弯比集合
q	接近区域单元流出量
$\tilde{q}$	扩展区域内单元流出量
k	接近区域单元密度
$\tilde{k}$	扩展区域内单元密度
Ψ	电设施地区设置
$g_{i,j}^{b}$	阶段 j 于交叉路口 i 的起始时间
$g_{i,j}^{a}$	阶段 j 于交叉路口 i 的持续时间
σ	二进制变量，单元 m 有充电BEV的函数时为1，否则为0
ε	二进制变量，单元 r 有充电BEV的函数时为1，否则为0

（1）交通流量和密度限制：给定一条具有 I 个交叉路口的道路，将东西向作为协调方向。从普通单元转移出的流量［黑色虚线矩形（图4-2a）］可以直接应用标准CTM定义式(4-3)。式(4-4)和式(4-5)分别表示接近区域和扩展区域的单元流出流量。为简单起见，下面描述中省略了时间指数 t。

$$q_{\mathrm{in}'}=\min\{v_{\mathrm{f}}k_{\mathrm{m}'},q_{\mathrm{c}}\bar{n},w(k_{\mathrm{jam}}\bar{n}-k_{\mathrm{m}'-1})\} \tag{4-4}$$

$$\tilde{q}_{1,\mathrm{r}'}=\min\{v_{\mathrm{f}}\tilde{k}_{l,t'},q_{\mathrm{c}}n_l,w(k_{\mathrm{jam}}n_l-\tilde{k}_{1,r'+1})\} \tag{4-5}$$

式中，$m'=1,2,\cdots,m-1,m\in M,r'=1,2,\cdots,r-1,l\in L,r\in R,q_{\mathrm{c}}$ 和 k_{jam} 表示单车道单元的流量容量以及阻塞密度；$\bar{n}$ 是接近区域中的车道数量；n_l 表示扩展区域单元内的车道数量。

边界单元[图 4-2a)中的实线矩形框]可以分为三类:信控单元(交叉路口旁边)、连接单元(在接近区域和扩展区域的交界处)和接收单元(在道路流入的起点处)。式(4-6)表示信号单元流量。如果交通信号灯为红色,则无法放行车辆。否则,信控单元的行为与正常 CTM 单元相似。此外,这些单元的输出流量也受到下游单元或次要单元剩余容量的影响,用 $Q_{\mathrm{acc}}(t)$ 表示,在交通拥堵期间其数值可能为零。式(4-7)表示连接单元的流量分配机制。在这些单元处,转弯比 γ_l 控制进入不同方向的车流。式(4-7)保证了流量守恒。模型中还考虑了转弯车道的通行能力($q_c n_l$ 和 $q_c \overline{n}$)。因此,左转弯车道饱和时,没有车流可以在连接单元处向左转。式(4-8)表达一个接收单元的输入流量。该值为上游需求 Q_{sup}、接收单元容量和剩余容量中的最小值。Q_{sup} 代表主要方向和次要方向交通需求的总和。

$$q_{l,r}(t)=\begin{cases}0, & t\in\text{红灯}\\ \min\{v_f\tilde{k}_{l,r}(t),q_c n_l,Q_{\mathrm{acc}}(t)\}, & t\in\text{绿灯}\end{cases}\tag{4-6}$$

$$\begin{aligned}q_m^l&=\min\{\gamma_l v_f k_m,q_c n_l,q_c\overline{n},w(k_{\mathrm{jam}}n_l-\tilde{k}_{l,1})\},\quad \gamma\in\Upsilon\\ q_m&=\sum_{l\in L}q_m^l\end{aligned}\tag{4-7}$$

$$q_1^{\mathrm{in}}=\min\{Q_{\mathrm{sup}},q_c\overline{n},w(k_{\mathrm{jam}}\overline{n}-k_1)\}\tag{4-8}$$

式(4-4)~式(4-8)表示 CTM 中所有类型单元的流量计算模型。单元约束来自几何约束以及交通信号。由于单元密度的变化由不同交通需求而产生,因此,$m'=2,\cdots,m$ 和 $r'=2,\cdots,r$ 中单元密度的更新过程将主要考虑单元的流入和流出,具体表示在式(4-9)~式(4-12)中。然后通过将这四个方程代入式(4-6)~式(4-8)来计算单元流量的更新。基于以上设计,当前的交通流模型可以考虑信号灯和实际交通规则。

$$k_{m'}(t+1)=k_{m'}(t)+(q_{m'-1}(t)-q_{m'}(t))\Delta t/\Delta x\tag{4-9}$$

$$k_1(t+1)=k_1(t)+(\tilde{q}_{l,r'-1}(t)-\tilde{q}_{l,r'-1}(t))\Delta t/\Delta x\tag{4-10}$$

$$k_{l,r'}(t+1)=k_{l,r'}(t)+(\tilde{q}_{l,r'-1}(t)-\tilde{q}_{l,r'}(t))\Delta t/\Delta x\tag{4-11}$$

$$\tilde{k}_{l,1}(t+1)=\tilde{k}_{l,1}(t)+(q_m^l(t)-\tilde{q}_{l,1}(t))\Delta t/\Delta x\tag{4-12}$$

(2)信号控制模型:该信号控制模型旨在通过更改绿灯的起始时间和持续时间来优化交通流量和密度分布。如果红色或绿色信号的开始时间与循环开始时间一致,则将一个阶段的红色和绿色时间分成一个周期的两个部分,如图 4-3a)和图 4-3b)所示。不同时间触发时,将显示三个独立的部分。以图 4-3 为例,如果将红灯的开始时间作为参考(t_r),则当循环开始点(t_c)晚于 t_r 时,红灯变成两个孤立的部分[图 4-3a)]。在这种情况下 t_c 会影响红灯状态,因此,需要在绿灯(g^b)开始时间之前对 t_c 进行控制。因此,图 4-3 中描述的场景可以保证是独立的。

相反,如果 t_c 早于 t_r[图 4-3b)],则绿灯相位由两个独立的元素组成。为避免不同的 t_c 对红灯安排的影响,t_c 和循环长度 t_l 的总和应超过 g^b。基于这两种情况,可以通过引入一个二进制因子 s[1 表示情景图 4-3a),0 表示情景图 4-3b)]在任何时候精确估计信号状态,这将具体分为以下两个部分。为便于描述,在循环中将 t_c 设为 0。

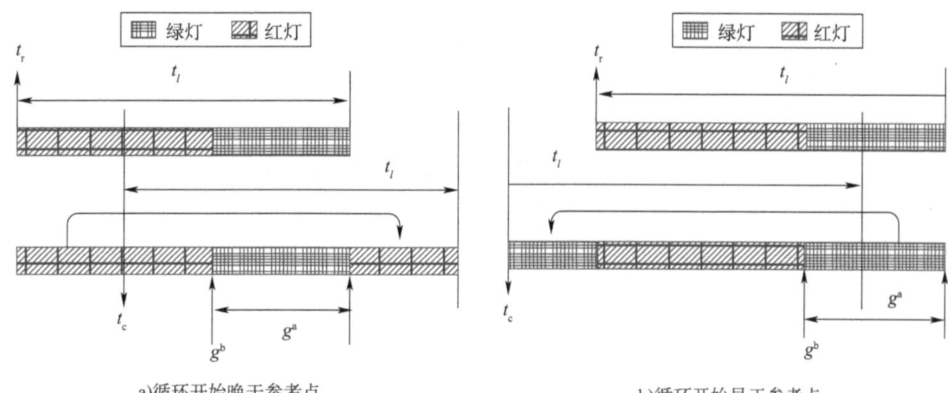

图 4-3 红色和绿色信号的状态

(1) $t_r < t_c$ 和 $t_c < g^b$[图 4-3a)]。$\delta(t_a)$是表示绿灯的二进制变量。在给定当前时间 t_a 的情况下，通过观察 t_a 可以确定信号位于红色或绿色相位。在这种情况下，红灯相位属于两个分开的间隔($s = 1$)，如图 4-4a) ~ 图 4-4c)所示。在式(4-13)中，当且仅当 t_a 在(g^b, $g^b + g^a$)的区间内，即 $\delta(t_a) = 1$ 时，才允许绿灯。其他两个间隔($0, g^b$)和($g^b + g^a, t_l$)都表示允许红灯($\delta(t_a = 0)$)。

$$\delta(t_a) = \begin{cases} 1, & s \cdot g^b < t_a \leqslant s \cdot (g^b + g^a) \\ 0, & 0 < t_a \leqslant s \cdot g^b \text{ 或 } s \cdot (g^b + g^a) < t_a \leqslant s \cdot t_l \end{cases} \tag{4-13}$$

(2) $t_r > t_c$ 且 $t_c + t_l > g^b$[图 4-3b)]。在这种情况下，循环开始时间早于参考点($s = 0$)，并且红灯由一个单位构成[图 4-4d) ~ 图 4-4f)]，绿灯状态的确定更为复杂。从图 4-3b)中可知，后面的绿色间隔包含了绿灯开始时间的信息，因此，这种情况下的间隔分别为($0, g^b + g^a - t_l$)、($g^b + g^a - t_l, g^b$)和(g^b, t_l)。结合参数 s 和分开间隔，应用式(4-14)来表示 $\delta(t_a)$的定义：

$$\delta(t_a) = \begin{cases} 1, & \text{if } 0 < t_a \leqslant (1-s) \cdot (g^b + g^a - t_l) \text{ or } (1-s) \cdot g^b < t_a \leqslant (1-s) \cdot t_l \\ 0, & \text{if } (1-s) \cdot (g^b + g^a - t_l) < t_a \leqslant (1-s) \cdot g^b \end{cases} \tag{4-14}$$

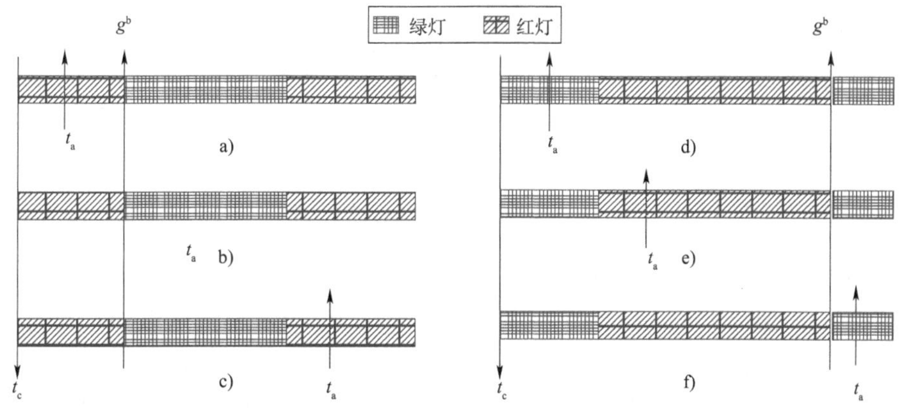

图 4-4 信号状态分析

通过以上分析,考虑参数 δ,可将式(4-6)转换为紧凑形式。在式(4-15)中,对于 $l \in L$,$r \in R$,单元 r 的流出由 δ_r(与单元 r 相关的信号相位)控制,如果 $\delta_r = 1$,则车辆从交叉路口放行,反之亦然。这与式(4-6)相同。

$$q_{l,r}(t) = \delta_r(t) \cdot \min[v_f \tilde{k}_{l,r}(t), q_c n_l, Q_{acc}(t)] \tag{4-15}$$

此外,应在一些条件下运行一些冲突信号相位以确保交通安全。假设阶段 j 和 j' 是一对不相容的运动,则控制式(4-16)中阶段 j 落后于阶段 j',这意味着一旦阶段 j' 完成,就可以考虑阶段 j 的开始时间。最后,变量 g^b 和 g^a 应符合上下限[式(4-17)、式(4-18)]。

$$g_{i,j}^{b} \geqslant g_{i,j'}^{b} + g_{i,j'}^{a}, c_{jj'} = 1, \quad j \in J, j' \in J, i \in I \tag{4-16}$$

$$g_{\min}^{b} \leqslant g_{i,j}^{b} \leqslant g_{\max}^{b}, \quad i \in I, j \in J \tag{4-17}$$

$$g_{\min}^{a} \leqslant g_{i,j}^{a} \leqslant g_{\max}^{a}, \quad i \in I, j \in J \tag{4-18}$$

在信号优化过程中,选择行进延迟作为性能评估。每个单元中,无法在一个时间步长内穿越该单元的车辆被视为滞留车辆。因此,这些行驶时间的增加和累积导致较高的交通延迟。对于单元 $m' = 2, \cdots, m, m \in M$ 且 $r' = 2, \cdots, r, l \in L, r \in R$,延迟时间可以表示为:

$$\begin{aligned} y_{m'}(t) &= (k_{m'}(t)\Delta x - q_{m'}(t)\Delta t)\Delta t \\ \tilde{y}_{l,r'}(t) &= (\tilde{k}_{l,r'}(t)\Delta x - \tilde{q}_{l,r'}(t)\Delta t)\Delta t \end{aligned} \tag{4-19}$$

因此,基于 CTM 的两个协调方向 D 之间所有道路 P 的交通延误估计表示如下:

$$\min U = \sum_{t \in T, m' \in M, p \in P, d \in D} y_{m',p}^{d}(t) + \sum_{t \in T, l \in L, r' \in R, p \in P, d \in D} \tilde{y}_{l,r',p}^{d}(t) \tag{4-20}$$

4.1.3 充电量估算

上述道路和交通流量模型已将研究道路分为各个单元。因此,如果将充电板安放在与 CTM 相同的单元格中将更容易,这意味着充电设备按单元分配。因此,有必要引入一个二进制变量来表示单元情况,其中 1 表示安放充电单元,0 表示无充电单元。以此方式,可通过合计充电单元来完全描绘出充电道路的长度和位置。为了准确定位充电区域,引入两个二元变量 ε 和 σ,它们分别适用于扩展区域和接近区域。

充电速率是计算充电能量的主要参数。基于无线充电机制,采用静态充电率 c_1 和动态充电率 c_2 来评估各种行驶速度下的充电量。如果移动速度相对较低的延迟车辆碰巧在充电单元中并且有充电需求,则它们会接受静态充电服务。而电动汽车以较高速度经过充电单元时,会以动态充电率传输。考虑静态和动态充电率和二进制变量,式(4-21)给出了充电单元中充电量的估计:

$$\begin{aligned} e_{m'}(t) &= \sigma_{m'}[c_1(k_{m'}(t)\Delta x - q_{m'}(t)\Delta t)\Delta t + c_2(q_{m'}(t)\Delta t)\Delta t] \\ \tilde{e}_{l,r'}(t) &= \varepsilon_{l,r'}[c_1(\tilde{k}_{l,r'}(t)\Delta x - \tilde{q}_{l,r'}(t)\Delta t)\Delta t + c_2(\tilde{q}_{l,r'}(t)\Delta t)\Delta t] \end{aligned} \tag{4-21}$$

式中,$k_{m'}(t)\Delta x - q_{m'}(t)\Delta t$ 和 $\tilde{k}_{l,r'}(t)\Delta x - \tilde{q}_{l,r'}(t)\Delta t$ 表示延迟的电动汽车;$q_{m'}(t)\Delta t$ 和 $\tilde{q}_{l,r'}(t)\Delta t$ 表示未延迟的电动汽车。注意,在此研究中假设了两个恒定充电率,即静态充电率 c_1 和动态充电率 c_2。但实际上,c_2 可能是速度的复杂函数。由于缺乏有关探索 c_2 和行驶速度之间详细函数的文献,在本章中,采用恒定比率。但该模型可以进一步扩展,以纳入真正的动态充电率 c_2 作为行驶速度的函数。一旦发现 c_2 和行驶速度之间的详细关系,将可为以后研究所用。

最大化总充电量见式(4-22),以充分利用无线充电道路。

$$\max E = \sum_{t\in T,m'\in M,p\in P,d\in D} e^{d}_{m',p}(t) + \sum_{t\in T,l\in L,r'\in R,p\in P,d\in D} \tilde{e}^{d}_{l,r',p}(t) \tag{4-22}$$

为简单起见,将一条车道上一个充电单元的重建成本视为单位成本,并假设蓄电池容量的线性相关性:

$$w_c\left(\sum_{m'\in M,p\in P,d\in D} \sigma^{d}_{m',p}\pi^{d}_{m',p} + \sum_{l\in L,r'\in R,p\in P,d\in D} \varepsilon^{d}_{l,r',p}\tau^{d}_{l,r',p}\right) \leqslant W \tag{4-23}$$

式中,w_c 是单位成本;W 是建设总投资上限;π 和 τ 分别是接近和扩展区域蓄电池容量。

如果一条干线的充电区域并不相互连接,则可能会产生一些额外费用。尽管这些部署计划可以满足建设成本约束,但实际上是不可接受的。因此,应该给充电区域长度一个下限,以保证解决方案现实且可被接受。

$$\sum_{m'\in\phi} \sigma^{d}_{m',p} + \sum_{r'\in\phi} \varepsilon^{d}_{l,r',p} \geqslant z_{\inf}, \quad \phi \in \phi^{d}_{p}, \phi^{d}_{p} \in \Psi \tag{4-24}$$

式中,$z_{\inf}$是充电区长度的下限;ϕ 代表充电区;ϕ^{d}_{p} 和 Ψ 分别是道路 p 沿方向 d 和整个干线的一组充电区域。

总而言之,可以将信号交叉路口下的无线充电基础设施优化部署问题公式化为以下双目标公式:

$$\begin{cases} \min\ \{U, -E\} \\ 式(4\text{-}4),式(4\text{-}5),式(4\text{-}7) \sim 式(4\text{-}16),式(4\text{-}23),式(4\text{-}24) \end{cases} \tag{4-25}$$

4.2 无线充电设施部署解决方案

式(4-25)具有混合整数非线性规划问题的形式,受信号控制和无线充电设施部署条件的约束,而且出行延迟和充电量不仅相互影响,还与干线交通状况有关。这样就很难将彼此隔离开来,因为使充电最大化将使信号引起更大的交通阻塞,从而增加总行驶延迟。

本章采用结合启发式算法和0-1 整数规划方法的逐步迭代求解过程。求解步骤从一组可行信号时序开始,采用 CTM 交通流量模型,获得时空密度分布。然后,通过使用 Gurobi 单纯形求解器解决 0-1 整数编程问题,获得基于信号配时的最佳部署方案。通过结合遗传算法和粒子群算法的混合粒子群算法(GA-PSO)更新信号时序集。重复类似过程,直到满足终止标准为止。整个求解过程总结如下:

步骤 1:参数初始化。种群规模、迭代次数、交叉概率、变异概率。

步骤 2:生成可行信号时序集。根据绿色和相位限制上下限,随机生成一组可行信号时序解。

步骤 3:交通流模拟。在各种信号配时下重建交通动态并记下总行驶时延。

步骤 4:最佳部署。根据模拟流量,解决 0-1 整数规划问题。确定最佳无线充电设施部署方案。

步骤5:非支配解集。滤除较大延迟和较低充电量解决方案。

步骤6:如果满足停止条件(例如最大迭代次数或误差界),用最佳帕累托集终止算法。否则,转到步骤7。

步骤7:信号配时集更新。使用并比较两种方法。

(1) 帕累托集:对于给定的解决方案集,选择一个延迟最小的作为参考。比较其他解决方案总充电量和参考解决方案充电量。去除延迟较大、充电量较小的方案。选择延迟第二小的解决方案作为参考,并重复比较过程,直到剩下的所有解决方案都成为参考解决方案为止。

(2) 遗传算法(GA):交叉过程是通过将一个交叉路口(每三个中的一个)的信号配时与其他可行解决方案随机交换来完成。然后以随机方式确定信号时序计划中要变异的部分,并为该部分生成新的信号配时模式。

(3) 混合算法(GA 和 PSO):交叉和变异过程遵循与 GA 方法相同的过程。不同之处在于,解决方案集中只有一半采用 GA 寻求更好的信号时序,而另一半则与 PSO 结合使用以探求更有价值的解决方案。

算法流程如图4-5所示。

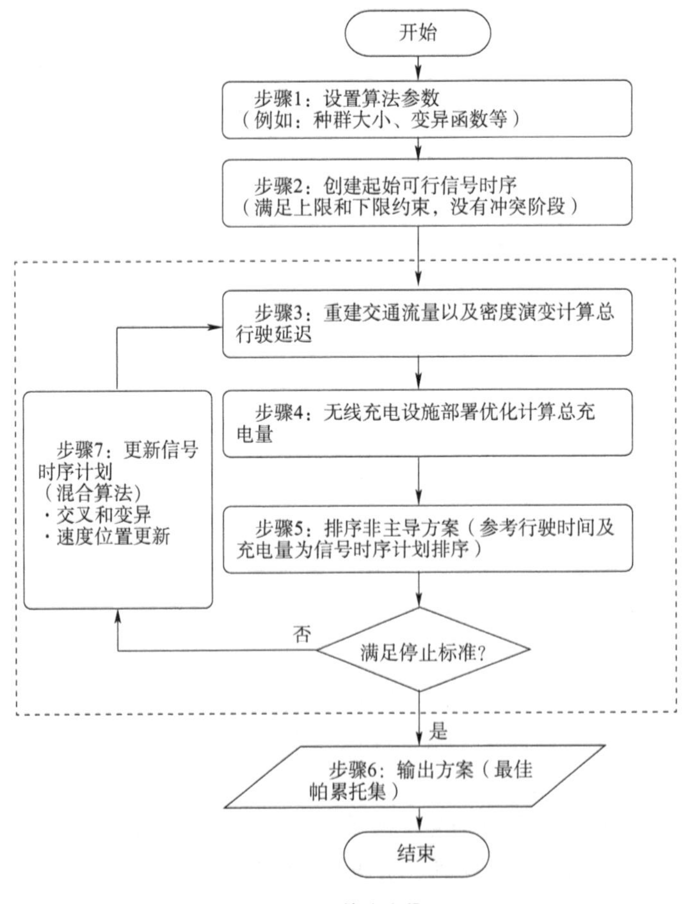

图4-5 算法流程

4.3 无线充电设施部署案例测试

4.3.1 场景设置

选择明尼苏达州金谷市 55 号公路(限速为 88.51km/h)的五个交叉路口作为测试地点,如图 4-6 所示。每个交叉路口和单元部署的信号相位在图 4-6 中也有描述。根据 NEMA 规则指定相位编号,其中阶段 2(从温内特卡大道到格伦伍德大道)和阶段 6(从格伦伍德大道到温内特卡大道)是协调阶段。该通道的交通数据由 SMART-SIGNAL(干线道路交通信号系统监控)系统收集。

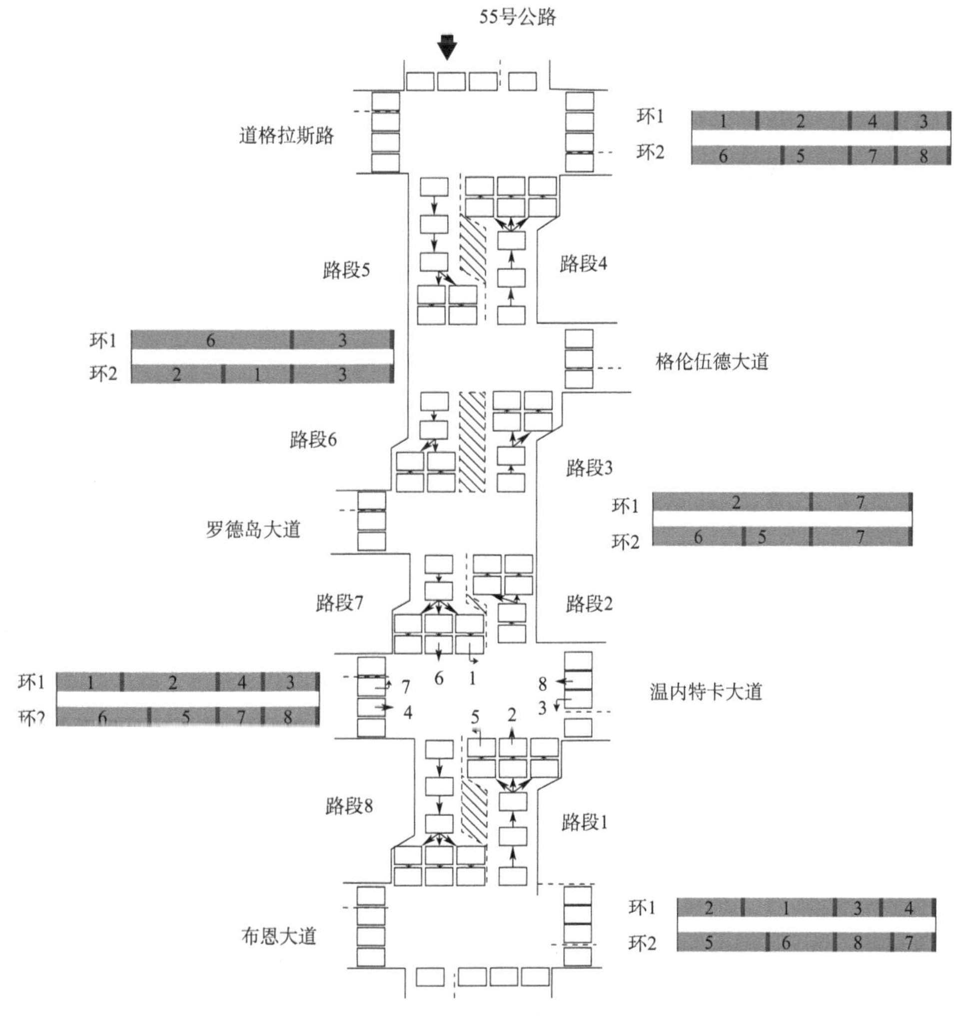

图 4-6 TH55 的轮廓和信号序列

为涵盖各种交通场景,使用 2 个主要协调方向和 8 个次要方向在不同时间段的交通需求来分析交通流分布。首先,收集了 20 个代表性周期,包括一天中的早高峰(7:00—

8:00)、非高峰(11:00—12:00)和下午高峰(15:30—16:30)。然后将2009年6月10—16日包含工作日和周末的7天(表4-2)指定为数据收集范围。这样,可以覆盖不同日期和时间段的交通需求波动。综上所述,本研究使用了420种交通场景。在此,目标函数式(4-25)由式(4-26)代替。

$$
\begin{aligned}
E &= \frac{1}{S}\sum_{s\in S} E_s(\sigma,\varepsilon)\\
U &= \frac{1}{S}\sum_{s\in S} U_s(g^{a},g^{b})
\end{aligned}
\tag{4-26}
$$

交通要求(单位:veh/h) 表4-2

日期	早高峰		非高峰		晚高峰	
	向西	向东	向西	向东	向西	向东
2009年6月10日	2349.3	520.2	1173.4	1163.1	1910.5	1977.6
2009年6月11日	2311.6	1121.3	946.1	877.8	2232.3	1454.1
2009年6月12日	2152.7	862.6	936.1	743.3	1767.2	1791.0
2009年6月13日	306.7	357.4	509.2	410.4	717.1	596.1
2009年6月14日	386.3	345.1	516.7	368.3	697.6	602.3
2009年6月15日	1947.8	364.7	960.4	755.1	1876.1	1781.4
2009年6月16日	2212.1	746.7	925.3	755.5	1750.6	1764.2

考虑到研究通道的长度和速度限制,单元长度设置为0.016km。表4-3中列出了每个路段中的单元数。阻塞密度和车道通行能力分别为每1.6km 210辆和1900辆。就总容量而言,接近区域有两条车道,在扩展区域中,直行车道被分为两个车道;路段1、4、8中的左转车道有2条车道,而路段5、7中的只有1条车道;所有右转车道只有一条车道。周期长度为120s,其中绿灯时间下限为10s,上限为90s。染色体的长度为32。在遗传算法求解过程中,种群规模为20,最大迭代次数为20次。变异率和交叉率分别为0.05和0.8。在PSO中,惯性权重为0.8;学习因子设置为2。动态充电率设置为10kW·h/h,静态充电率设置为20kW·h/h。建设总投资W为80元,充电区域z_{inf}的最小长度等于或大于3。

单元数量 表4-3

路段	起始点	目的地	单元数量
1	布恩大道	温内特卡大道	66
2	温内特卡大道	罗德岛大道	23
3	罗德岛大道	格伦伍德大道	43
4	格伦伍德大道	道格拉斯路	66
5	道格拉斯路	格伦伍德大道	66
6	格伦伍德大道	罗德岛大道	43
7	罗德岛大道	温内特卡大道	23
8	温内特卡大道	布恩大道	66

4.3.2 无线充电设施部署方案

实验干线有 5 个交叉路口,为实现信号控制边界,模型优化中仅选择 3 个内部相位序列(交叉路口)作为自由度。GA 和混合算法的帕累托集输出如图 4-7 所示,图中的点表示特定的信号时序方案。混合算法的帕累托集的总行程延迟范围为 5418.1 ~ 13772.6s,充电量范围为 4811.7 ~ 9116.5kW · h。混合算法得出的两个目标变化区间比从 GA 得出的区间分别大 14.2% 和 25.1% 。从图 4-8 中还可以看出,混合算法的帕累托前沿较高,这意味着其搜索能力更强且更可能寻找更多竞争解决方案。混合算法的计算时间如图 4-8 所示。20 次迭代的总计算时间为 5696.6s。每次迭代中,计算交通延迟需要 50 ~ 70s,0-1 编程解决方案计算单个迭代交通延迟花费 8 ~ 12s。由于有 20 个迭代,因此通过 4 线程并行计算将花费大约 300s。

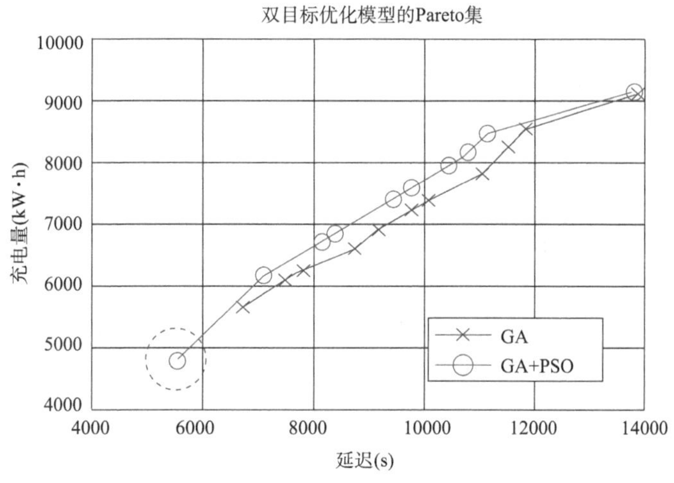

图 4-7 GA 的帕累托集和混合算法

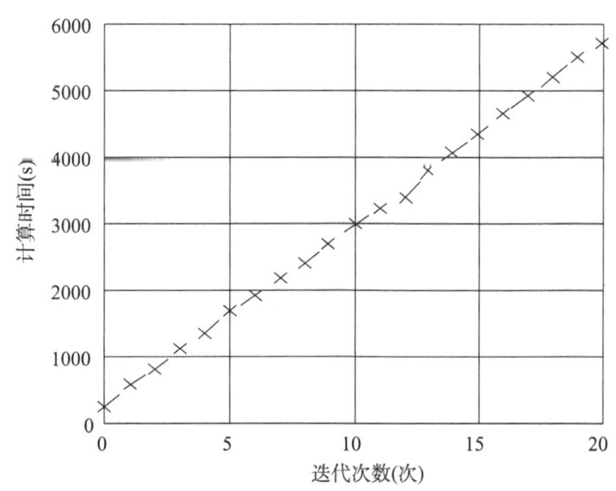

图 4-8 交叉路口计算时间

图 4-9 和表 4-4 的三个交叉路口协调信号控制计划(w = 80 元,c_1 = 20kW · h/h,c_2 =

10kW · h/h)显示了混合算法的一种最佳部署和信号时序(最左边的蓝点由图 4-8 中的虚线圆圈表示)。该解决方案表明,总的最大充电能为 4811.7kW · h,工作日的日平均最小通行延迟为 5418.1s。为进一步证明优化信号时序的运行效率,更多的结果,包括每天的早高峰、非高峰和下午高峰在图 4-10 和图 4-11(选取了从帕累托前面的最左边的点)中进行了说明。通过比较,可以得出结论:与原始信号时序集相比,混合算法结果平均将行驶延迟减少了约 46%,GA 结果减少了 40%。这意味着启发式算法的信号方案优于原始绿灯分布,且所提出的方法可以有效地缓解交通拥堵。

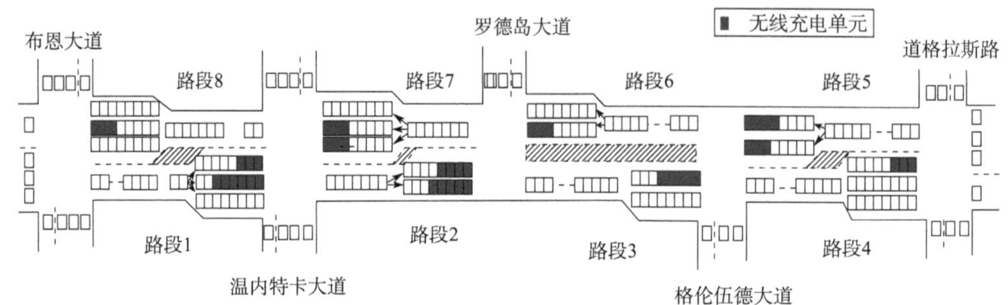

图 4-9　最佳部署计划($W=80$ 元,$c_1=20$kW · h/h,$c_2=10$kW · h/h)

三个交叉路口协调信号控制计划($W=80$ 元,$c_1=20$kW · h/h,$c_2=10$kW · h/h)　表 4-4

交叉路口	偏移	信号时序	
温内特卡大道	0	(2,1,3,4)	(80,14,14,12)
		(6,5,7,8)	(82,12,12,14)
罗德岛大道	38	(3,4,2,1)	(0,0,90,0)
		(5,6,7,8)	(30,0,72,18)
温内特卡大道	50	(1,2,3,4)	(12,78,30,0)
		(6,5,8,7)	(90,0,0,0)

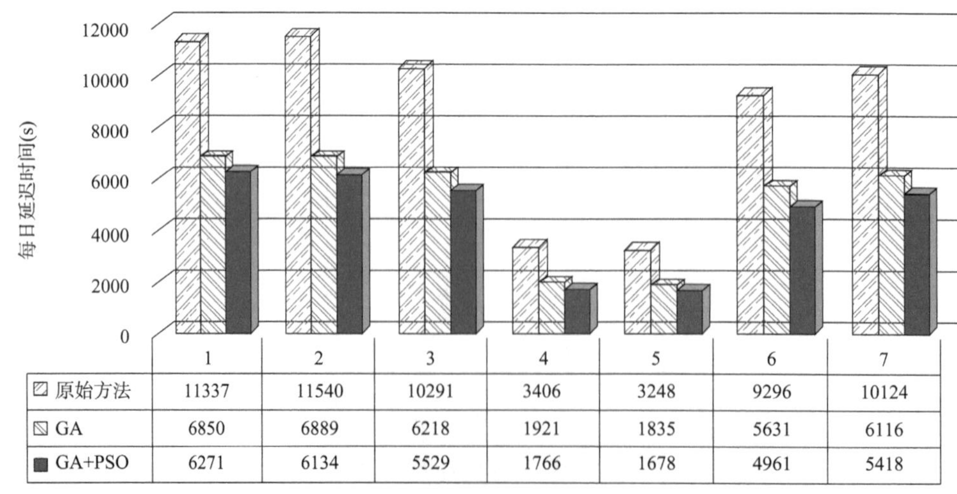

	1	2	3	4	5	6	7
原始方法	11337	11540	10291	3406	3248	9296	10124
GA	6850	6889	6218	1921	1835	5631	6116
GA+PSO	6271	6134	5529	1766	1678	4961	5418

图 4-10　交通起始延迟和最佳交通延迟对比

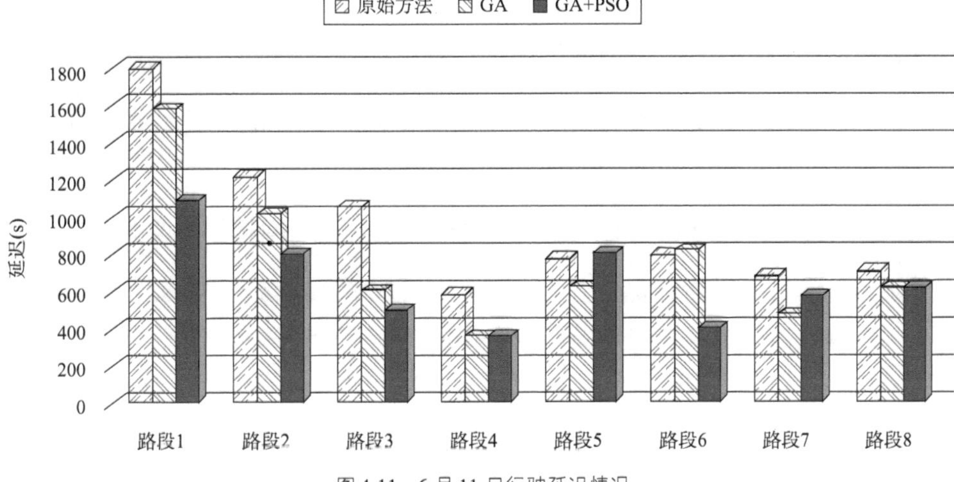

图 4-11 6 月 11 日行驶延迟情况

无线充电设施往往位于交叉路口附近的单元中,如图 4-9 所示,其原因是车辆等待队列经常在交叉路口形成,因此延迟(充电)时间更长;交叉路口附近的车辆速度相对较低,因此可以使用具有较高充电率的静态充电模式。例如,6 月 11 日,在温内特卡大道(1 号环线)和格伦伍德大道(3 号环线)上,由于所有时间段都有队列形成,充电单元几乎占据了所有扩展区域。但是,根据所提模型,右转车道不适合铺砌充电设施。由于在 CTM 中没有限制右转交通流量,因此,车辆可以自由通行而不用停车。因此,这些通道上的延迟时间很短。从图 4-11 中可以看出,路段 1 的延迟时间最大,路段 2 的延迟时间排名第二。这主要是由于在所有时间段都有很多西行需求。相应地,在最佳部署中,路段 1 和路段 2 包含更多的充电板(图 4-9)。路段 5(作为干线的另一个入口)的延迟时间比路段 1 小得多。这是因为西行需求在两个高峰期都较高,而东行则仅在下午高峰出现。此外,图 4-12 中显示了协调信号阶段 2 和阶段 6 的详细描述。给定在道格拉斯路阶段 2 的固定信号时序,对罗德岛大道、格伦伍德大道和温内特卡大道上的信号时序进行了优化,以确保绿色信号宽度够宽阔。由于路段 2 的长度仅为 256.64m,为防止其过饱和,应谨慎排出上游输出流量,这会缩短两个相连交叉路口之间的绿色信号带宽度。

4.3.3 敏感性分析

本部分对无线充电部署相对于其他因素(充电率、建设量和最小充电区长度 $z_{\inf}$)的敏感性作进一步的研究。首先,将 15kW · h/h 的动态充电率和 20kW · h/h 的动态充电率的最优配置进行比对(原始充电率 10kW · h/h)。

如图 4-13 所示,充电率增加 5kW · h/h 会导致总充电量增加 3.69%,而充电率增加 10kW · h 则会增加了 6.24% 的充电量。与图 4-9 相比,在路段 1 和路段 4 的最佳部署略有变化。在图 4-13b)中,由于当动态充电速率和静态充电速率一样时,路段 1 的交通需求较大,因此,路段 4 中的充电板移至路段 1,路段 4 中左转车辆的充电量可能会小于路段 1

中过往车辆的充电量。

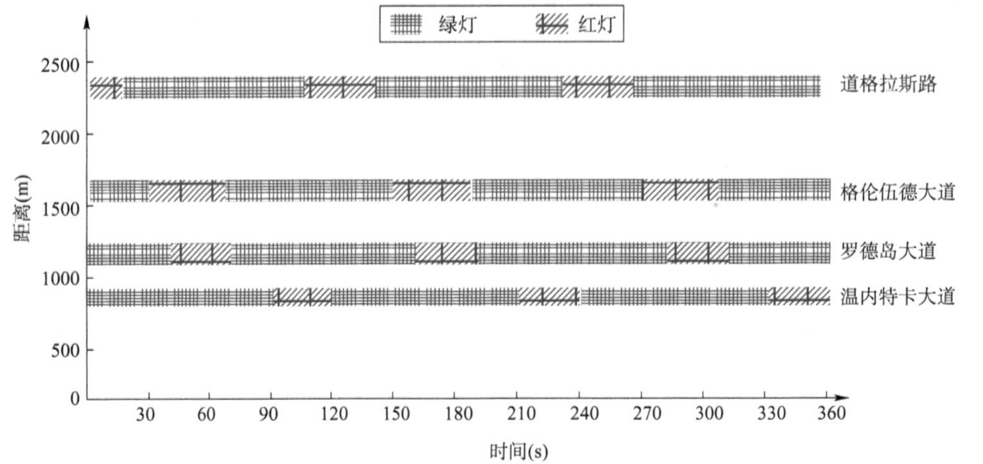

a)阶段2的最佳信号计划

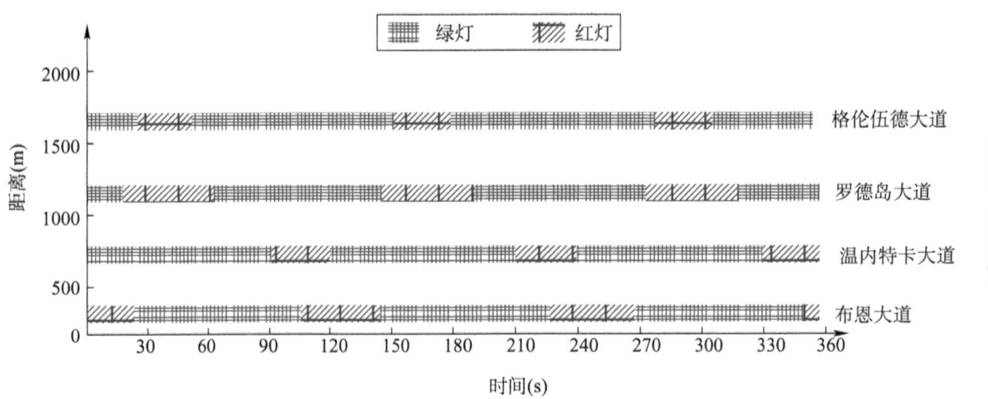

b)阶段6的最佳信号计划

图 4-12　阶段 2 和 6 的最佳信号计划

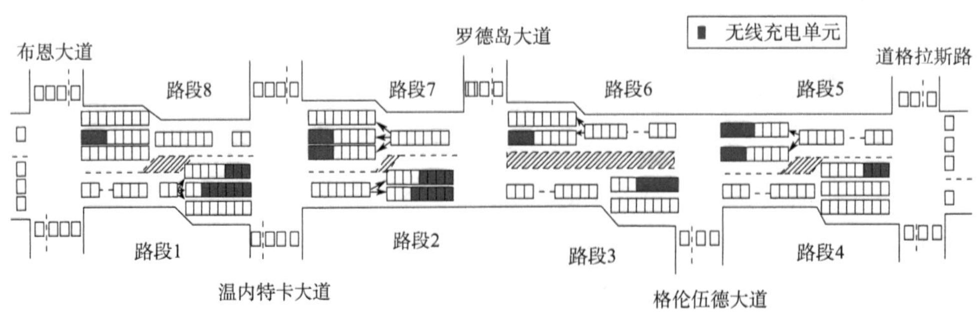

a)动态充电率（c_2=15 kW·h / h）

图　4-13

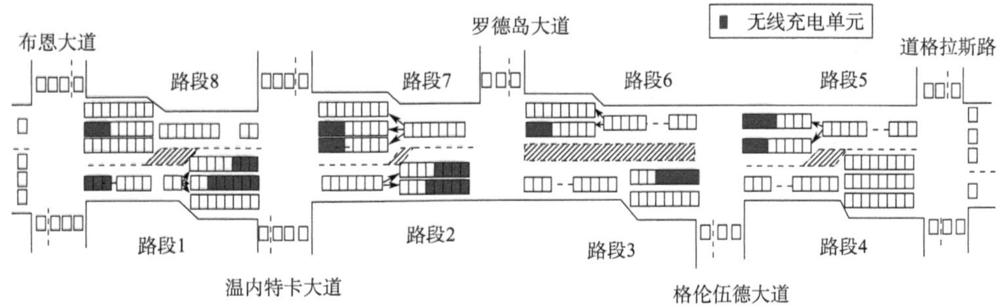

b)动态充电率（ c_2=20kW·h / h）

图 4-13 具有不同动态充电率(c_1 =20kW·h/h,W=80 元)的最佳部署

图 4-14a)总结了不同建设总投资(W)下,总充电量与动态充电率的函数关系。y 轴绘图截距表示通过静态充电获取的电量。与截距值相比,总充电量的任何增加都表示动态充电的电量。因此,对于给定的 W 值,曲线斜率随动态充电率而增加。对于给定的动态充电率 c_2 = 10kW·h/h,图 4-14b)绘出了总充电量与建设投资的函数关系。可以得出结论,连续 W 值之间总充电量的增量随 W 减小,最终达到恒定值。这种现象可以用部署模式来解释。对于小于 100 元的 W,可以在动态或静态充电区域中添加其他充电板。考虑到充电速率和延迟时间,将在静态充电区域中添加更多的充电板。当静态区域的部署饱和(W 大于 100 元)时,所有附加充电板都需放置在动态充电区域中。W = 100 元后,会导致图 4-14b)中的斜率恒定。

在安装充电设备时,建议实际操作中几块电板一起安装,如图 4-15 所示。因此,应使用最小长度 z_{inf}。可以注意到,随着 z_{inf}增加到一定值,充电量会减少,如图 4-16 所示。以 W = 80 元的情况为例,随着 z_{inf}的增加,首先将更多的充电板从左转车道移到邻近区域,然后将密度较低的路段上的充电板移动到具有较高流量需求的路段 1 上。当 z_{inf}变得太大时,部署模式仅取决于流量需求(图 4-17)。

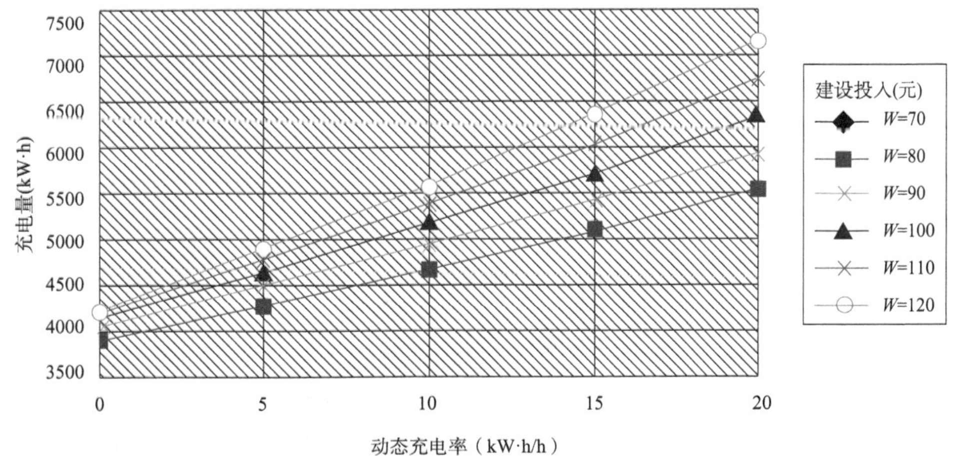

a)动态充电率和投资成本的敏感性分析

图 4-14

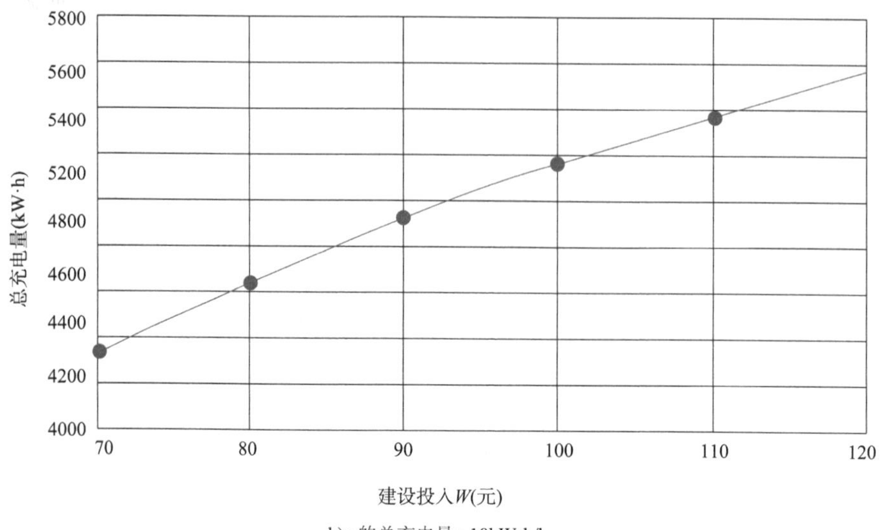

b)c_2的总充电量= 10kW·h/h

图 4-14　动态充电率和建设投资(c_1 = 20kW・h/h)的敏感性分析

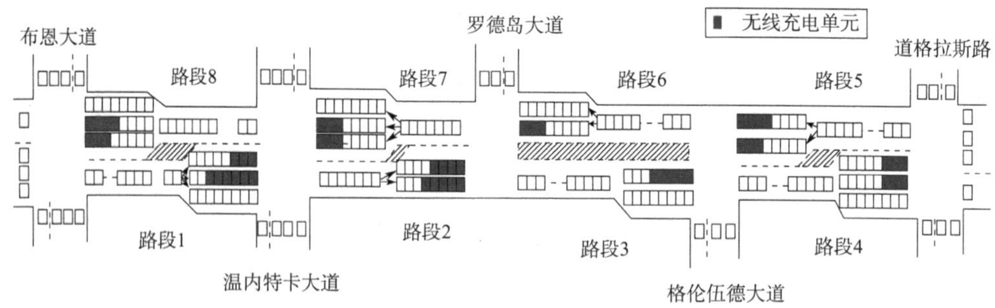

a)总建设投资为W = 100元时的部署

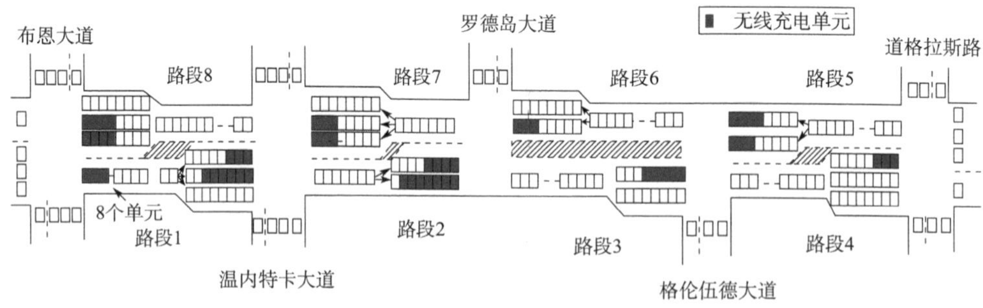

b)总建设投资为W =120元时的部署

图 4-15　不同动态建设投资的最佳部署(c_1 = 20kW・h/h,c_2 = 10kW・h/h)

本章为研究无线充电设施在干线上的部署,建立了一个双目标优化模型,考虑了信号时序对无线充电设施位置及其长度的影响。本章提出 CTM 模型用于刻画交通流状态,为优化信号配时和无线设施部署建立数学基础。实验结果表明,无线充电设施更适合安装在交叉口附近,特别是在直行车道,其次是左转车道。同时,充电单元的长度与交通动态有关。最后，对充电率、构造量和最小充电区域长度进行了敏感性分析，以检验其重要性。

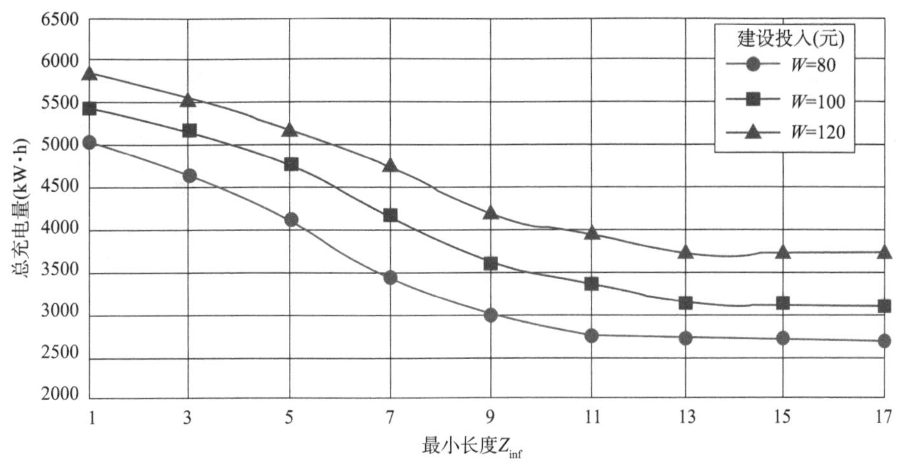

图4-16 动态充电率和建设投资(c_1 =20kW·h/h,c_2 =10kW·h/h)的敏感性分析

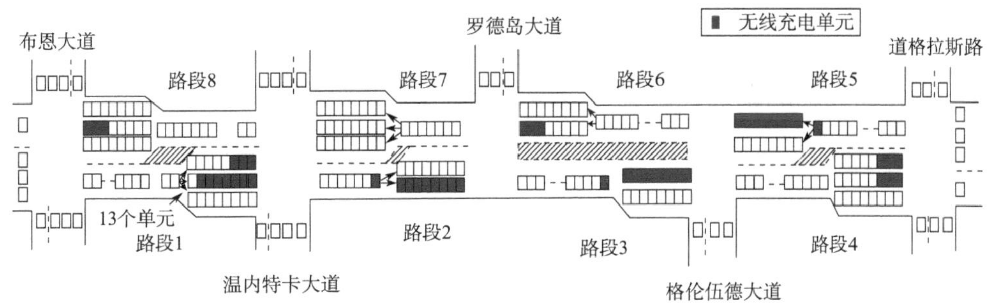

a)最小充电区长度（Z_{inf}=9）

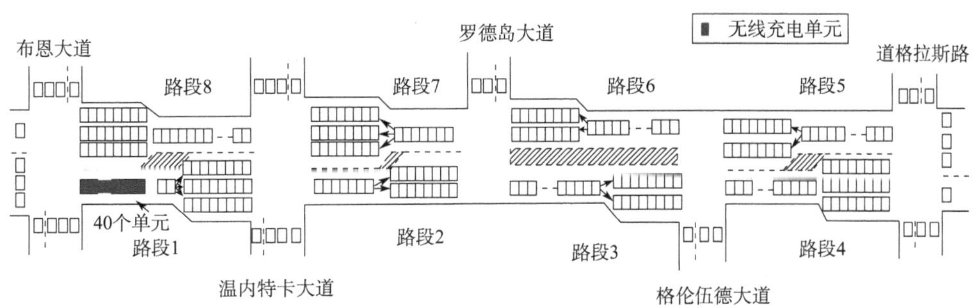

b)最小充电区长度（Z_{inf}=15）

图4-17 最低充电长度的最佳部署(c_1 =20kW·h/h,c_2 =10kW·h/h,W =80元)

CHAPTER 5

第5章 电动汽车速度优化控制理论

本章主要研究信控道路上电动汽车运行的最佳速度曲线(或速度轨迹),从而最小化电量消耗。传统的燃油汽车速度优化方法也可应用于电动汽车上,但是,现有方法忽略了交叉路口处排队的问题。例如,在图5-1a)中,为避免因排队等待造成的“延迟三角”问题,可以计算出一个理想的汽车速度 $\hat{v}$。“延迟三角”可通过假设汽车直接驶入红色信号区域的最大速度和最小速度来确定。如果考虑到了汽车排队的情况,为了避免车辆排队,速度 $\hat{v}$ 则应更小。等待排队的车辆会占用时间和位置,如图5-1b)中 A 点所示,而非图5-1a)中红色信号末端 t_2 所示。这一模型中,终端时间定义为车辆通过交叉路口的那一时刻,它仅受行驶距离的约束且并未考虑排队这一因素。因此,该模型提出的最佳速度可能会造成车辆碰撞。

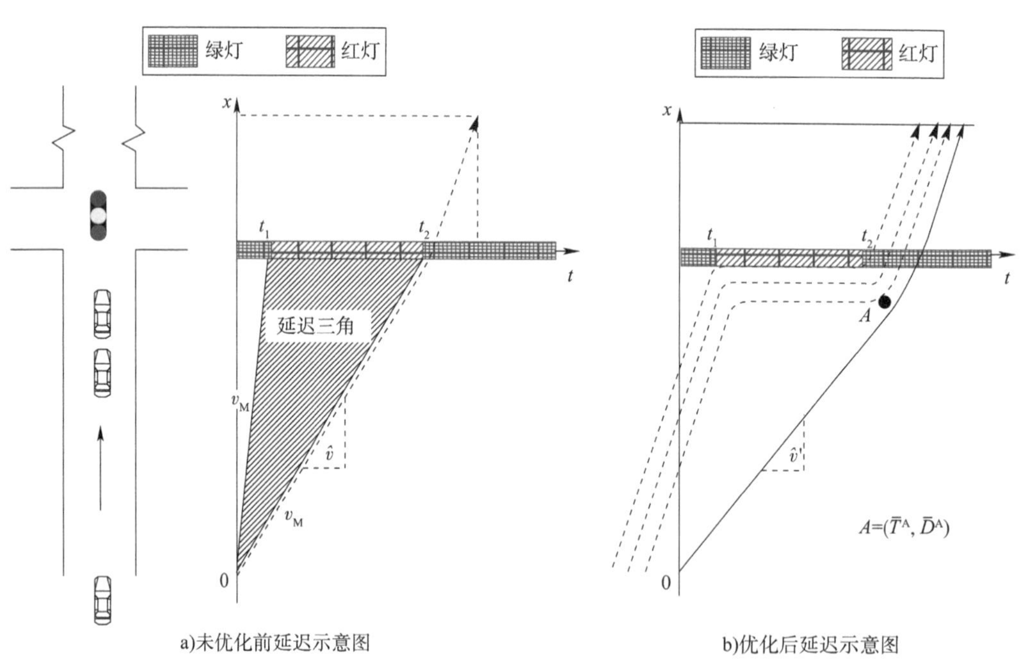

图5-1 信号灯控制路口车辆等待示意图

因此,假设已知实时排队信息以及道路上车辆速度、随时间变化的交通状况和信号状况等其他信息,本章利用实时信息开发出一个多阶最优控制模型,将整个控制过程分为一系列控制阶段,并将每个控制阶段定为单个最优控制问题。

5.1 电动汽车能源消耗模型

假定电动汽车产生的功率等于牵引力所需功率，忽略其他消耗。根据车辆动力学模型可知，牵引力表达式可以描述为：

$$F = ma + kv^2 + f_{rl}mg + mg\sin\theta \tag{5-1}$$

式中，F 为牵引力；m 为汽车质量；a 为加速度；$k=(\rho/2)C_DA_f$，ρ 为空气密度，C_D 为阻力系数，A_f 为车辆正面区域；f_{rl} 为滚动阻力常数；g 为重力加速度；θ 为道路坡度。

由于电损耗与电流的平方成正比，因此，功率与牵引力之间的关系可以表示为：

$$P_{in} = I^2r + Fv \tag{5-2}$$

式中，I 为电流；r 为电动机中导体的电阻。

此外，由电动机转矩产生的力 F 可以简化为电枢常数，磁通量和电流的乘积，其公式为：

$$F = \frac{KI}{R} \tag{5-3}$$

式中，$K = K_a\Phi_d$，K_a 是电枢常数，Φ_d 是磁通量；I 是电流；R 是轮胎的半径。

结合式(5-1)～式(5-3)，可以通过以下方式估算电动汽车的瞬时功率：

$$P_{in}(v,a) = \frac{rR^2}{K^2}(ma + kv^2 + f_{rl}mg + mg\sin\theta)^2 + v(kv^2 + f_{rl}mg + mg\sin\theta) + mav \tag{5-4}$$

式(5-4)可以进一步简化为：

$$P_{in}(v,a) = P_m + P_t + P_g \tag{5-5}$$

式中，$P_m = \frac{rR^2}{K^2}(ma + kv^2 + f_{rl}mg + mg\sin\theta)^2$ 是电动机功率损耗；$P_t = v(kv^2 + f_{rl}mg + mg\sin\theta)$ 是功率因行驶阻力而造成的损失；$P_g = mav$ 是可能从加速(或减速)中获得的能源。

为估算电动汽车的瞬时功率，首先需要确定式(5-4)中的参数值。表 5-1 总结了功率消耗模型中使用的参数值。

参数参考值 表 5-1

参数	数值
车辆质量 m(kg)	1266
滚动阻力系数 f_{rl}	0.006
空气阻力系数 k(kg/m)	1.30
电枢常数与磁通的积 K(m)	10.08
电机等效电阻 r(Ω)	0.11
轮胎半径 R(m)	0.5
传动效率 η(%)	95

每一时间步下的车辆速度及加速度均由数据收集系统直接测量，坡度信息则通过谷歌地球手动测量得到。输入以上信息后，通过式（5-4）可以估算电动汽车每一时步（以 s 为单位）的功率。然后将估算的功率和数据收集系统直接测量的数值进行对比。

图 5-2 显示了测量功率和估算功率的一致性。图中显示，几乎所有点都围绕着这条 45°直线分布，这表明估算模型准确地算出了电动汽车的瞬时功率。值得一提的是，并非所有的点都会落在 45°直线上，这是因为该模型预估的是逐秒瞬时功率。

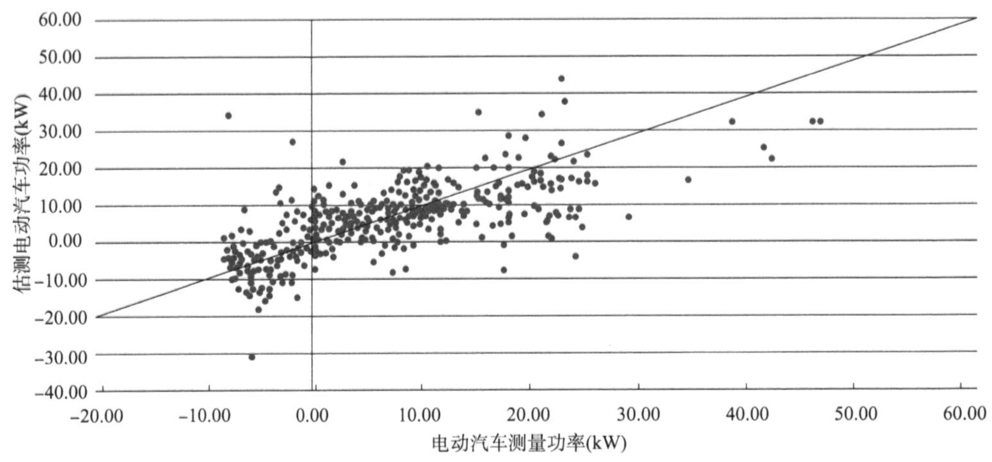

图 5-2　测量功率与估算功率的对比

进一步评估模型是否可以准确估算一段行程中的总能耗（即用电量）。用电量 E 通过如下公式可得：

$$E = \int_0^T P(t)\,\mathrm{d}t \tag{5-6}$$

基于以上整合，可以计算出 2013 年 5 月 40 多个行程的能耗。图 5-3 比较了每个行程中测量和估计的能耗，并计算出了平均绝对误差 15.6%，可以看出该模型能够准确估算总能耗。

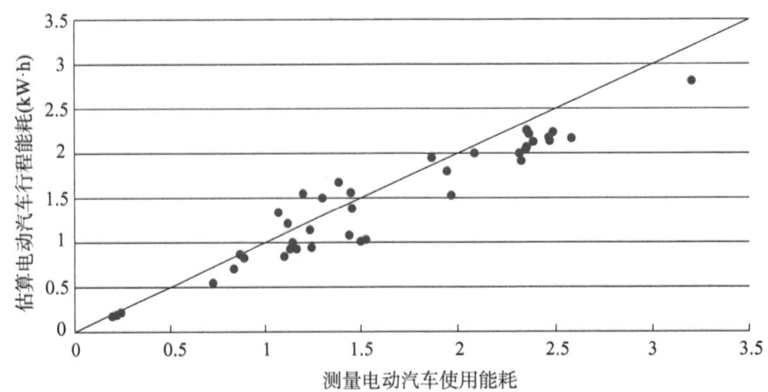

图 5-3　测量与估算电动汽车行程能耗的对比

5.2 电动汽车最佳速度控制模型

5.2.1 多阶段最优控制模型

$\boldsymbol{x}(t)$表示时间t处的电动汽车状态。

$$\boldsymbol{x}(t) \triangleq [x_1(t), x_2(t)]' = [s(t), v(t)]' \tag{5-7}$$

式中，$s(t)$表示到干道入口s_0的距离；$v(t)$表示车辆在时间t时的速度。车辆位置$s(t)$、速度$v(t)$、加速率$a(t)$可由以下公式表示：

$$\begin{cases} \dot{s}(t) = v(t) \\ \dot{v}(t) = a(t) \end{cases} \tag{5-8}$$

将式(5-8)放入一个矢量格式中，可得到一个普通的微分方程组，它将车辆动力学表示为：

$$\dot{\boldsymbol{x}}(t) \triangleq \begin{bmatrix} \dot{s}(t) \\ \dot{v}(t) \end{bmatrix} = \begin{bmatrix} v(t) \\ a(t) \end{bmatrix} = f(\boldsymbol{x}(t), \boldsymbol{u}(t)) \tag{5-9}$$

上式中的控制变量矢量$\boldsymbol{u}(t)$是在时间t时的加速度变化率，即：

$$\boldsymbol{u}(t) \triangleq [a(t)] \tag{5-10}$$

于是，一个多阶段最佳控制模型由此得以建立。在这一模型中，每个交叉路口i都被视为一个阶段，为最小化单个电动汽车电能消耗。单一交叉口的目标函数可以表示为：

$$\min_{a(t)} \mathcal{J}(i) = \int_{t_0^i}^{t_f^i} P(v(t), a(t)) \mathrm{d}t \tag{5-11}$$

式中，$\mathcal{J}(i)$表示交叉路口i或阶段i的能源消耗量；$P(v(t), a(t))$为t时的瞬时功率；t_0^i表示汽车驶入交叉路口i的时间；t_f^i表示汽车驶出交叉路口i的时间。

最小化问题式(5-11)受到几组的约束中，第一组为状态约束。

$$\dot{\boldsymbol{x}}(t) = f(\boldsymbol{x}(t), \boldsymbol{u}(t)), \quad t_0^i \leqslant t \leqslant t_f^i \tag{5-12}$$

$$\boldsymbol{x}(t_0^i) = \boldsymbol{x}_0^i, \quad \forall i \tag{5-13}$$

式(5-13)中的初始状态$\boldsymbol{x}_0^i$由电动汽车离开上一交叉路口$i-1$时的结束状态所决定。因此，除了第一个交叉路口，式(5-13)可由以下公式表示：

$$\boldsymbol{x}(t_0^i) = \boldsymbol{x}_0^i = \boldsymbol{x}(t_f^{i-1}), \quad \forall i = 2, 3, \cdots, n \tag{5-14}$$

第二组约束是队列限制约束。假设队列动态事先已知，且可通过$A_i = (\tilde{T}_i^A, \tilde{D}_i^A)$进行表征，而其可估算每个交叉路口$i$在$\tilde{T}_i^A$时队伍末尾$\tilde{D}_i^A$的位置。队伍限制约束设计是为避免出现车辆走走停停的情况。因此，这一约束旨在确保车辆的位置在$\tilde{T}_i^A$时不超出队列尾部(即$\tilde{D}_i^A$)。换言之，该模型利用这一约束可自动确定速度和加速度的大致数值，因此，车辆可以停在队伍末端或加入队伍，此约束表示为：

$$s(\tilde{T}_i^A) \leqslant \tilde{D}_i^A, \quad \forall i \tag{5-15}$$

同样,车辆离开交叉路口 $i(t_f^i)$ 的时间不应超过车辆经过交叉路口 T_f^i 的最晚时间,该时间是根据预测的车辆轨迹并考虑队列动态进行估算的。

$$t_f^i \leqslant T_f^i, \quad \forall i \tag{5-16}$$

此外,状态变量和控制变量也有上限和下限。

$$\begin{cases} 0 \leqslant v(t) \leqslant v_M \\ a_m \leqslant a(t) \leqslant a_M \end{cases}, \quad \forall 0 \leqslant t \leqslant T \tag{5-17}$$

式中,v_M 表示最大速度;a_m 和 a_M 分别表示最小加速度和最大加速度。

当前模型假设加速度的取值与车速和坡度无关,并根据一些建议的经验值任意设置速度与加速度的上下限。上述最优控制问题提出了电动汽车驶向交叉路口 i 时的最佳速度轨迹。使用式(5-14)将车辆在交叉路口 $i+1$ 的结束状态视为其在交叉路口 $i+1$ 的开始状态,则可应用类似过程找出在交叉路口 $i+1$ 时的最佳速度轨迹。一条拥有 n 个交叉路口的通道,其整体多阶段最佳控制问题可表示为以下模型:

$$\min_{a(t)} \mathcal{J} = \sum_i \mathcal{J}(i) = \sum_i \int_{t_0^i}^{t_f^i} P(v(t), a(t))\,dt \tag{5-18}$$

约束条件为:

$$\dot{\boldsymbol{x}}(t) = f(\boldsymbol{x}(t), \boldsymbol{u}(t)), \quad 0 \leqslant t \leqslant T \tag{5-19}$$

$$s(\tilde{T}_i^A) \leqslant D_i^A, \quad \forall i \tag{5-20}$$

$$t_f^i \leqslant T_f^i, \quad \forall i \tag{5-21}$$

$$\boldsymbol{x}(t_0^i) = \boldsymbol{x}(t_f^{i-1}), \quad \forall i = 2, 3, \cdots, n \tag{5-22}$$

$$\boldsymbol{x}(0) = \boldsymbol{x}_0 \tag{5-23}$$

$$0 \leqslant v(t) \leqslant v_M \tag{5-24}$$

$$a_m \leqslant a(t) \leqslant a_M \tag{5-25}$$

$$t_0^1 = 0 \tag{5-26}$$

$$t_f^n = T \tag{5-27}$$

上述模型中,式(5-18)为目标函数,表示一辆电动汽车通过一段有 n 个信号控制交叉路口的通道时总能耗;式(5-19)描述状态约束;式(5-20)表示队列约束限制;式(5-21)表示旅行时间约束;式(5-22)表示两个相邻信控路口的联系;式(5-23)和式(5-26)定义电动汽车的初始状态;式(5-24)和式(5-25)则为电动汽车速度和加速度变化率的边界约束;式(5-27)表示电动汽车到达最后一个交叉路口时的时间。由于 T 代表电动汽车在没有最佳速度控制的情况下通过最后一个交叉路口的预测时间,因而最后一个约束式(5-27)实质上是要确保电动汽车通过整条干道不会延迟。

5.2.2 近似模型

多阶段最优控制问题式(5-18)~式(5-27)可通过使用元启发式法或伪谱方法来求解。但是应用这些方法解决连续时间的最佳控制问题一般采用将时间和空间维度离散为一系列的收集点,这会产生大量决策变量,通常需要花费大量时间才能找到解决方法。试验表明，伪谱法需要几分钟才能为拥有两个交叉路口的小通道找到最佳速度轨迹。这在实际操作中是不允许的，因为车辆可能在程序确定最佳速度前就已经通过了整条通道。为解决这一问题，本章提出了一个近似模型。

该模型是基于多阶段模型的数学特性，即每一控制阶段的最佳控制问题都可转换成一系列非线性程序，同时可极大减少决策变量。具体来说，该模型将把每个控制阶段分为三个阶段：①恒定加速或减速；②巡航；③再次恒定加速或减速。这背后主要的原理就是尽可能让汽车巡航来减少整体能耗，因为巡航是一种节能的驾驶模式。基于此方案，近似模型的表达式如下：

$$\min_{a_1,a_2,t_1,t_2,v^*} \mathcal{J} = \int_{t_0}^{t_1} P(v(a_1,t),a_1)\,\mathrm{d}t + \int_{t_1}^{t_2} P(v^*,0)\,\mathrm{d}t + \int_{t_2}^{t_\mathrm{f}} P(v(a_2,t),a_2)\,\mathrm{d}t \tag{5-28}$$

约束条件为：

$$v_0 + a_1(t_1 - t_0) = v^* \tag{5-29}$$

$$s_0 + \left[v_0(t_1 - t_0) + \frac{1}{2}a_1(t_1 - t_0)^2\right] + v^*(t_2 - t_1) + \left[v^*(t_\mathrm{f} - t_2) + \frac{1}{2}a_2(t_\mathrm{f} - t_2)^2\right] = D^A \tag{5-30}$$

$$t_\mathrm{f} = \tilde{T}^A \tag{5-31}$$

$$\boldsymbol{x}(t_0) = x_0 = [s_0, v_0]' \tag{5-32}$$

$$0 \leqslant v^* + a_2(t_\mathrm{f} - t_2) \leqslant v_\mathrm{M} \tag{5-33}$$

$$t_0 \leqslant t_1 \leqslant t_2 \tag{5-34}$$

$$t_1 \leqslant t_2 \leqslant t_\mathrm{f} \tag{5-35}$$

$$a_\mathrm{m} \leqslant a_1 \leqslant a_\mathrm{M} \tag{5-36}$$

$$a_\mathrm{m} \leqslant a_2 \leqslant a_\mathrm{M} \tag{5-37}$$

$$0 \leqslant v^* \leqslant v_\mathrm{M} \tag{5-38}$$

式中，式(5-29)确保在时间 t_1 时，车辆可达到巡航速度 v^*；式(5-30)、式(5-31)描述队列限制约束；初始状态 s_0 以及式(5-32)中的 v_0 已由上一控制阶段的结束状态 s_f 和 v_f 给到；式(5-33)确保车辆的最终速度不超过速度限制；式(5-34)～式(5-38)描述决策变量的上下限。

如果预测车辆停在队伍最后时，将使用上述公式；反之，则采用如下公式对应替换定位约束式(5-30)和结束时间约束式(5-31)：

$$s_0 + \left[v_0(t_1 - t_0) + \frac{1}{2}a_1(t_1 - t_0)^2\right] + v^*(t_2 - t_1) + \left[v^*(t_\mathrm{f} - t_2) + \frac{1}{2}a_2(t_\mathrm{f} - t_2)^2\right] = l \tag{5-39}$$

$$t_\mathrm{f} = \tilde{T}^\mathrm{f} \tag{5-40}$$

式中，l 为制动杆位置；$\tilde{T}^\mathrm{f}$ 表示由信号情况决定的车辆可通过交叉路口的最早时间。式(5-30)、式(5-31)或式(5-39)、式(5-40)一同确保和没有任何速度控制的车辆相比时，电动汽车的行驶时间不会更长。

5.3 电动汽车最佳速度控制模型评估

本章选用 55 号公路(TH55)作为研究场景来测试速度控制模型的有效性。55 号公路位于美国明尼苏达州明尼阿波利斯市,是一条由五个交叉路口组成的信号控制干线通道。图 5-4 展示了这六个相互协调的交叉路口。该测试使用的高分辨率事件数据(包括车辆检测驱动以及信号阶段变化)由智能信号系统收集。

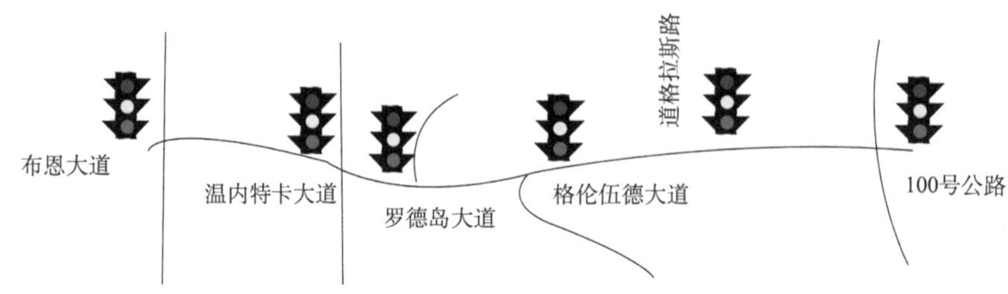

图 5-4 测试地址:55 号公路示意图

假设车辆于 2009 年 9 月 3 日 7:00 从 100 号公路(TH100)的交叉路口出发。由于六个交叉路口的信号会根据早上的东行(入站)交通进行协调,因此,车辆西行时遇到红色信号的可能性很高。给定 SMART-SIGNAL 系统收集的现场数据,实际的车辆轨迹在图 5-5 中以虚线表示。

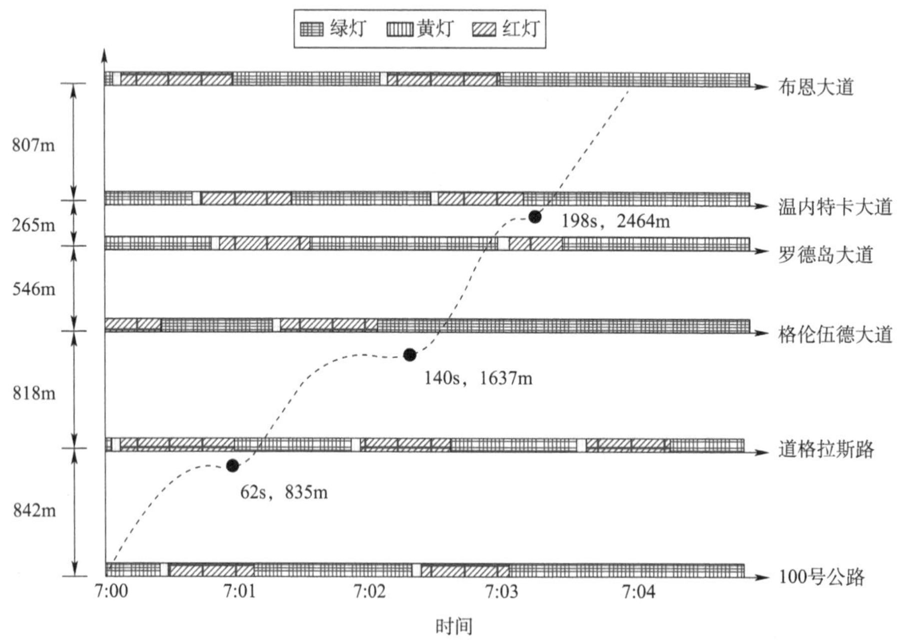

图 5-5 从现场数据得来的车辆位置轨迹

应用该模型需要初始速度 v_0、最大速度 v_M、最大加速度 a_M 以及最小加速度 a_m 的具体数值,其他数值见表 5-1。由于测试地点的速度限制为 80.47km/h,所以假设研究车辆一开始行驶速度为80.46km/h。最大加速率和最小加速率可根据美国国家公路与运输官员协会(American Association of State Highway and Transportation Officials, AASHTO)数据,分别假定为$4.88m/s^2$和$-3.41m/s^2$,见表5-2。基于表5-1和表5-2中的建议参数值,最佳控制模型和近似模型都可用于探求速度轨迹。

速度控制模型建议数值　　表5-2

参数	数值
车辆初始速度 v_0(km/h)	80.46
最大速度 v_M(km/h)	80.46
最大加速度 a_M(m/s^2)	4.88
最小加速度 a_m(m/s^2)	-3.41

5.3.1　最佳控制模型评估

作为对比,本章采用高斯伪谱优化软件(Gauss Pseudospectral Optimization Software, GPOPS)提供的Gauss伪谱方法来解决最优控制问题。Gauss伪谱法将时间与空间维度分为一系列收集点后使用拉格朗日多项式粗略估计车辆状态,然后通过基于梯度的搜寻算法确认最佳控制方案。

图5-6是由GPOPS确定的最佳控制问题式(5-18)~式(5-27)的最佳速度曲线图,在时间固定的情况下(236s),能源节省可高达47.7%,显然,该最佳控制方法是有效的。在这一时间段内,没有停车也没有起动车辆,优化方法建议加速(或减速)到巡航速度,接着车辆大部分时间都保持巡航速度。

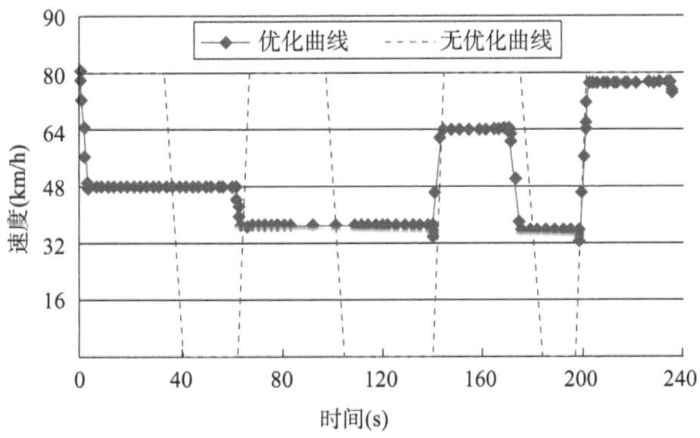

图5-6　GPOPS建议所得最佳速度曲线图

GPOPS使用一个函数形式求得最佳方案$a(t)$。函数形式的准确性取决于用于表征车辆状态的配置点的数量。配置点数量越多,解决方案准确性就越高,但代价就是计算成本也就越高。本部分中,GPOPS共耗时35s确定出最佳方案。实际应用中,为了实现实时速度控制,最佳速度轨迹应实时动态更新,以适应交通和信号状态的变化。

5.3.2 近似模型评估

为解决计算效率问题，本章采用近似模型式(5-28)～式(5-38)来得到最佳速度曲线图。该近似模型通过一个内点算法求解。该内点算法由 MATLAB 中一个名为"fmincon"的约束最小化程序提供。使用同一台电脑在 MATLAB 中求解该近似模型式(5-28)～式(5-38)只花了 0.8s。这表明近似模型式(5-28)～式(5-38)在计算效率方面更适合实时应用。

图 5-7 为近似模型式(5-28)～式(5-38)得到的速度曲线图。这一曲线图与最优控制模型(图 5-6)建议的曲线图相似。近似模型建议的巡航速度与最优控制模型式(5-18)～式(5-27)建议的巡航速度相同。很明显，近似模型的精度与最优控制模型基本相同。

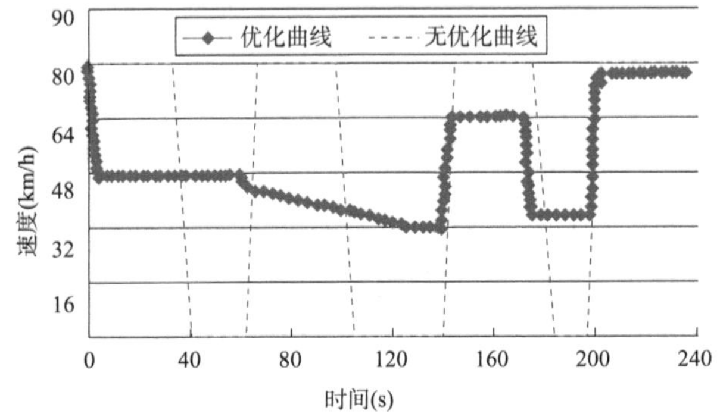

图 5-7　近似模型所建议的速度曲线图

接下来，将对比电动汽车基于最佳控制模型和近似模型所得到的能量消耗情况。如表 5-3 所示，在一段 3.22km 的路程中，使用近似模型可节约 47.5% 的能源。使用最佳控制模型和近似模型所减少的能源相差不到 1%。这一结果显然证明近似模型式(5-28)～式(5-38)与最佳控制模型式(5-18)～式(5-27)具有相近的精度。

电动汽车性能对比　　表 5-3

衡量项目	无控制	优化控制	近似模型
总旅行时间(s)	236	236	236
能量消耗(kW·h)	0.58	0.3	0.302
能量效率(kW·h/100km)	17.55	9.176	9.207
能量节省(%)	—	47.7	47.5

图 5-8 和图 5-9 分别显示了通过最佳控制模型和近似模型得到的具体轨迹。图 5-9 对比了车辆在有无最佳速度控制情况下的轨迹；图 5-10 对比了车辆在有无近似模型情况下的轨迹。通过最佳控制模型和近似模型形成的轨迹表明电动汽车通过 TH55 路段时没有停过一次，这也是能源大幅减少的主要原因之一。图中还表明两个模型所生成的轨迹接近，均不需要额外的行驶时间。

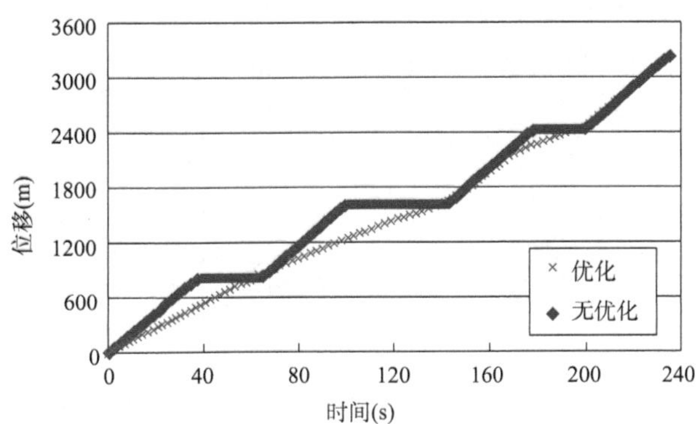

图 5-8 有无最佳速度下电动汽车的轨迹

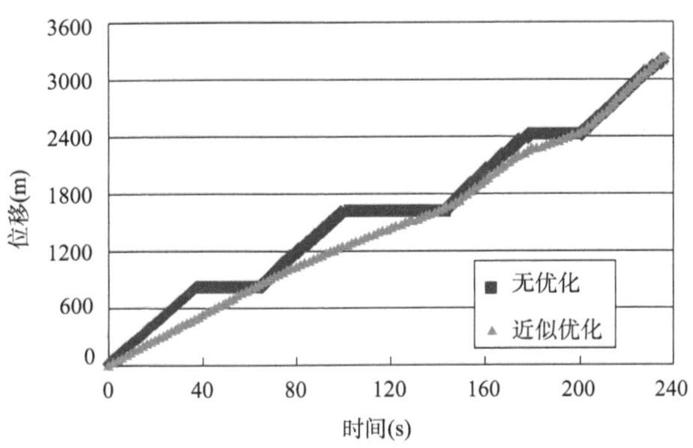

图 5-9 有无近似模型下电动汽车的轨迹

本章提出了多阶段最佳控制模型来确定电动汽车在信控干道上的最佳速度轨迹。该模型考虑了空间和时间维度上的交叉路口等待队列的影响。此外,本章还提出了一个近似模型来提高多阶级最佳控制模型的计算效率。实际数据测试表明,最佳控制模型和近似模型都可在没有额外旅程时间的情况下得到可以大幅减少能源消耗的最佳速度轨迹,也表明了近似模型具有较高的计算效率,在实际应用中完全够用。

但是,该最佳速度控制模型只针对优化个体车辆的能耗作出节省,是否会对整个交通系统造成影响尚待进一步研究。实现系统最佳效果,不仅能助于节约个体车辆的能源,还能帮助整个系统节约能源,这将是未来研究的一个有意义的课题。

CHAPTER 6

第6章 网联电动汽车生态驾驶协同控制理论

随着传统汽车工业和车辆电动化、网联化、轻量化、智能化等相关技术的蓬勃发展，全球汽车保有量保持着稳步增长，随之带来的能源消耗以及交通拥堵也成了影响人类社会发展的核心问题。汽车技术的进步必须与生态环境保持和谐发展，才能保证人类社会的持续发展。生态驾驶旨在通过改善驾驶行为，在提升驾驶安全的基础上有效缓解车辆保有量增加带来的能源消耗等问题。生态驾驶是一种成本相对较低却能显著降低能源消耗与排放污染的方法。与传统的电动汽车不同，网联电动汽车具备了环境感知、路径规划与决策、协同控制等功能，可以为出行提供更安全、更舒适、更节能以及更高效的方式，已成为国际公认的车辆未来发展方向。通过无线网联通信技术的应用，电动汽车实现了与车、路、云等的实时信息交互，因此，本章重点研究网联环境下电动汽车生态驾驶控制技术[57]，实现网联电动汽车的生态驾驶。

6.1 网联电动汽车能耗模型

电动汽车能耗模型将电动汽车的瞬时功率描述为速度、加速度和道路坡度之间的函数。与燃油汽车相比，电动汽车的能源损失很小，因此，电动汽车产生的功率可以被假定为和牵引力功率相等，忽略其他部件消耗，牵引力可以描述为：

$$F = ma + kv^2 + f_{rl}mg + mg\sin\theta \tag{6-1}$$

式中，F 是牵引力；m 是车辆质量；v 是速度；a 是加速度；$k = \frac{\rho}{2}C_D A_f$，$\rho$ 是空气密度，C_D 为阻力系数，A_f 是车辆的正面区域；f_{rl}是滚动阻力常数；g 是重力加速度；θ 是道路坡度。

由于电损耗与电流 I^2 的平方成正比，因此，功率 P 和牵引力之间的关系可以表示为：

$$P = I^2 r + Fv \tag{6-2}$$

式中，I 是电流；r 是电动机导体的电阻。因此，其本质上是电动机的电阻。

另外，由电动机转矩产生的力 F 可简化为电枢常数、磁通量、乘积和电流的乘积，则可以表示为：

$$F = \frac{KI}{R} \tag{6-3}$$

式中，$K = K_a\Phi_d$，K_a 是电枢常数，Φ_d 是磁通量；I 是电流；R 是轮胎的半径。

结合式(6-1)～式(6-3)，电动汽车的瞬时功率为：

$$P(v,a)=\frac{rR^2}{K^2}(ma+kv^2+f_{rl}mg+mg\sin\theta)^2+v(kv^2+f_{rl}mg+mg\sin\theta)+mav$$
$$=P_m+P_t+P_g$$
$$P_m=\frac{rR^2}{K^2}(ma+kv^2+f_{rl}mg+mg\sin\theta)^2 \tag{6-4}$$

式中，$P_m=\frac{rR^2}{K^2}(ma+kv^2+f_{rl}mg+mg\sin\theta)^2$ 是电动机的功率损耗；$P_t=v(kv^2+f_{rl}\mathrm{mg}+mgsin\theta)$ 是因行驶阻力造成的功率损耗；$P_g=mav$ 是从加速（或减速）中可能获得的能源。

最终，通过积分方程式(6-4)来估算总能耗 E：

$$E=\int_0^T P_m(a(t),v(t))+P_t(a(t),v(t))+P_g(a(t),v(t))\mathrm{d}t \tag{6-5}$$

6.2 网联电动汽车生态驾驶控制方法

本节提出两个优化目标，即优化干道的能源利用率和交通延误。首先设计一个多阶段优化模型，通过优化每个网联电动汽车的速度曲线以实现生态驾驶，从而使总能耗最小。该模型是将每个相邻交叉路口之间的路段视为一个阶段，然后将不同路段作为具有边界条件的多阶段进行连接。这样的设计可以显著减少计算负担。但是，电动汽车速度优化曲线可能并不会使交通延误最小化，因此，为实现行程延迟最小化的系统操作效率，所提方法的第二个目标是进一步将混合整数优化内嵌到实现最佳信号控制中。考虑到两个目标之间的冲突关系［图 6-1a)］，设计基于能源利用率和交通效率的双目标模型。假设网联环境下一条含有 N 个信号控制交叉口的干道［参见图 6-1b)］。

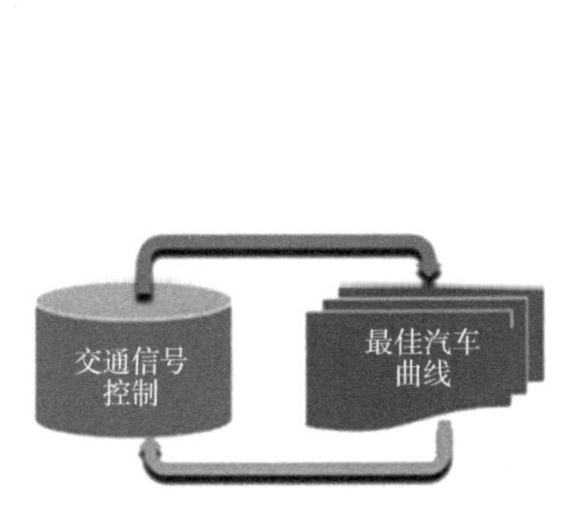

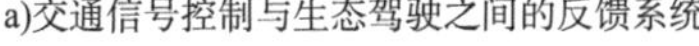
a)交通信号控制与生态驾驶之间的反馈系统

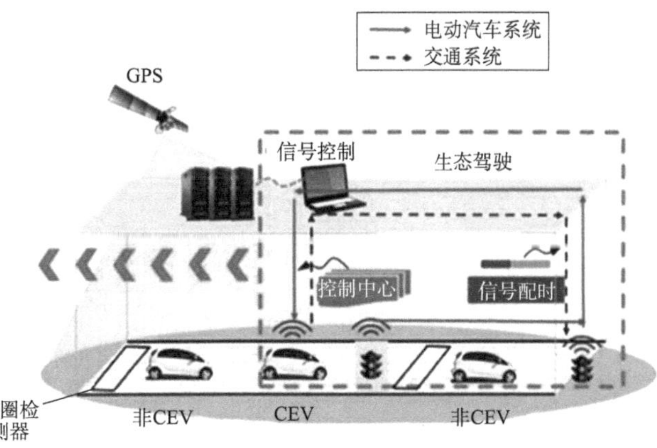

b)拥有信号控制功能的生态驾驶电动汽车系统整体体系结构

图 6-1　控制机制

干道上的信号控制符合标准 NEMA，如图 6-2 所示，其中协调方向阶段 2 和协调方向阶段 6 的为主要优化对象。道路中包括网联电动汽车和传统电动汽车两种类型。沿干道行驶时，网联电动汽车遵循生态驾驶模型，传统电动汽车遵循经典的智能驾驶跟驰模型

(Intelligent Driver Model, IDM)。表6-1列出了优化模型中使用的主要参数。

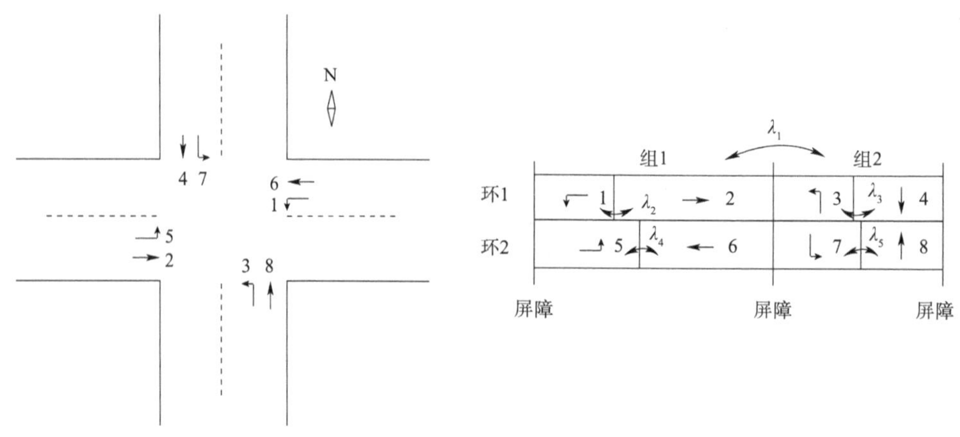

图6-2　一个示例交叉口的NEMA双环控制图

参数及其解释　　表6-1

参数	解释
n	阶段号
i	车辆
j	信号阶段
θ	二进制索引,领先车为1,后车为0
C	CEV集合
M	CEV和非CEV集合
N	阶段或交叉路口集合
T	总时间范围
l_n	第n阶段的道路长度
$\tilde{W}_n(i)$	生态系统建议下,在n阶段CEV的最佳能耗
$d_{n,i}$	EV_i在第n阶段的行驶延迟
$a_{n,i}$	EV_i在第n阶段的加速
$v_{n,i}$	第n阶段EV_i的速度
$P(a_{n,i},v_{n,i})$	EV瞬时功率
$t_{n,i}^{0}$	CEV_i进入阶段n的初始时间
$t_{n,i}^{f}$	CEV_i离开阶段n的最后时间
C_L	周期长度
$g_{n,j}$	阶段n时信号阶段j的绿灯时间

6.2.1　多阶段优化速度模型

在每个路段的入口处利用检测器收集交通信息,结合信号配时,可估算等待车辆队列长度和电动汽车的重新起动以及离开时间。

在该模型中,干道上每个相邻交叉路口间的部分都被视为一个“阶段”,针对多个“阶段”提出了一个速度最优控制模型来最大限度地减少单个电动汽车的用电量。交叉路口 n 的目标函数可以表示为:

$$\min_{a(t)} W(n) = \int_{t_0^n}^{t_f^n} P(v(t), a(t))\,\mathrm{d}t \tag{6-6}$$

式中,$W(n)$ 是阶段 n 的能耗;$v(t)$ 和 $a(t)$ 是速度和加速度;$P(v(t), a(t))$ 是时间 t 时的瞬时功率;t_0^n 是车辆进入阶段 n 的时间;t_f^n 是它的离开时间。

上述问题可通过元启发式方法进行解决,例如 Pontraygin 最小原理、伪谱方法和启发式算法。对于复杂量计算问题,例如具有多个交叉路口或一个网络的干道,这通常需要花费很长时间。为便于实际应用,提出了一种近似模型来简化离散时间模型。

近似模型的思想主要来源于对驾驶人舒适度的考量,即加速度不应随时间变化而有太大变动,其控制过程如图 6-3 所示。当网联电动汽车进入一个阶段时,首先用 IDM 模拟其轨迹,以此获得队列动态信息(t^U,x^U);当网联电动汽车进入等待队列(浅色虚线)时,将采用生态驾驶策略。具体而言,从 t_0 到 t^U 的持续时间分为 3 个阶段:①从 t_0 到 t_1 以恒定速率 a_1 加速或减速;②在 t_1 和 t_2 之间巡航;③从 t_2 到 t^U 再次以恒定速率 a_2 加速或减速。实际上,生态驾驶时间 t_f 与 IDM 模拟时间应相同,由于可以在阶段入口处获取所有车辆信息,因此,IDM 可以重建阶段内的交通轨迹。通过对一辆网联电动汽车进行测试,系统反应时间 t^U 对节能的影响见表 6-2。结果表明,系统更高的反应速度将极大促进生态驾驶的实施。

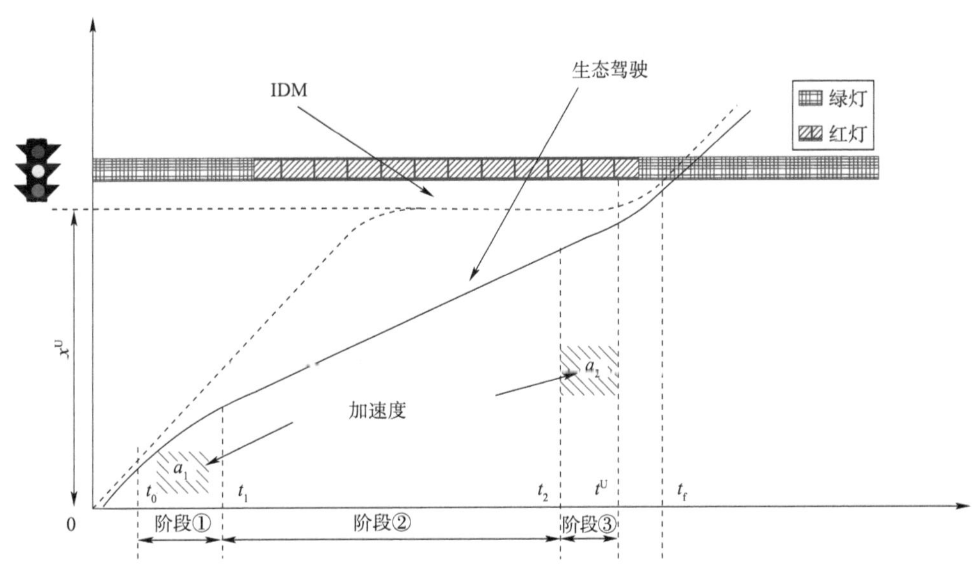

图 6-3 带有近似模型的生态驾驶轨迹

系统反应速度对节能的影响 表 6-2

开始时间(s)	0	1	2	3	4	5	10
节约能源(%)	58.8	24.4	24.3	23.5	19.6	17.2	9.5

近似模型将最优控制问题转化为非线性程序序列，而它的决策变量(t_1,t_2,a_1,a_2)又少得多。例如，第 n 阶段的第 i 个网联电动汽车的最佳速度控制公式如下：

$$\min_{a_{i,1}^n,a_{i,2}^n,t_{i,1}^n,t_{i,2}^n} \tilde{W}_n(i) = \int_{t_{i,0}^n}^{t_{i,1}^n} P(a_{i,1}^n, v_i^n(a_{i,1}^n,t))\mathrm{d}t + \int_{t_{i,1}^n}^{t_{i,2}^n} P(0,v_{i,c}^n)\mathrm{d}t + \int_{t_{i,2}^n}^{t_i^{0,n}} P(a_{i,2}^n, v_i^n(a_{i,2}^n,t))\mathrm{d}t,\quad i\in C \tag{6-7}$$

$$v_{i,0}^n + a_{i,1}^n(t_{i,1}^n - t_{i,0}^n) = v_{i,c}^n \tag{6-8}$$

$$x_{i,n}^{\mathrm{U}} = p_0^n + v_{i,0}^n(t_{i,1}^n - t_{i,0}^n) + \frac{1}{2}a_{i,1}^n(t_{i,1}^n - t_{i,0}^n)^2 + v_{i,c}^n(t_{i,2}^n - t_{i,1}^n) + v_{i,c}^n(t_i^{\mathrm{U},n} - t_{i,2}^n) + \frac{1}{2}a_{i,2}^n(t_1^{\mathrm{U},n} - t_{i,2}^n)^2 \tag{6-9}$$

$$0 \leqslant v_{i,c}^n + a_{i,2}^n(t_i^{\mathrm{U},n} - t_{i,2}^n) \leqslant v_{\max} \tag{6-10}$$

$$t_{i,0}^n \leqslant t_{i,1}^n \leqslant t_{i,2}^n \tag{6-11}$$

$$t_{i,1}^n \leqslant t_{i,2}^n \leqslant t_i^{\mathrm{U},n} \tag{6-12}$$

$$a_{\min} \leqslant a_{i,1}^n \leqslant a_{\max} \tag{6-13}$$

$$a_{\min} \leqslant a_{i,2}^n \leqslant a_{\max} \tag{6-14}$$

式中，$t_{i,0}^n$是第 i 个 CEV 开始执行生态驾驶速度建议的时间；$t_{i,1}^n$和 $t_{i,2}^n$分别表示阶段①、阶段②和阶段③的结束时间；$a_{i,1}^n$和 $a_{i,2}^n$是阶段①和阶段③相对加速或减速率。式(6-7)是通过优化变量 $t_{i,1}^n$、$t_{i,2}^n$、$a_{i,1}^n$和 $a_{i,2}^n$来使能耗最小化的目标函数。式(6-8)表示阶段②的巡航速度。式(6-9)表示交叉路口队列约束。式(6-10)确保阶段③结束时的速度不超过速度极限。式(6-11)～式(6-14)是变量的上下限，这种近似模型极大减少了计算时间。

6.2.2 智能驾驶模型

传统电动汽车采用 IDM 跟车模型[58, 59]来模拟其在干道上的驾驶行为。一旦车辆到达阶段入口处，通过检测器获取其车辆动力学信息，IDM 便可准确预测所有车辆的轨迹。换言之，如果给定头车的车辆动力学特性，通过 IDM 公式可以获得所需加速度 a_d^i：

$$\begin{aligned} a_i^{\mathrm{d}} &= a_0\left[1-\left(\frac{v_i}{v_0}\right)^{\delta}-\left(\frac{\Delta p_i^{\mathrm{d}}(v_i,\Delta v)}{\Delta p}\right)^2\right],\quad i\in M\backslash C \\ \Delta p_i^{\mathrm{d}}(v_i,\Delta v) &= \Delta p_0 + v_i t^* + \frac{v_i\Delta v}{2\sqrt{a_0\beta}},\quad i\in M\backslash C \end{aligned} \tag{6-15}$$

式中，a_0 和 v_0 是最大加速度和速度；$\Delta p_i^{\mathrm{d}}(v_i,\Delta v)$ 和 Δp_0 是所需最小间隙和距离；Δp 和 Δv 是实际间隙和速度变化；t^* 表示车头时距；β 是所需减速率。

为判断传统电动汽车的状态，在交叉路口附近标记了一个虚拟减速区(图 6-4)，传统电动汽车驾驶人可在此处估算剩余绿灯时间是否足以穿越交叉路口。传统电动汽车可能有两种情况：跟随车辆和领先车辆。因此，计算实际加速度 a_i^{r} 的过程将分解为两部分。采用二进制因子 θ 表示其身份，即如果是领头车辆则为 1，如果是跟随车辆则为 0。

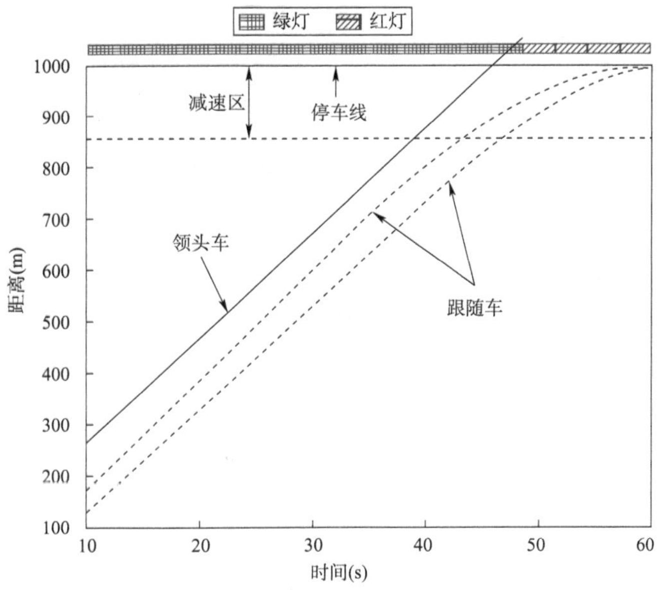

图 6-4 信号交叉口的车辆轨迹

6.2.2.1 领头车辆加速度($\theta=1$)

领头车辆意味着其进入减速区时动作仅取决于绿色信号。特别是,其加速仅取决于剩余绿灯时间是否足够使车辆通过。如果恒定巡航速度 v_i 允许其及时越过停车线,则其加速度为零。否则,它将被迫减速并等待。为简单起见,采用一个恒定值 a_d 为参考。在这种情况下,实际加速度 a_i^r 表示为:

$$a_i^r(t)=(1-\xi)a_d+\zeta^*0,\quad i\in M\backslash C \tag{6-16}$$

$$\xi=\begin{cases}1, g_j^b<t+\dfrac{l_p-x_i}{v_i}\leqslant g_j^b+g_j, & i\in M\backslash C, j=1,2,\cdots,8\\0, & 其他\end{cases} \tag{6-17}$$

式中,ξ 是一个二进制索引,用于传递领先汽车是否越过停车线这一信息;g_j^b 和 g_j 分别表示开始时间和相关信号阶段的持续时间。

6.2.2.2 随车辆的加速度($\theta=0$)

跟随车辆应先于其领先车的状态考虑绿色信号信息。如果剩余时间足够让领先汽车通过,则根据剩余绿色信号时间,跟随车辆将采用 IDM 跟车规则减速以便在停车线前停止。相反,当领先汽车被红灯困住时,后面的车辆必须遵守 IDM 跟车规则。因此,有必要引入另一个二进制因子 η 来表示领先汽车的信息。参数 η 的公式类似于式(6-17)。因此,实际加速度 a_i^r 可用式(6-19)表示:

$$\eta=\begin{cases}1, g_j^b<t+\dfrac{l_p-x_i^l}{v_i}\leqslant g_j^b+g_j, & i\in M\backslash C,\quad j=1,2,\cdots,8\\0, & 其他\end{cases} \tag{6-18}$$

$$a_i^r(t)=(1-\eta)a_i^d(t)+\eta[(1-\xi)a_d+\xi a_i^d(t)],\quad i\in M\backslash C \tag{6-19}$$

式中,x_i^l 和 v_i 表示领先汽车的当前位置和速度。

基于以上分析,非 CEV 的加速度 a_i^{u} 可概括为:

$$a_i^{\mathrm{u}}(t)=(1-\theta)[(1-\eta)a_i^{\mathrm{d}}(t)+\eta[(1-\xi)a_{\mathrm{d}}+\xi a_i^{\mathrm{d}}(t)]]+\theta(1-\xi)a_{\mathrm{d}},\quad i\in M\backslash C \tag{6-20}$$

6.2.3 信号灯控制下电动汽车生态驾驶双目标优化

从系统层面来看,上一节提出的多阶段优化模型可以节省能耗,但是如果信号配时不变,则可能造成严重的交通延误。因此,为弥补多阶段优化模型造成的延误,本节引入第二个优化目标,即通过调整信号配时来最大限度地节省系统行驶时间。如图 6-1a)所示,生态驾驶和信号配时相互作用,形成一个反馈系统。因此,为同时实现能源效率和交通效率,本章提出了一个双目标优化模型。

首先,可将单个出行延误直接定义为实际出行时间与期望出行时间之间的时间差,如式(6-21)所示:

$$d_{n,i}=(t_{n,i}^{0}-t_{n,i}^{\mathrm{f}})-\frac{l_n}{v_{\mathrm{f}}} \tag{6-21}$$

式中,$\frac{l_n}{v_{\mathrm{f}}}$表示在第 n 阶段驾驶的任意 EV 所需行驶时间。

累计各阶段电动汽车的通行延迟后,所提出模型的目标表示为式(6-22):

$$\min J=\sum_{n=1}^{N}\sum_{i=1}^{M}d_{n,i} \tag{6-22}$$

此模型的第二个目标是使支持电动汽车路线的总能耗最小化,如式(6-23)所示,这是通过式(6-7)得出:

$$\min E=\sum_{n=1}^{N}\sum_{i=1}^{M}\int_{t_{n,i}^{0}}^{t^{\mathrm{f}_{n,i}}}P(a_{n,i}(t),v_{n,i}(t))\mathrm{d}t \tag{6-23}$$

该模型的约束包括两类:一类来自交通信号控制,另一类来自生态驾驶轨迹。交通信号控制中,绿灯时间 g_j 以及阶段顺序 λ 为关键因素,其中 $\lambda_k(k\in\{1,2,3,4,5\})$是一个二进制索引,用于表示各阶段的领先-落后关系。此处,λ_k 不仅用于为不同阶段排序,还代表绿灯开始的瞬间 g_j^{b},例如 $g_1^{\mathrm{b}}=(1-\lambda_1)(g_3+g_4)+(1-\lambda_2)g_2$ 或 $g_2^{\mathrm{b}}=(1-\lambda_1)(g_3+g_4)+\lambda_2 g_1$。

$$g_{n,1}+g_{n,2}+g_{n,3}+g_{n,4}=C_{\mathrm{L}},\quad n\in N \tag{6-24}$$

$$g_{n,5}+g_{n,6}+g_{n,7}+g_{n,8}=C_{\mathrm{L}},\quad n\in N \tag{6-25}$$

$$g_{n,1}+g_{n,2}=g_{n,5}+g_{n,6},\quad n\in N \tag{6-26}$$

$$g_{\min}\leqslant g_{n,j}\leqslant g_{\max},\quad n\in N,j=1,2,\cdots,8 \tag{6-27}$$

加速度是说明电动汽车生态驾驶轨迹的重要参数。式(6-31)和式(6-32)分别为加速度和速度的极限值。

$$a_{n,i}(t)=\operatorname{argmin}\tilde{W}_n(i),\quad i\in C,n\in N \tag{6-28}$$

$$a_{n,i}(t)=a_i^{\mathrm{u}}(t),\quad i\in M\backslash C,n\in N \tag{6-29}$$

$$\dot{v}_{n,i}(t)=a_{n,i}(t),\quad i\in M,n\in N \tag{6-30}$$

$$a_{\min} \leqslant a_{n,i}(t) \leqslant a_{\max}, \quad i \in M, n \in N \tag{6-31}$$

$$0 \leqslant v_{n,i}(t) \leqslant v_{\max}, \quad i \in M, n \in N \tag{6-32}$$

为连接这些阶段,假设退出阶段 n 的时间等于进入阶段 $n+1$ 的时间,见式(6-33)。首个电动汽车进入区域的起始时间视为0。

$$t_{n,i}^{\mathrm{f}} = t_{n+1,i}^{0}, \quad i \in M, n = 1,2,\cdots,N-1 \tag{6-33}$$

$$t_{1,1}^{0} = 0 \tag{6-34}$$

最后,具有信号控制功能的生态驾驶系统的总体双目标以及多阶段优化程序的公式为:

$$\min\{J,E\} \tag{6-35}$$

约束条件为式(6-21)和式(6-24)~式(6-34)。

6.2.4 求解过程

由于双目标优化模型的复杂性,本章采用遗传算法(GA)与粒子群优化算法(PSO)结合的混合优化方法。混合算法中,GA从一组解决方案开始,然后应用进化算子(选择、交叉、变异和更新)来演化为新的解决方案。在PSO中,它通过与其他粒子信息交换位置和速度信息来更新其搜索范围。更新过程如下:

$$\mu_{\mathrm{s}}(\varepsilon+1) = \omega\mu_{\mathrm{s}}(\varepsilon) + c_1 r_1(\hat{\pi}(\varepsilon) - \pi_{\mathrm{s}}(\varepsilon)) + c_2 r_2(\pi^*(\varepsilon) - \pi_{\mathrm{s}}(\varepsilon)) \tag{6-36}$$

$$\pi_{\mathrm{s}}(\varepsilon+1) = \pi_{\mathrm{s}}(\varepsilon) + \mu_{\mathrm{s}}(\varepsilon+1) \tag{6-37}$$

式中,μ_{s} 和 π_{s} 分别表示第 s 个粒子的速度和位置;ω 是平衡全局和局部搜索的惯性权重;c_1 和 c_2 是决定粒子收敛到局部最优 $\hat{\pi}$ 和全局最优 π^* 能力的加速度系数;r_1 和 r_2 表示在[0,1]范围内随机生成的两个值。

引入一个加权项 ϑ 来表示行驶延迟的相对重要性,并将目标函数转换为式(6-38):

$$\min \Psi = \vartheta J + (1-\vartheta)E \tag{6-38}$$

在此过程中,信号配时会更改每个周期长度,并尝试适应交通需求。由于交叉路口之间的交通流可通过IDM动力学进行相互关联,因此,下游交叉路口的信号时序能够与上游信号时序"协作"。一个周期的信号时序优化的求解过程总结如下。

步骤1:参数设置。迭代次数 $\varGamma$、交叉函数 $\wp$、粒径 B、惯性权重 ω、加速度系数 c_1 和 c_2、周期长度 C 和边界条件(例如 $g_{\min}$ 和 $g_{\max}$)。

步骤2:生成可行的信号配时。根据NEMA规则[式(6-24)~式(6-33)],为每个路口随机生成一组信号配时。

步骤3:轨迹构建。根据IDM[式(6-15)~式(6-20)]确定所有电动汽车的速度曲线,采用生态驾驶方法[式(6-7)~式(6-14)]和网联电动汽车队列信息,调整网联电动汽车轨迹并更新跟随电动车的轨迹。

步骤4:适合度计算。计算每个信号配时计划[式(6-22)、式(6-23)]下的行程延迟和能量消耗,然后用式(6-38)确定的索引标记每个计划。

步骤5:局部最优方案选择。按指数 Ψ 对信号时序方案进行排序,选择与信号时序有最小值 Ψ 的作为当前最优方案。

步骤6:如果满足最大迭代次数,则以最佳信号时序终止算法。否则,请转到步骤7。

步骤7:更新信号配时组。根据式(6-36)和式(6-37)选择信号计划。交换其阶段顺序并重新生成随机信号配时,然后回到步骤3。

6.3 测试验证

本节选择美国明尼苏达州金谷市55号公路的四个交叉口作为测试地点(图6-5),总长度为2126m。根据从14个回路检测器收集的平均行车间隔时间(表6-3),该干线的容量被校准为1800veh/h。IDM中的安全行车间隔时间设置为1.6s。功耗模型的参数列在表6-4中。最大速度v_{max}要设置为22.22m/s;最小加速度a_{min}和最大加速度a_{max}分别为3.41m/s^{2}和4.88m/s^2。此外,按照NEMA控制规则(图6-2)指定阶段编号,其中阶段2(从布恩大道到格伦伍德大道)和阶段6(从格伦伍德大道到布恩大道)是主要优化阶段。周期长度为120s,其中绿色时间下限为10s,上限为90s。在混合算法的求解过程中,惯性权重ω为0.8;$c_1,c_2 \in [0,4]$设置为2。在算法初始化中设置$R=30$、$\Gamma=50$和$B=20$。

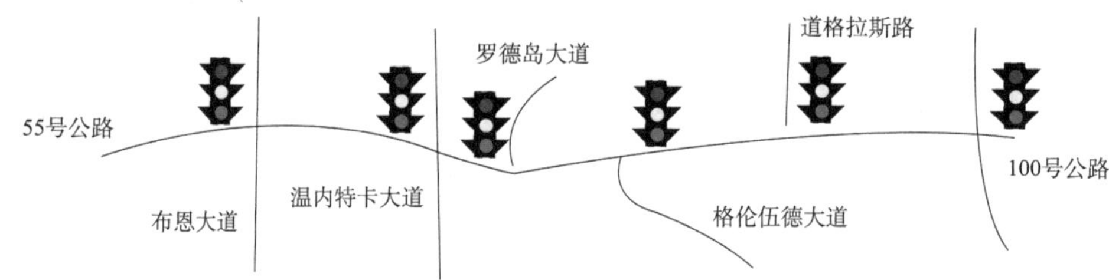

图6-5 测试地点:55号干线公路

14个探测器所测车头时距的平均时间(单位:s) 表6-3

日期	探测器													
	1	2	3	4	5	6	7	8	9	10	11	12	13	14
2009年6月10日	1.94	2.11	2.14	1.89	2.02	2.03	2.03	2.17	2.14	1.85	1.94	2.11	1.86	1.72
2009年6月11日	2.14	1.98	2.00	1.84	1.96	1.79	2.17	2.00	2.17	1.96	1.93	2.01	1.94	1.75
2009年6月12日	2.11	1.95	1.89	1.89	2.17	1.80	2.11	2.03	2.12	1.89	2.09	1.93	2.09	1.89

能耗模型中参数的建议值 表6-4

参数	值
车辆质量(包括驾驶人),m(kg)	1266
滚动阻力系数,f_{rl}	0.006
空气阻力系数,$k=\frac{\rho}{2}C_D A_f$	1.30
电枢常数和磁通量的乘积,$K=K_a \Phi_d$(m)	10.08
电机电阻,r(Ω)	0.11
轮胎半径,R(m)	0.5
传输效率,η(%)	95

6.3.1 多阶段优化速度模型测试

作为参考，一辆电动汽车在不采用生态驾驶策略的情况下通过干线时的总能耗为0.76kW·h，其轨迹如图6-6中用箭头所示。一辆网联电动汽车采用式(6-7)～式(6-14)中的多阶段优化速度模型。在这种情况下，速度曲线可以归结为两种情况，即以最大速度巡航或在队列末尾停止[图6-6a)中的无建议线]。对于具有最佳能源控制的电动汽车，其行驶速度曲线和轨迹是不一样的，如图6-6a)和图6-6b)中的生态驾驶曲线。为减少能耗，电动汽车首先在生态驾驶策略下减速至14.6m/s，然后在第一阶段以该速度巡航。如果电动汽车保持速度不变，将没有足够的绿灯时间来通过第二阶段，且会有延迟。因此，生态驾驶速度曲线建议电动汽车在第二阶段进一步降低其驾驶速度(10.88m/s)。在第三阶段，电动汽车在指导下以最大速度值行驶。由于非CEV第四阶段的等待时间较长，因此，与第一阶段和第二阶段相比，系统建议低速(5.9m/s)。按照这种驾驶策略，汽车总能耗为0.54kW·h。

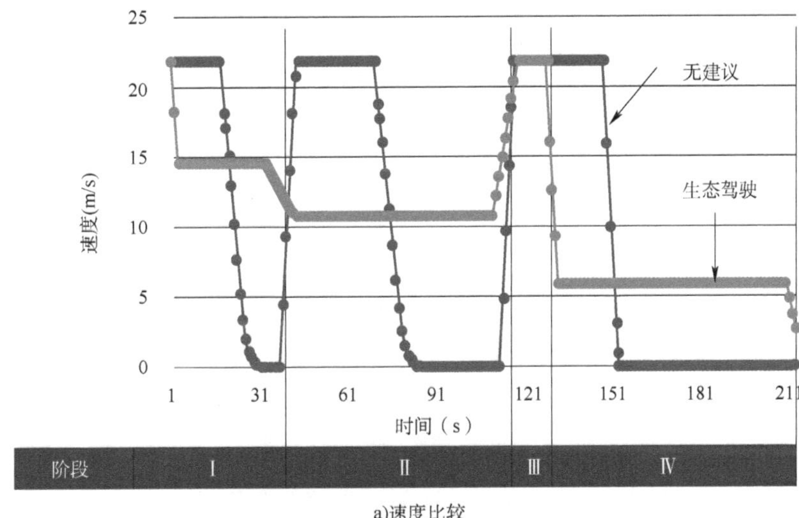

a)速度比较

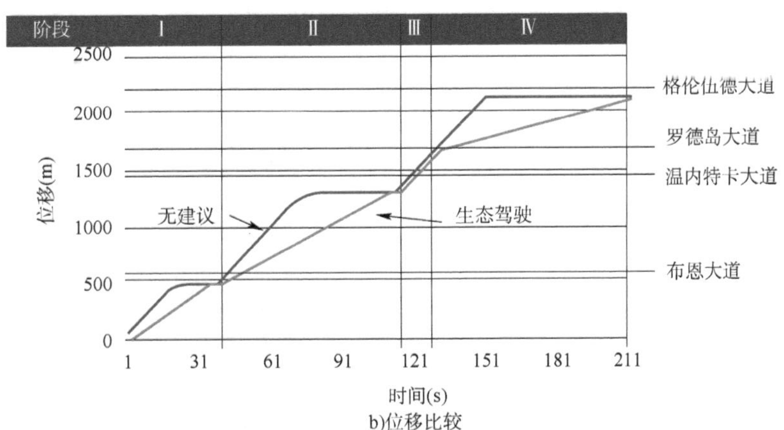

b)位移比较

图6-6 生态驾驶和传统驾驶的比较

如图 6-6 所示,遵循该速度曲线,则无须任何额外行驶时间(211s),节省能源高达 28.5%。显然,该最佳控制模型很有效。事实上,能源得到大幅节省,其部分原因是行驶途中避免了停车(图 6-6 中的阶段Ⅰ、Ⅱ和Ⅳ),而近似模型在不延长电动汽车的不间断行驶时间的情况下几乎没有加剧能源的消耗(图 6-6 中的阶段的Ⅲ)。最佳控制结果还表明,电动汽车应该尽快加速(或减速)到巡航速度,然后在大部分时间内保持巡航速度。该观察结果实质上表明了我们对该控制方法所提出的“加速—巡航—加速”这一假设[参见式(6-7) ~ 式(6-14)]。

此外,应用于近似模型时,计算需要 0.8s 的时间。这表明,从计算效率的角度来看,该近似模型适合实时应用。

6.3.2 信号灯控制下电动汽车生态驾驶双目标优化测试

本节将对信号配时进行优化,分析多个网联电动汽车生态驾驶结果。实验中,实际交通流量数据被设置为系统输入,如图 6-7a)所示,CEV 完全遵循生态驾驶策略提供的建议加速,而非 CEV 则遵循 IDM 跟随模型,从旁路汇入的车辆被视为非 CEV。图 6-7b)绘制了次要方向中非 CEV 之间的时间间隔。

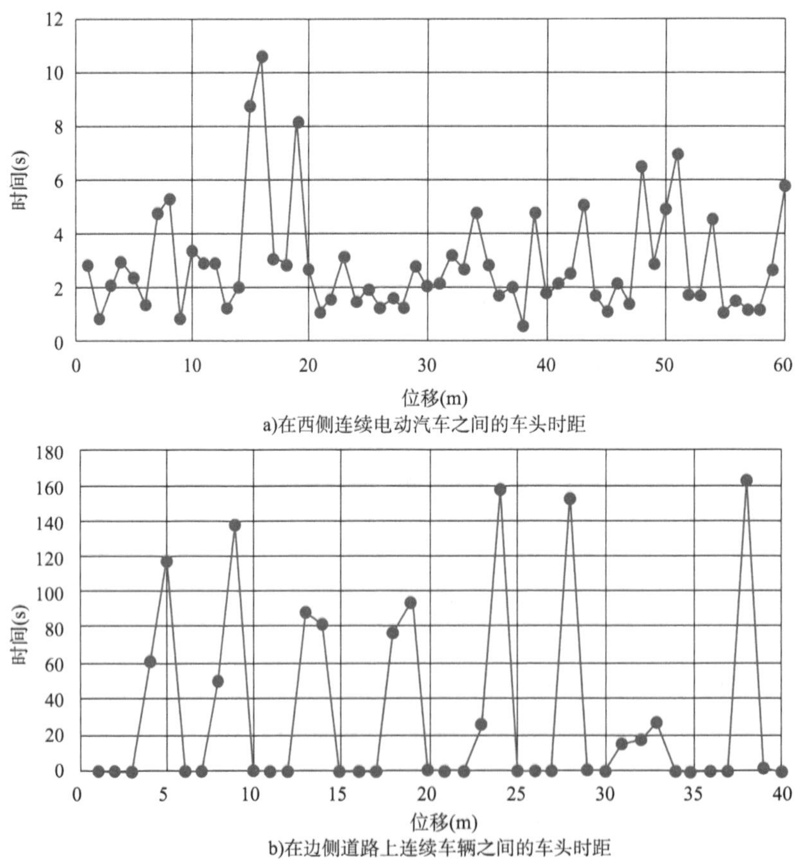

a)在西侧连续电动汽车之间的车头时距

b)在边侧道路上连续车辆之间的车头时距

图 6-7 连续电动汽车之间的时间间隔

CEV生态驾驶策略、周期性信号配时计划以及目标函数[式(6-38)]中的权重系数 ϑ 是该模型中的主要参数。本章测试了两种不同交通需求(900veh/h 和 1200veh/h)的场景。

需要指出的是,当加权系数 ϑ 等于1时,表示优化完全为延迟导向型,信号控制遵循周期性计划。由于所有车辆均为非CEV,因此,排除了生态驾驶的影响。延迟导向的轨迹如图6-8所示,通过实验得出,低交通需求和高交通需求的总能耗分别为35.56kW·h和37.27kW·h,其中587.62s和679.25s是相应通行延迟。在这两种场景的车辆数量相同(60辆),持续时间为360s(3个周期)。此后,计算交通延误时,所有测试车辆数量和持续时间应保持不变。

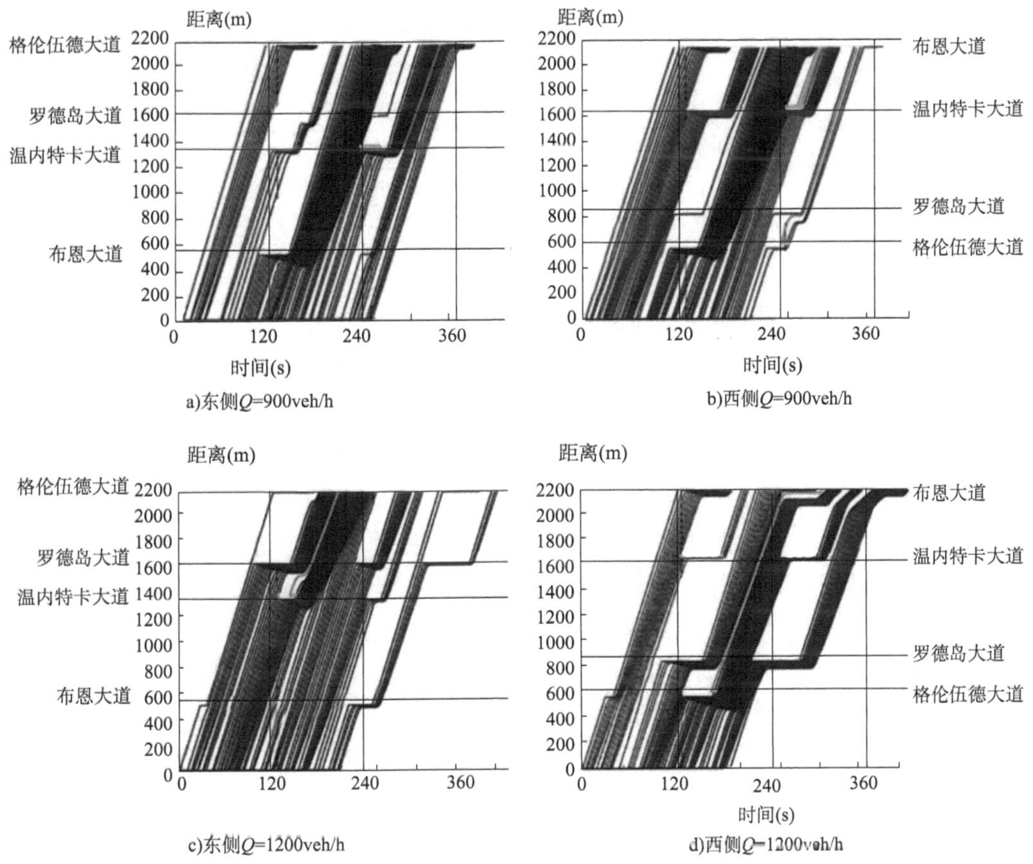

图6-8 延迟最佳信号控制轨迹

通过一系列实验,测试结果见表6-5($Q=900$veh/h)和表6-6($Q=1200$veh/h),其中CEV在总车辆数量中的比例均设为10%。

由于启发式算法不一定能保证全局最优解,因此,这里采用了三种算法来相互交叉验证。通常,这些启发式算法能够提供优化结果。通过比较不同权重系数 ϑ 的能量消耗和行驶延迟,很明显,能量消耗和行驶延误之间互为补充关系。完全采用生态驾驶策略($\vartheta=0$)为节能导向。这种情况下,与其他 ϑ 值相比,其总耗能最小,但并不能保证行程延迟。这是因为在生态驾驶策略中,当系统发现CEV以当前速度无法避免排队时,它将使CEV减速,从而导致巡航速度降低(能耗降低)。随着交通流畅性在目标函数中的重要性越来越高,模拟可提供更短的时间延迟,但总能耗却更高。

优化结果(Q =900veh/h) 表 6-5

权重	固定信号配时方案		基于周期的信号配时方案					
			GA 算法和 PSO 算法融合		GA 算法		PSO 算法	
	能耗(kW · h)	延迟(s)	能耗(kW · h)	延迟(s)	能耗(kW · h)	延迟(s)	能耗(kW · h)	延迟(s)
$\vartheta=0$	34.66	727.62	33.25	714.43	34.13	793.21	33.98	817.5
$\vartheta=0.5$	35.19	676.12	34.98	593.56	35.78	618.37	35.54	696.75
$\vartheta=1$	36.22	618.5	36.46	553.5	36.39	595.87	36.47	601.5

优化结果(Q =1200veh/h) 表 6-6

权重	固定信号配时方案		基于周期的信号配时方案					
			GA 算法和 PSO 算法融合		GA 算法		PSO 算法	
	能耗(kW · h)	延迟(s)	能耗(kW · h)	延迟(s)	能耗(kW · h)	延迟(s)	能耗(kW · h)	延迟(s)
$\vartheta=0$	33.89	1103.2	32.15	910.87	35.67	848.37	35.97	831.65
$\vartheta=0.5$	36.82	745.87	33.91	670.35	38.27	723.57	39.1	769.41
$\vartheta=1$	39.15	713.75	38.24	585.62	38.91	658.9	38.07	663.7

固定信号配时计划表示在不同周期内阶段长度相同的情况。而在周期性信号配时计划中,周期之间的阶段长度可能会有所不同,这样可适应最新交通状况。通过比较不同加权系数的固定和周期性结果,可得出结论,周期性信号计划在最大程度减少行进延迟和能耗方面优于固定方案。这意味着,增加信号配时的自由度有利于提高放电速率。信号中的逐周期调整还可与生态驾驶策略配合使用,以进一步降低能耗。

算法中,GA-PSO 混合算法在查找全局最优方面的性能分别优于 GA 方法和 PSO 方法。$\vartheta=0$ 情况下,能源消耗是唯一目标,这时混合算法提供的解决方案消耗的能源更少。对于交通流畅性导向的情况,混合算法又具有较短的总延迟。

渗透率是影响生态驾驶系统效率的另一个重要指标。本章针对两种交通需求对 8 种渗透率进行了模拟。相较 0% 的渗透率,在任何有 CEV 的交通场景中,该能源最优信号控制模型都可提高能量效率,见表 6-7。总能耗随着 CEV 数量的增加而降低。但是,随着渗透率的提高,交通的流动性可能会下降。造成这种现象的原因是,环保驾驶更青睐大间隙,这样可让相邻车辆之间的行驶更加流畅。

不同渗透率下的优化结果($\vartheta=0.5$) 表 6-7

参数		渗透率							
		0%	10%	20%	30%	40%	50%	70%	100%
900 veh/h	行驶延迟(s)	587.62	593.36	601.01	605.63	599.89	581.76	608.12	602.55
	能耗(kW · h)	35.56	34.98	34.19	33.11	33.17	31.50	30.37	28.62
1200 veh/h	行驶延迟(s)	679.25	673.05	680.65	679.39	678.68	689.37	687.83	709.63
	能耗(kW · h)	37.27	33.91	33.88	32.45	31.48	31.85	30.84	29.71

在某些情况下,具有较高渗透率的行进延迟时间会比具有较小渗透率的行进延迟更短,同时仍能保持较低的能耗。这是因为不仅 CEV 的数量,而且 CEV 的顺序都是影响因

素,尤其是当 CEV 数量差异不大时。例如,在 $Q=900\text{veh/h}$ 的情况下,50% 渗透率的行驶延迟比 40% 要短。通过轨迹图 6-9 可以看出,CEV 的渗透率不一样,部分网联电动汽车位于跟车的位置上,其轨迹如同传统电动汽车一样,因此,总能耗也会产生变化,可见,生态驾驶的效果与 CEV 的数量不成正比。

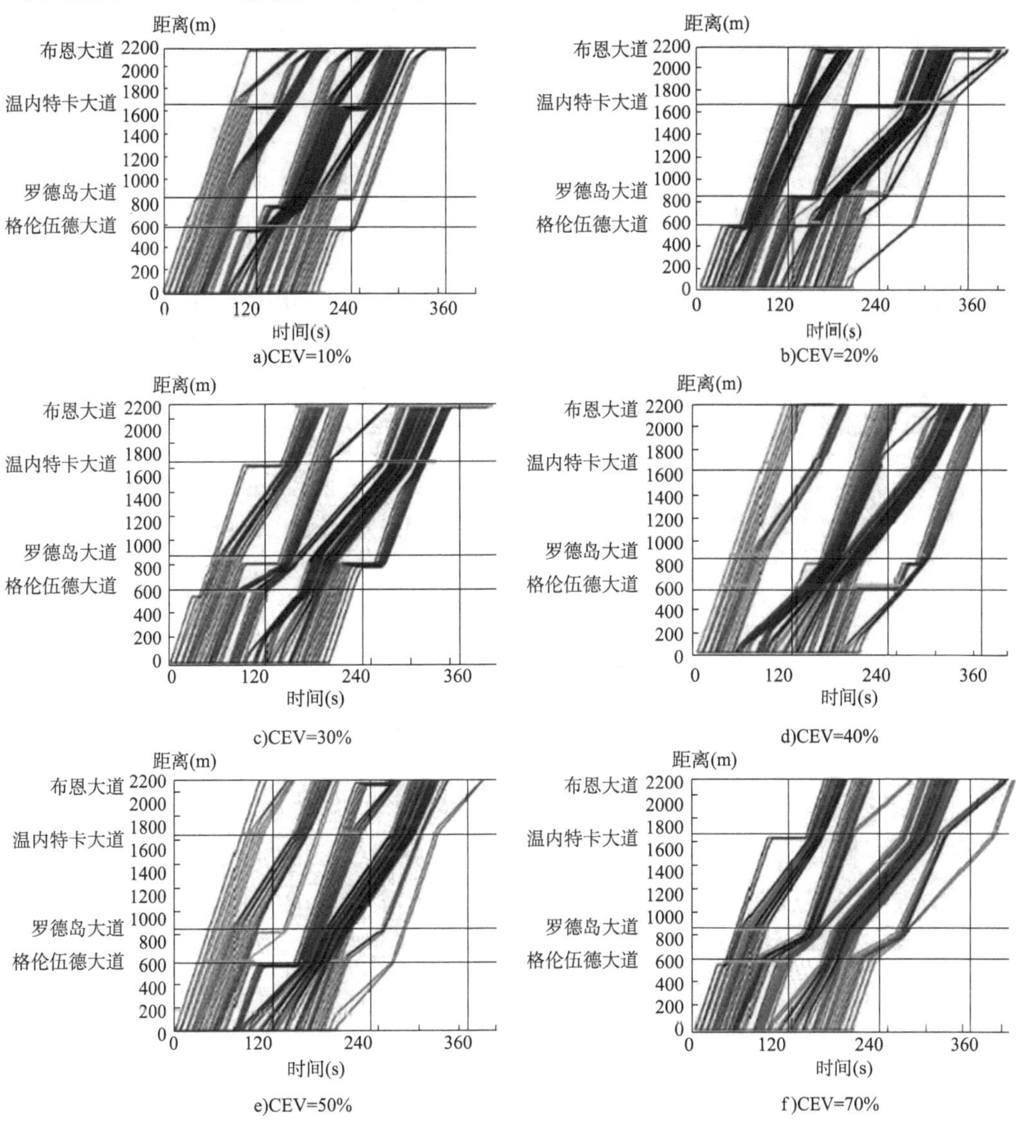

a)CEV=10%　b)CEV=20%　c)CEV=30%　d)CEV=40%　e)CEV=50%　f)CEV=70%

图 6-9　不同渗透率的轨迹曲线($Q=900\text{veh/h}$)

本章提出了一个多阶段和双目标优化模型,实现信控干道上网联电动汽车的最佳能耗和交通效率。本章首先设计了多阶段优化速度模型,该模型的目标是在具有多个交叉路口的干线上采用近似模型实施生态驾驶;采用 IDM 跟驰模型进行车辆队列的估算,预测车辆轨迹;在多阶段优化速度模型的基础上,采用周期性信号控制过程来平衡行驶延迟和能耗。由于各阶段之间的车流相互连接,下游信号被逐周期优化,实现与上游信号协调,从而创建具有更高通行率的环保驾驶策略。

CHAPTER 7

第7章 网联电动汽车和燃油车混合生态驾驶理论

电动汽车是未来城市交通出行的重要工具之一,可以预见,未来一段时间内整个交通网络将处于电动汽车与燃油汽车混合行驶的状态。因此,研究电动汽车和燃油汽车的混合交通流问题,了解混合交通流的生态驾驶,对交通管理者更好地进行交通网络的规划、交通政策的制定及交通管控措施的实行,有重要的现实意义。由于混合交通流在道路上占主导地位,不同能源消耗特性和车辆之间相互作用,如何最大限度地降低混合交通流整体能耗,实现最佳的能源经济性,是一大难题。本章旨在通过开发分析模型和近似方法[60],来提出由燃油汽车和电动汽车组成的混合交通流的生态驾驶策略。

7.1 混合交通流生态驾驶的最佳速度控制模型

7.1.1 最优控制模型

在本章中,最优控制模型的目的是使混合交通流的总能耗最小。对于靠近信号控制交叉路口的车辆队列,最优控制模型可由如下公式表示:

$$\min_{a_1(t),t_f} \mathcal{J} = \sum_j \int_0^{t_f^n} E_j(v_j(t),a_j(t))\,\mathrm{d}t \tag{7-1}$$

约束条件为:

$$\dot{x}_j(t)=v_j(t),\quad 0\leqslant t\leqslant T, j=1,2,\cdots,N \tag{7-2}$$

$$\dot{v}_j(t)=a_j(t),\quad 0\leqslant t\leqslant T, j=1,2,\cdots,N \tag{7-3}$$

$$a_j(t)=f(\Delta x_j(t-T_r),v_j(t-T_r),\Delta v_j(t-T_r)),\quad 0\leqslant t\leqslant T, j=2,\cdots,N \tag{7-4}$$

$$x_j(0)=x_j^0,\quad j=1,2,\cdots,N \tag{7-5}$$

$$v_j(0)=v_j^0,\quad j=1,2,\cdots,N \tag{7-6}$$

$$0\leqslant v_j(t)\leqslant \bar{v},\quad 0\leqslant t\leqslant T, j=1,2,\cdots,N \tag{7-7}$$

$$a_{-j}\leqslant a_j(t)\leqslant \bar{a}_j,\quad 0\leqslant t\leqslant T, j=1,2,\cdots,N \tag{7-8}$$

$$T_{-f}\leqslant t_f\leqslant \bar{T}_f \tag{7-9}$$

$$x_1(t_f)=D \tag{7-10}$$

目标函数式(7-1)最小化了从当前位置行进到下游路口的队列总能耗。在目标函数的总和中,$E_j(v_j(t),a_j(t))$表示车辆的瞬时能量消耗率;$j=1,2,\cdots,N$,是车辆速度$v_j(t)$和车辆加速度的函数。

该模型可确保整个队列利用式(7-9)通过交叉路口。当队列的长度较长且信号配时较短时,拆分队列是一种解决方案。但是,拆分队列可能会引起周围交通的额外延误。因此,构建系统优化模型来平衡最大化交通能量效率和最小化总交通延迟的目标。

假设混合交通队列通过由 S 个信号交叉口组成的通道的情况,速度优化问题包含 S 个控制阶段,每个控制级都有一个最优控制子问题,其模型表示为式(7-1)~式(7-10)。将ℓ表示为在阶段 $i=1,2,\cdots,S$ 时的最佳控制目标。分别用 T^i、$\overline{T}_{\mathrm{f}}^i$、$D^i$ 替换参数 T、$\overline{T}_{\mathrm{f}}$、$D$,表示相应的绿灯时间窗和交叉路口 $i=1,2,\cdots,S$ 的位置。然后将模型式(7-1)~式(7-10)扩展到具有多个信号交叉口的情况,如下所示:

$$\min_{a_l(t),t_{\mathrm{f}}^i}\ell=\sum_{i=1}^{S}\ell(i)=\sum_{i=1}^{S}\sum_{j}\int_{t_0^i}^{t_{\mathrm{f}}^i}E_j(v_j(t),a_j(t))\,\mathrm{d}t \tag{7-11}$$

约束条件为式(7-2)~式(7-8),且:

$$T_{\mathrm{f}}^{i}\leqslant t_{\mathrm{f}}^{i}\leqslant\overline{T}_{\mathrm{f}}^{i},\quad i=1,2,\cdots,S \tag{7-12}$$

$$x_1(t_{\mathrm{f}}^i)=D^i,\quad i=1,2,\cdots,S \tag{7-13}$$

$$x_j(t_0^i)=x_j(t_{\mathrm{f}}^{i-1}),\quad i=1,2,\cdots,S,j=1,2,\cdots,N \tag{7-14}$$

$$v_j(t_0^i)=v_j^0(t_{\mathrm{f}}^{i-1}),\quad i=1,2,\cdots,S,j=1,2,\cdots,N \tag{7-15}$$

$$t_0^i=t_{\mathrm{f}}^{i-1},\quad i=1,2,\cdots,S \tag{7-16}$$

7.1.2 智能驾驶模型

本章采用IDM作为纵向跟随模型来预测列队车辆的加速度和速度曲线,其表达式如下:

$$a_j(t)=\left[\overline{a}_j\left[1-\left(\frac{v_j(t)}{v_j^{\mathrm{d}}}\right)^4-\left(\frac{\Delta x_j^*(v_j(t),\Delta v_j(t))}{\Delta x_j(t)}\right)^2\right],\quad 0\leqslant t\leqslant T,j=2,\cdots,N \tag{7-17}$$

式中,v_j^{d} 代表车辆 j 的期望速度;$\overline{a}_j$ 代表车辆 j 的舒适加速率;$\Delta x_j(t)=x_{j-1}(t)-x_j(t)$ 表示两个连续车辆 $j-1$ 和 j 之间的间距;$\Delta v_j(t)=v_{j-1}(t)-v_j(t)$ 表示两个连续的车辆 $j-1$ 和 j 之间的速度差。所需的空间间隙由以下公式定义:

$$\Delta x_j^*(v_j(t),\Delta v_j(t))=s_0+\max\left(v_j(t)t^*+\frac{v_j(t)\Delta v_j(t)}{2\sqrt{\overline{a}_j a_j^{\mathrm{d}}}}\right),\quad j=2,\cdots,N \tag{7-18}$$

式中,s_0 表示拥堵状态下最小车辆间距;t^* 表示安全车头时距;a_j^{d} 表示车辆 j 所需减速率。如果确定了队列领头车的加速度曲线(即 $a_1(t),0\leqslant t\leqslant T$),则队列跟随车的速度和加速度曲线由IDM确定。

生态驾驶速度控制模型可确定车速,以最大限度地降低整个车队的总能耗。当车队处于平衡状态即 $a_j(t)=0$ 时,式(7-17)要求所有跟随车辆 $j=2,\cdots,N$ 要满足 $\left(\frac{v_j(t)}{v_j^{\mathrm{d}}}\right)^4+\left(\frac{\Delta x_j^*(v_j(t),\Delta v_j(t))}{\Delta x_j(t)}\right)^2=1$。当 $\left(\frac{v_j(t)}{v_j^{\mathrm{d}}}\right)^4>0$ 和 $\left(\frac{\Delta x_j^*(v_j(t),\Delta v_j(t))}{\Delta x_j(t)}\right)^2>0$ 时,式(7-17)意味着对于所有 $j=2,\cdots,N$ 而言,$\frac{v_j(t)}{v_j^{\mathrm{d}}}<1$ 或 $v_j(t)<v_j^{\mathrm{d}}$。即队列中所有跟随车辆将以低于

平衡状态下的期望速度行驶。

7.1.3 能源消耗模型

由于队列车辆的机械特性各不相同，因此，在给定队列轨迹曲线的情况下，它们的能源消耗会不同。本研究选用由 Biggs 和 Akcelik 开发的瞬时汽油消耗模型[61]，如下所示：

$$F(v,a;t)=\max\{(\alpha+\beta_1 v(t)R(t)+[\beta_2 M\cdot v(t)a^2(t)]_{a(t)>0}),\alpha\} \tag{7-19}$$

式中，α 代表怠速汽油消耗率（mL/s）；M 代表车辆质量（kg）；β_1 代表与发动机能源效率相关的参数（mL/kJ）；β_2 代表与正加速相关的汽油消耗参数[mL/(kJ · m/s²)]；$R(t)$ 表示驾驶车辆所需总牵引力（kN），即为滚动阻力、空气阻力、转弯阻力、惯性力和坡度力的总和：

$$R(t)=b_1+b_2v^2(t)+Ma(t)+Mg\theta \tag{7-20}$$

式中，b_1 表示由滚动阻力（kN）产生的阻力；b_2 表示由气动阻力（kg/m）引起的阻力；g 代表重力加速度（9.81m/s²）；θ 代表道路坡度（负下坡）。

本研究采用 Wu 等人的瞬时功耗模型[49]：

$$P(v,a;t)=\frac{r\gamma^2}{K^2}(Ma(t)+kv^2(t)+f_{rl}Mg+Mg\theta)^2+v(t)(kv^2(t)+f_{rl}Mg+Mg\theta)+\eta Ma(t)v(t) \tag{7-21}$$

式中，r 代表电动机电阻（以 Ω 为单位）；γ 代表轮胎半径；$K=K_a\cdot\Phi_d$ 代表电枢常数 K_a 和磁通量 Φ_d 的乘积；k 代表空气动力学阻力系数；f_{rl}代表滚动阻力系数；η 表示通过再生制动系统（RBS）进行电能再生的效率。与 GV 相比，电动汽车可在 $\eta Ma(t)v(t)$ 捕获的制动过程中恢复电能。

如能耗模型式（7-19）和式（7-21）所示，队列车辆的能源效率可能大不相同。首先，这些车辆可能消耗不同类型的能源，包括汽油或电力。其次，它们的机械特性（如车辆质量、传动系统）彼此不同。这些与能效相关的特征可通过能耗模型式（7-19）和式（7-21）中的参数获取。而且，燃油汽车和电动汽车的能量单位不同。为将两种类型的能源合并到目标函数（7-1）中，必须将汽油消耗量式（7-19）和电耗式（7-21）转换为同一单位。例如，我们可以通过将能源消耗量乘以能源价格，将其转换为货币成本。为此，如果车辆 j 为燃油汽车，则让 $E_j(v_j(t),a_j(t))=\rho_g\cdot F_j(v_j(t),a_j(t);t)$，其中 ρ_g 代表汽油价格；如果车辆 j 是电动汽车，则让 $E_j(v_j(t),a_j(t))=\rho_e\cdot P_j(v_j(t),a_j(t);t)$，其中 ρ_e 代表电价。因此，通过这种方法，本章将汽油转化为等效电力。根据 EPA 的数据，一加仑汽油所含的能量相当于 33.7kW · h 的电力。通过设置 $\rho_g=33.7=33.7$ 和 $\rho_e=1$，队列能耗则以 kW · h 为单位。

7.2 生态驾驶策略

7.2.1 基于加速度的生态驾驶策略

对于头车为自动驾驶车辆的队列，采用最优控制模型式（7-1）～式（7-10）为车辆队列提供生态驾驶策略,为便于实际应用,采用一种近似模型方法来计算最佳速度。

当领头车带领队列到达交叉路口时,领头车可能需要减速来避免完全停止,或者需要加速以确保队列可以无延迟地通过交叉路口,或者领头车以能耗最佳速度巡航。因此,领头车的加速曲线可以分为三个主要状态:减速/加速至能耗最佳速度、巡航、减速/加速以通过交叉路口。从理论上讲,只要有足够的距离让队列减速,领头车辆就可避免完全停止。假设领头车辆的减速度或减速率恒定,可以将最优控制问题式(7-1)~式(7-10)重新构造为非线性优化问题,如下所示:

$$\min_{v^*,a_1,a_2,t_1,t_2,t_f} \ell = \sum_j \left[\int_{t_0}^{t_1} E_j(v_j(t),a_j(t)) + \int_{t_1}^{t_2} E_j(v_j(t),a_j(t)) + \int_{t_2}^{t_f} E_j(v_j(t),a_j(t))\right]\mathrm{d}t \tag{7-22}$$

约束条件为式(7-2)~式(7-10),以及:

$$v_1(t_0)+a_1(t_1-t_0)=v^* \tag{7-23}$$

$$0\leqslant t_1\leqslant t_2\leqslant t_f \tag{7-24}$$

$$0\leqslant v^*\leqslant \bar{v} \tag{7-25}$$

$$\underline{a}\leqslant a_1\leqslant \bar{a} \tag{7-26}$$

$$\underline{a}\leqslant a_2\leqslant \bar{a} \tag{7-27}$$

目标函数式(7-22)由三个控制步骤组成:①领头车辆在时间间隔$[t_0,t_1)$内以恒定速率a_1加速/减速;②领头车辆在时间间隔$[t_1,t_2)$巡航;③领头车在时间间隔$[t_2,t_f)$以恒定速率a_2加速/减速。约束条件式(7-23)确保领头车辆在时间t_1达到能耗最佳速度v^*,约束条件式(7-24)~式(7-27)是决策变量的上限和下限。如果在约束条件式(7-24)中采用等号,则可跳过某些控制步骤。例如,如果$t_1=t_2$,则跳过巡航阶段。这种方法仅包含6个决策变量,因此,可以显著减少计算负担。为获得更好的计算效率,非线性规划模型式(7-22)~式(7-27)将代替模型式(7-1)~式(7-10)应用于自动驾驶领头车辆队列的数值实验中。

7.2.2 渐进式速度优化策略

对于队列领头车辆是人工操作的,很难让驾驶人按照一定的加速度曲线来操作车辆。相反,驾驶人加速/减速至目标巡航速度则更容易。因此,给人工驾驶的头车进行速度优化的策略是将优化的巡航速度及其相应建议释放时间作为决策变量。通过此设置,领先车辆的驾驶人可以在适当时间接收一系列优化的巡航速度。此优化策略的基本原理是依次提供几种优化速度,这样这种渐进式速度优化可以近似于连续时间最佳速度曲线。用$v_1^*,\cdots,v_m^*$表示分别在时间点$t_1,\cdots,t_m$传送给头车的建议巡航速度。因此,近似模型式(7-1)~式(7-10)重新表述为:

$$\min_{\substack{v_1^*,\cdots,v_m^*\\ t_1,\cdots,t_m,t_{m+1}}} \xi = \sum_j \sum_{k=0}^{m} \int_{t_k}^{t_{k+1}} E_j(v_j(t),a_j(t))\mathrm{d}t \tag{7-28}$$

约束条件为式(7-2)~式(7-10),以及:

$$a_1(t)=\bar{a}_1\left[1-\left(\frac{v_1(t)}{v_k^*}\right)^4\right],\quad \forall t\in[t_k,t_{k+1}),k=1,2,\cdots,m \tag{7-29}$$

$$0=t_0\leqslant t_1<\cdots<t_m<t_{m+1}=t_f \tag{7-30}$$

$$0\leqslant v_k^*\leqslant\bar{v},\quad k=1,2,\cdots,m \tag{7-31}$$

式(7-29)表示当领头车的驾驶人在时刻 $t_i,i=1,2,\cdots,m$ 收到建议速度时，驾驶人对车辆进行加速以达到建议速度，其中加速度为 $a_1(t)=\bar{a}_1\left[1-\left(\frac{v_1(t)}{v_i^*}\right)^4\right],t\in[t_i,t_{i+1}),i=1,2,\cdots,m$。

与最优控制模型式(7-1)～式(7-10)相比，优化模型式(7-28)～式(7-31)易于求解，因为它所包含的决策变量较少。式(7-28)～式(7-31)可被视为拥有 $2m+1$ 个决策变量的非线性规划问题，可以通过优化求解器进行求解。

7.3 数值试验

本节使用数值实验来验证两种生态驾驶策略的有效性。表7-1给出了实验中使用的燃油汽车和电动汽车的车辆参数。网联车辆车的曲线是基于Biggs和Akcelik[61]的研究。

实验中所用参数　　表7-1

参数	值
车辆重量(包括驾驶人)，m(kg)	1266
滚动阻力系数，f_{rl}	0.006
空气阻力系数，$k=\frac{\rho}{2}C_DA_f$	1.30
电枢常数和磁通量的乘积，$K=K_\alpha\cdot\Phi_d$(m)	10.08
电机电阻，r(Ω)	0.11
轮胎半径，R(ft)	0.5
传输效率，η(%)	95
怠速燃油率，(mL/s)	0.444
燃油消耗对能源的效率，β_1	0.09
正加速时的油耗，β_2	0.04
滚动阻力引起的牵引阻力，b_1	0.333
空气阻力引起的牵引阻力，b_2	0.00108
舒适加速率 $\bar{a}_j$(m/s^2)	4.0

选择一段55号公路(TH55)，该路段约长3.6km，由明尼苏达州明尼阿波利斯的六个信号控制交叉路口组成。图7-1为TH55路段示意图，它的设计速度是80km/h。实

验中的队列被假定为向西行驶(出站)。SMART-Signal 系统[24]已安装在通道上,可以连续收集和存档高分辨率事件数据,包括信号周期和车辆起动,利用这些数据,SMART-Signal 系统可以估计交叉路口的队列队长度。信号周期和车辆启动包含的信息有助于生态驾驶策略预测下游十字路口的车辆队列队长度,并得出领先车辆穿越每个十字路口对应的最早和最晚时间,即式(7-9)中的参数 T_{-f}和 $\overline{T}_f$ 以及式(7-10)中的 D。所有实验均在具有 Intel Core i7-6700 处理器和 16GB RAM 的台式计算机上的 MATLAB 2017a 中进行编程。

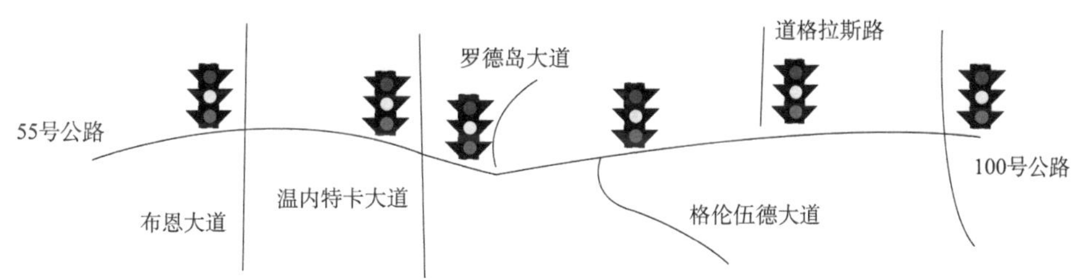

图 7-1 测试地点——55 号公路示意图

图 7-2 显示了 2009 年 9 月 3 日上午 55 号公路的六个交叉路口的信号状态,实验关注的是 7:00 从 100 号公路交叉路口出发的队列能耗情况。图 7-2 还显示了领头车辆离开相应十字路口时的位置轨迹和坐标。由于该通道上的信号在早晨的高峰时段与东行(入站)交通相互协调,因此实验队列很有可能遇到红灯。如图 7-2 所示,如果没有提供建议,则队列必须在道格拉斯路、格伦伍德大道和温内特卡大道的交叉路口停止以等待绿灯信号。在实验中,假设该队列由六辆车组成,而且将第一辆车(领队车)和第五辆车设置为电动汽车。其他四辆车是燃油汽车。

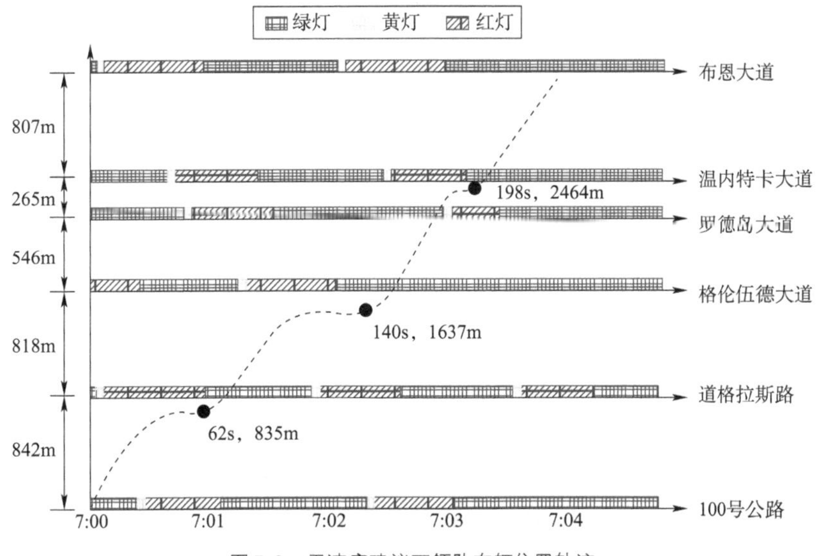

图 7-2 无速度建议下领队车辆位置轨迹

在没有生态驾驶建议的情况下,前一个数值实验估计了队列在该情况下的总能耗。

假定领头车辆遵循由 SMART-Signal 系统估算的轨迹,并且队列中其他车辆的行驶动作由 IDM 来表征。根据式(7-13)和式(7-15),可以得出车辆总的能源消耗。图 7-3 给出了没有速度优化建议的队列位置和速度曲线。在图 7-3 中,车辆在穿过这一干道时表现出走走停停的模式,表明车辆消耗大量的能源来加速。

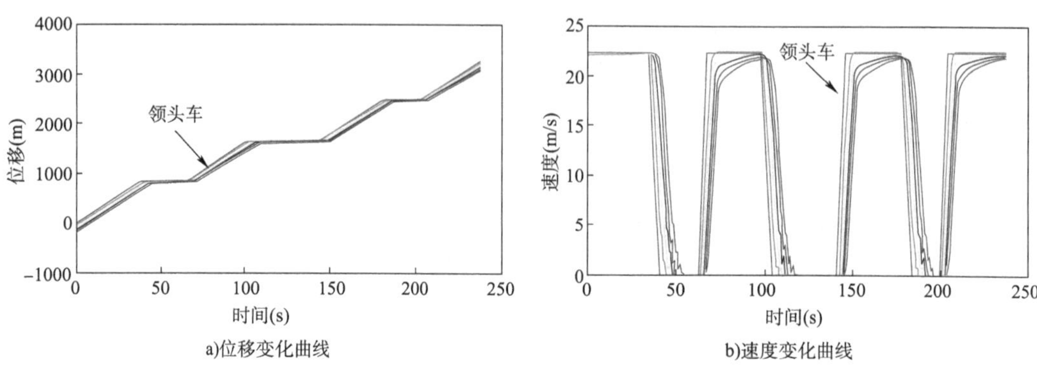

a)位移变化曲线　b)速度变化曲线

图 7-3　无生态驾驶建议的队列车辆的位移和速度曲线

第二个数值实验仅考虑了领队车辆的能耗特性。它模拟了队列中所有跟随车辆不与其他车辆或基础设施通信的情况。实验采用了 Wu 等人[62]提出的优化模型,以确定领头电动汽车的最优能源轨迹。与第一个实验相同,假设队列中的所有跟随车辆都遵循 IDM 特性。图 7-4 显示了队列的位置和速度曲线,与图 7-3 中的位置轨迹相比,队列横穿干道时不会停止。由于时空的限制,领头车辆采用不同的速度来驶进不同的交叉路口。如图 7-4b)所示,领头车辆在接近道格拉斯路十字路口时通过使用恒定减速率来降低速度。领头车以 10m/s 的速度驶向格伦伍德大道交叉口,以 17m/s 的速度驶向罗德岛大道交叉口,并以 22m/s 的速度到达布恩大道交叉路口。由于队列不会停止,因此,队列车可避免不必要的加速以节省能源。但是,优化建议的速度并未考虑跟随车辆的能耗特性,速度轨迹对于队列的总体能耗而言并非最优轨迹。

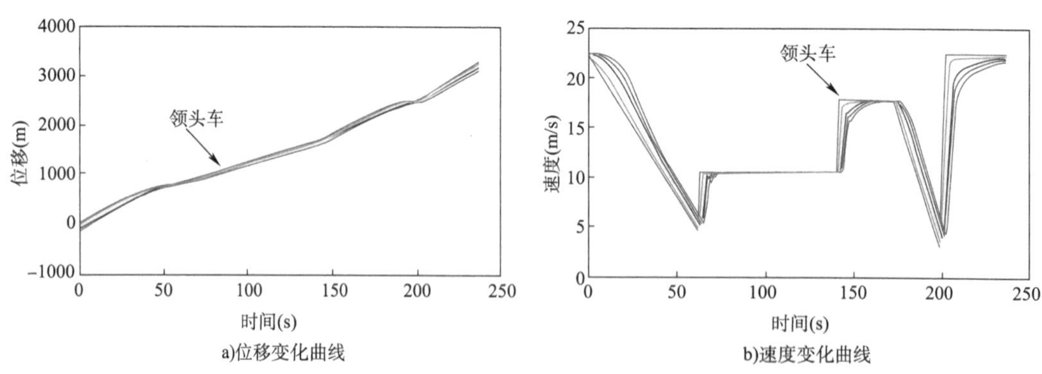

a)位移变化曲线　b)速度变化曲线

图 7-4　仅考虑领头车辆特性的队列车辆位置和速度轨迹

在网联通信情况下,第三个实验应用基于加速度的生态驾驶策略式(7-22)~式(7-27)来提供生态驾驶建议,第四个实验则应用渐进式速度优化策略式(7-28)~式(7-31)提供生态驾驶建议。图 7-5 和图 7-6 分别显示了基于加速度的生态驾驶(ABA)策略和渐进式速度优化(SSA)策略提供的队列车辆位置和速度曲线。

生态驾驶策略考虑所有车辆的能耗特征时,其优化速度曲线就会改变。将图7-5b)和图7-6b)中的速度曲线与图7-4b)中所示的速度曲线进行比较,可以观察到差异。首先,在基于加速度的生态驾驶策略或渐进式速度优化策略下,系统会建议该队列以接近13m/s的速度巡航驶向道格拉斯路交叉口。其次,生态驾驶系统建议该队列接近温内特卡大道交叉路口时,以11m/s的速度巡航约10s。相比之下,如果仅考虑领头车的特征,该系统将建议领头车以高速(约18m/s)巡航。实验中,六辆汽车中有四辆是燃油汽车,其能耗特征与领头汽车有很大不同。这种差异导致了生态驾驶建议的变化。

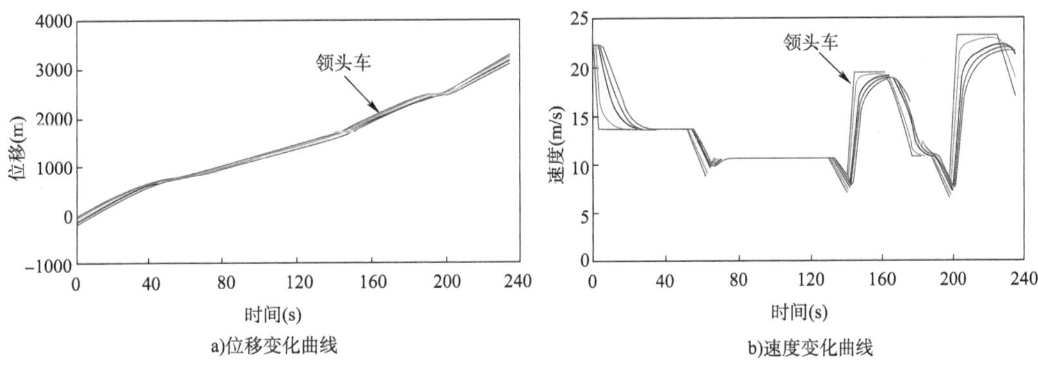

a)位移变化曲线 b)速度变化曲线

图7-5 ABA策略下队列车辆的位置和速度轨迹

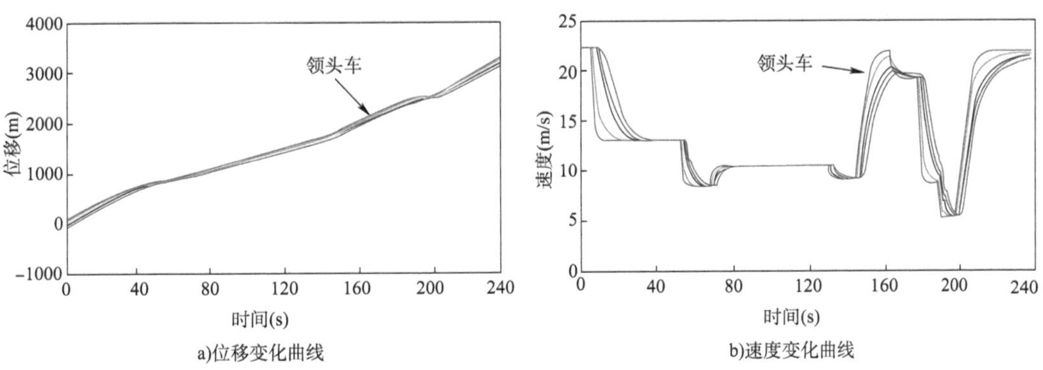

a)位移变化曲线 b)速度变化曲线

图7-6 SSA策略下队列车辆位置和速度轨迹

图7-5b)和图7-6b)也说明了两种生态驾驶建议策略之间的差异。尽管图7-5a)和图7-6a)中的位置曲线相似,但基于加速度的生态驾驶策略建议该队列以较低的速率加速至巡航速度。特别是当队列接近道格拉斯路交叉路口时,基于加速度的生态驾驶策略建议队列缓慢减速。相比之下,渐进式速度优化策略建议队列将其速度降低至8.6m/s。领头车辆的速度下降得更快。当队列向格伦伍德大道、罗德岛大道以及温内特卡大道交叉路口驶近时,也会出现类似的模式。渐进式速度优化策略中应用的快减速率可能会导致能源效率低下。

表7-2总结了不同建议策略下的队列能耗。在"无建议"的情况下,领头车辆将以舒适的速率减速或加速,以在有限速的情况下最大程度地延长巡航时间。如果根据领头车

辆的特性提供生态驾驶建议,则可以将队列能源消耗降低 35%。如生态驾驶建议考虑了所有队列车辆的特性,则可进一步降低能耗,但车辆与基础设施之间需要通信。此外,向领头车辆提供详细的加速建议将提高环保驾驶性能,尽管这需要精准执行加速控制,而自动驾驶汽车可能实现。在我们的实验中,与逐步速度建议相比,提供加速建议可将能源效率提高 4%。这些比较突出了整体考虑车辆能耗特征的好处以及车辆自动化和联网技术所传达的好处。

生态驾驶建议策略的比较 表 7-2

性能指标	无建议	仅领头车	SSA 策略	ABA 策略
能耗(kW·h)	21.14	13.63	12.83	12.05
能效(km/L)	8.50	12.76	13.61	14.46
能源节省†(%)	—	35	39	43

为及时向队列车辆提供建议,可能需要考虑计算效率。对于仅考虑领头车辆能源消耗特性的情况,计算机确定能源最佳速度曲线需要 1.05s。对于考虑所有队列车辆的能源特性的情况,计算机需要 7.69s 来求解 ABA 模型,并且求解 SSA 模型的时间为 5.22s。如果使用高效编程语言对模型进行编码和求解,则可以减少计算时间。

综上,本章研究了网联环境下燃油汽车与电动汽车混合交通下的生态驾驶控制策略,来最大限度地减少混合交通流的能源消耗。该最佳控制模型根据队列头车是自动驾驶还是人工驾驶提出了两种不同的策略,即基于加速度的生态驾驶策略和渐进式速度优化策略。数值实验说明了混合交通流量对生态驾驶建议策略设计的影响。这项研究还表明了网联技术在提高混合交通能源效率方面具有显著的作用。

CHAPTER 8

第8章 随机需求下共享网联电动汽车静态调度方法

美国汽车工程师学会(Society of Automotive Engineers,SAE)依据车辆智能化级别将自动驾驶车辆划分为L1～L5五个等级。本章主要是围绕具有完全自动化技术(L5级)的车辆而开展相关研究工作。根据L5级自动驾驶车辆的特性,假定本书研究的共享网联电动汽车具有如下特征:

(1) 自主决策:在无人参与情况下,车辆通过加载的感知和控制等模块能够灵活应对复杂交通环境(如换道、超车等),顺利完成行驶任务。

(2) 高度可控:自动驾驶车辆完全服从车辆调度系统下达的任务指令,能够按照既定的服务路线及时间表精准执行。

基于此,为研究网联车辆运营系统的车辆调度方法,本章首先以单车型网联车辆静态调度工作为重点,着重分析乘客出行需求与车辆服务路线之间的内在联系,意在研究以需求为导向的车辆乘客匹配策略,从而达到规划车辆的服务路线的目的,并为后续的多车型车辆静态调度研究提供建模基础。

本章研究的智能网联电动汽车调度系统是基于乘客个性化需求的服务体系。乘客需求对车辆运行轨迹有着至关重要的影响,是开展车辆调度工作的重要基础。在交通网络中,需求是指人和物为达到某种目的在社会空间上进行移动的要求。由于需求目的差异性,需求产生时间和空间具有较强随机性,主要体现在以下两个方面:

(1) 乘客出行起讫点随机性:根据城市功能区域划分,人们日常活动范围差异性及乘客出行目的千差万别,乘客出行起讫点将呈离散型随机分布状态[图8-1a)]。

(2) 乘客出行时间随机性:就乘客而言,其日常作息时间虽然有一定的规律性,但仍存在一定的波动性。此外,时间波动会因人而异,所以乘客出行时间也将具有较强的随机性[图8-1b)]。

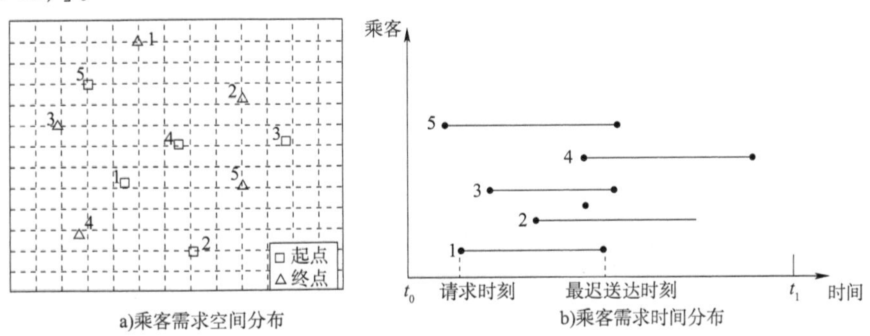

a)乘客需求空间分布　　b)乘客需求时间分布

图8-1　需求时间-空间分布示意图

符合以上两类特征的乘客需求称为随机需求，本章主要以这类随机需求为研究背景，规划智能网联电动汽车的服务路径，探究基于随机需求的车辆调度方法[63]。

8.1 单车型车辆静态调度方法

8.1.1 单车型车辆静态调度问题描述

单车型网联车辆静态调度问题是指运营商仅采用一种类型车辆服务乘客时，共享网联车辆调度系统应如何规划车辆服务路线迎合乘客出行需求，从而建立按需响应式的出行服务体系。为简化网联车辆的运营模式，本章假设按需响应式服务对象是一段时间内累积的等待服务乘客，那么车辆调度系统一天内向网联车辆发送指令时间将被划分成若干个时间段。另外，静态调度是系统规划车辆的行驶路线不随需求的增加而发生改变，即系统决策忽略未来时间段内乘客的影响，仅考虑当前空闲车辆和乘客的状态。所以，任意时间段内的车辆调度策略具有相互独立性。基于此，本章研究的问题可被归纳为单阶段车辆调度问题，那么车辆乘客匹配策略是静态车辆调度问题的主要内容。为最大化运营商利益，本章将建立以运营商收益为目标函数的车辆乘客匹配模型，着重探讨如何分配车辆接送乘客，模型涉及的相关参数具体阐述如下。

假设网联车辆每天运营时间为 T，车辆调度系统响应间隔时间为 Δt，一天内共有 n 个调度决策阶段，如图 8-2 所示，对应的集合为 J，系统在每一阶段结束时刻分派车辆服务该阶段内等待出行的乘客，如 $3\Delta t$ 时刻系统响应阶段 3 内收到的出行请求。乘客出行请求信息主要包含出行起讫点和期望服务时间，任意阶段 k 内的等待乘客集合为 U_k。假定运营车辆类型均为小型电动汽车，车辆总数为 M，车辆集合为 V，车辆最大载客量为 S，电车蓄电池容量为 C，电动汽车放电和充电速率分别为 h_1 和 h_2，任意阶段结束时刻 $k\Delta t$ 车辆状态为 $\Phi_k(v)=\{x_{k,v},\ p_{k,v}, b_{k,v},\ a_{k,v}\}$，$\forall v\in V$，其中，$x_{k,v}$ 表示车辆行驶位置，$p_{k,v}$ 表示电动汽车蓄电池状态（1 为放电，0 为充电），$b_{k,v}$ 表示电动汽车剩余电量，$a_{k,v}$ 表示车辆运行状态（1 为载客，0 为闲置）。车辆运营成本为固定使用成本（维修费用、保险费用等）和动力成本，其中，固定使用成本为 c_1 元/天，动力成本为 c_2 元/km。

为促进人们采用共享出行模式和鼓励合乘出行，系统应同时考虑乘客出行距离和同乘人数对计价费用的影响，采用价格优惠方式吸引乘客与他人共享同一辆车。其中，同乘人数可由车辆乘客匹配方案而推导得出。由此，支付费用和车辆乘客对应关系将成为静态车辆调度模型的主要变量。所以，本章主要探讨车辆乘客匹配方案对乘客支付费用和系统收益的影响，建立静态车辆乘客匹配模型，从而确定满足系统利益最大化的车辆调度方案。

8.1.2 单车型车辆静态调度模型建立

在建立单车型静态调度模型之前首先进行如下假设：

（1）允许网联自动驾驶车辆调度系统拒绝乘客的出行请求；

(2) 所有乘客接受与他人同乘一辆车出行；
(3) 不考虑换乘出行,车辆乘客匹配关系具有唯一性；
(4) 忽略交通状态变化对旅行时间的影响,假定旅行时间不随控制阶段发生变化；
(5) 忽略乘客上下车时间对车辆乘客匹配方案的影响。

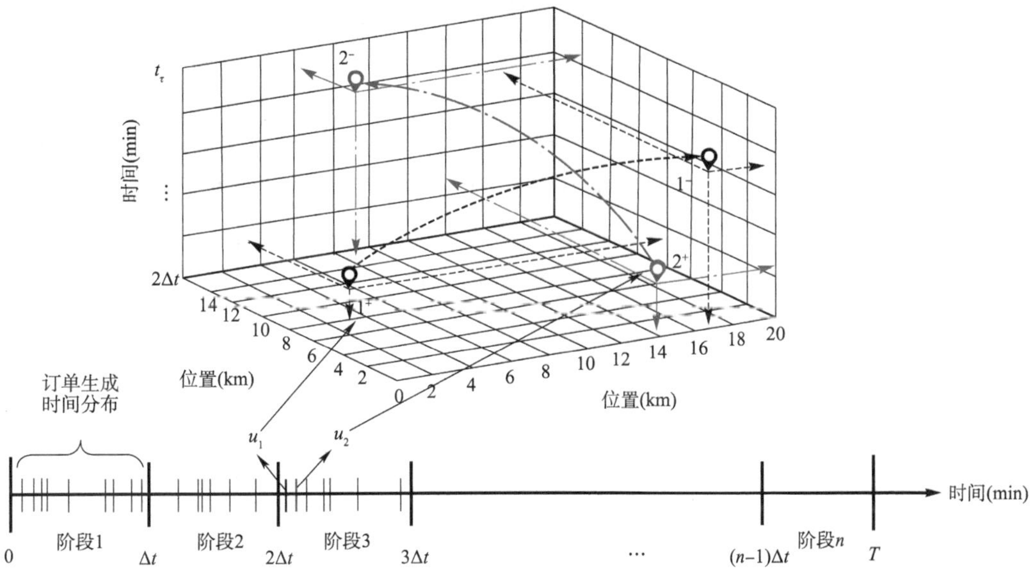

图 8-2　车辆调度系统运行阶段划分示意图

基于上一节的分析,本节设定模型变量为乘客支付费用 $r_{k,u}$ 和网联电动汽车行驶里程 $w_{k,v}$,便于表述系统总收益和运营成本。此外,为表述乘客出行模式和车辆载客状态,还引入辅助决策变量车辆乘客对应关系 $z_{v,u}^{k}$ 和乘客出行模式 $y_{k,u}$,其中,$z_{v,u}^{k}=1$ 表示乘客 u 搭乘车辆 v 前往目的地,$y_{k,u}=1$ 表示乘客 u 与他人同乘一辆车出行。由此,单车型车辆静态调度模型中涉及的参数及变量见表 8-1。

单车型车辆静态调度模型中包含的参数及变量　　表 8-1

符号	含义
T	车辆运营总时间
J	车辆调度系统决策阶段集合
V	网联自动驾驶车辆数集合
U	乘客集合,其中第 k 阶段等待服务集合为 U_k
C	电动汽车蓄电池容量
Δt	调度系统响应间隔时间
h_1	电动汽车蓄电池放电速率
h_2	电动汽车蓄电池充电速率
c_1	运营车辆的固定使用成本
c_2	车辆行驶过程中每公里的动力成本

续上表

符号	含义
$y_{k,u}$	0-1 变量,1 表示第 k 阶段调度系统规划乘客 u 采用共乘出行模式,反之则为 0
$z^k_{v,u}$	0-1 变量,1 表示第 k 阶段调度系统指派车辆 v 服务乘客 u,反之则为 0
$r_{k,u}$	价格变量,第 k 阶段乘客 u 的出行成本
$w_{k,v}$	距离变量,第 k 阶段车辆 v 完成调度系统分派的任务行驶总距离

8.1.2.1 目标函数

系统的收益可以表示为乘客支付总费用减去车辆运营成本。由于自动驾驶车辆可以省去人工成本,车辆运营成本可以简化为车辆固定使用成本与动力成本之和。其中,车辆固定使用成本是以天为单位,所以为统一化表述每阶段的收益,这里将车辆每天的固定使用成本均分到每个运行阶段。由此,一天内运营商的总收益可以表示为 n 个阶段的收益总和,如下所示:

$$\max W = \sum_{k\in J}\left(\sum_{u\in U_k} r_{k,u} - M\cdot\frac{c_1}{n} - \sum_{v\in V} c_2\cdot w_{k,v}\right) \tag{8-1}$$

式中,$M\cdot\frac{c_1}{n}$表示车辆在任意阶段的固定使用成本;$\sum_{v\in V} c_2\cdot w_{k,v}$ 表示车辆在阶段 k 内接送乘客消耗的动力成本。

8.1.2.2 乘客支付费用函数

目前,出租汽车计费主要包含基础费用和里程费用两部分,即基础里程以内收取基础费用,超出基础里程以外加收相应的里程费。所以,服务费用 F 与乘客的出行距离 $d(u)$ 呈分段线性关系,如下所示:

$$F_1(u) = a_0 + a_1\cdot\max\{0, d(u) - d_0\},\quad \forall u\in U_k \tag{8-2}$$

式中,a_0 为基础费用;a_1 为单位里程费用;d_0 为基础里程。

为简便起见,乘客与他人同时共乘一辆车的出行费用仍采用分段线性函数表示方法,如下所示:

$$F_2(u) = \sigma_0 + \sigma_1\cdot\max\{0, d(u) - d_0\},\quad \forall u\in U_k \tag{8-3}$$

式中,σ_0 为共乘出行的基础费用参数;σ_1 为共乘出行的单位里程费用参数。

运营商将依据车辆调度系统分配的车辆乘客匹配方案确定乘客的出行成本,即独自一人乘车时($y_{k,u}=0$)采用式(8-2)的计费方式,反之选用式(8-3)。由此,乘客的支付费用 $r_{k,u}$表达式可归纳如下:

$$r_{k,u} = (1 - y_{k,u})\cdot F_1(u) + y_{k,u}\cdot F_2(u),\quad \forall u\in U_k \tag{8-4}$$

8.1.2.3 乘客出行模式约束

本章假设不考虑换乘出行,对于任意阶段 k,乘客至多只能搭乘一辆车前往目的地;考虑车辆资源约束或运营成本因素,允许车辆调度系统拒绝乘客的出行请求,车辆乘客匹配关系的约束见式(8-5),其中,左式等于 1 表明系统已分配车辆服务乘客 u,小于 1 代表系统拒绝服务乘客 u。

$$\sum_{v\in V} z^k_{v,u} \leqslant 1,\quad \forall u\in U_k \tag{8-5}$$

根据乘客出行同乘人数,乘客出行模式可分为共乘($y_{k,u}=1$)和非共乘($y_{k,u}=0$),其中非共乘包含独自乘车出行和系统拒绝乘客请求两种情况,乘客出行模式约束表达式见式(8-6)和式(8-7)。如果乘客 u 的请求被系统拒绝,那么乘客出行模式为非共乘模式[式(8-6)],而调度系统为乘客 u 指派服务车辆时,需要结合约束式(8-7)进一步确定乘客的出行模式。式(8-7)通过乘客 u 的潜在共享乘客集合δ_u 建立了乘客出行模式与车辆分配方案之间的关系,如果存在集合δ_u 中的乘客与乘客 u 被分配到同一辆车,那么乘客 u 为共乘模式,反之则为非共乘模式。

$$\sum_{v \in V} z_{v,u}^{k} \geqslant y_{k,u}, \quad \forall u \in U_k \tag{8-6}$$

$$(1 - z_{v,u}^{k}) \cdot G + \sum_{u' \in \{u,\delta_u\}} z_{v,u'}^{k} \geqslant 1 + y_{k,u}, \quad \forall u \in U_k, v \in V \tag{8-7}$$

$$\sum_{u' \in \{u,\delta_u\}} z_{v,u'}^{k} \leqslant 1 + y_{k,u} \cdot G + (1 - z_{v,u}^{k}) \cdot G, \quad \forall u \in U_k, v \in V \tag{8-8}$$

式中,G 表示无穷大整数;δ_u 为乘客 u 的共享乘客集合。

8.1.2.4 网联电动汽车行驶里程约束

对于网联电动汽车,车辆调度系统还需考虑蓄电池剩余电量对车辆分配方案可行性的影响。一般地,电动汽车电量消耗与行驶距离密切相关,这里行驶距离主要取决于乘客的出行起讫点,所以行驶距离 w 可以表达为乘客的函数f,见式(8-9)。根据车辆行驶里程和电量消耗速率,可推算出电动汽车服务乘客需要消耗的电量,如果电动汽车蓄电池剩余电量能够满足出行电量需求,车辆则可以完成调度系统分配的接送乘客任务,反之需要调整车辆乘客分配方案,详见式(8-10)。另外,为避免电动汽车蓄电池过度消耗对蓄电池性能的影响,式(8-10)在车辆行驶里程约束中还添加了蓄电池剩余电量阈值参数,如果剩余电量低于设定的最低阈值,电车无法执行接送乘客任务需要进行充电。

$$w_{k,v} = f(E), \quad \forall v \in V, \quad E = \{u \in U_k | z_{v,u}^{k} = 1\} \tag{8-9}$$

$$h_1 \cdot w_{k,v} + b_0 \leqslant b_{k,v}, \quad \forall v \in V \tag{8-10}$$

式中,b_0 表示蓄电池剩余电量阈值。

8.1.2.5 车辆载客容量约束

除电动汽车行驶里程约束外,车辆载客能力是影响车辆乘客分配方案的另一重要因素,即车辆同一时间载客数量应小于或等于车辆座位数 S[式(8-11)]。

$$\sum_{u' \in \delta_u} z_{v,u'}^{k} \leqslant S, \quad \forall v \in V, u \in U_k \tag{8-11}$$

式中,δ_u 为乘客 u 的共享乘客集合。

8.1.2.6 决策变量约束

$$z_{v,u}^{k} \in \{0,1\}, \quad \forall v \in V, u \in U_k, k \in N \tag{8-12}$$

$$y_{k,u} \in \{0,1\}, \quad \forall u \in U_k, k \in N \tag{8-13}$$

综上所述,单车型静态车辆调度模型可以表述如下:

目标函数 W_1:

$$\max \sum_{k \in J} \left(\sum_{u \in U_k} r_{k,u} - M \cdot \frac{c_1}{n} - \sum_{v \in V} c_2 \cdot w_{k,v} \right) \tag{8-14}$$

$$\sum_{v \in V} z_{v,u}^{k} = 1, \quad \forall u \in U_k \tag{8-15}$$

由于非共乘模式中包含独自乘车出行和系统拒绝服务乘客两种情形，车辆调度系统指定乘客采用非共乘模式时，乘客支付费用可能为0或非共乘价格，那么式(8-4)表述的费用估算方式当且仅当系统满足所有乘客出行需求时成立。所以目标函数表达式为 W_1 时，式(8-5)阐述的车辆乘客匹配关系式应替换为式(8-15)。

为扩展上述车辆调度模型的适用性，目标函数 W_2 在式(8-14)的基础上考虑拒绝服务乘客系统收益为0的情况。由于目标函数 W_1 是对所有乘客的共乘价格 F_2 或非共乘价格 F_1 进行求和，W_1 过高估计了拒绝服务乘客的收益，所以目标函数 W_1 需要减去 $\sum_{v \in V} z_{v,u}^{k} = 0$ 时的非共乘价格。允许系统拒绝服务乘客的单车型静态车辆调度模型如下：

目标函数 W_2：

$$\max \sum_{k \in J} \left[\sum_{u \in U_k} r_{k,u} - M \cdot \frac{c_1}{n} - \sum_{v \in V} c_2 \cdot w_{k,v} - \sum_{u \in U_k} F_1(u) \cdot \left(1 - \sum_{v \in V} z_{v,u}^{k}\right) \right] \tag{8-16}$$

$$\sum_{v \in V} z_{v,u}^{k} \leqslant 1, \quad \forall u \in U_k \tag{8-17}$$

8.1.3 模型求解算法

车辆调度模型 W_1 和 W_2 的求解复杂度会随着乘客数量增加和车队规模扩张而呈指数级增长，无法在多项式时间内求得最优解。由于静态车辆调度问题的本质是求解车辆乘客匹配关系(决策变量 $z_{v,u}^{k}$)，为简化求解过程，本节将通过拆分原问题为乘客与乘客匹配、车辆与乘客簇匹配两个子问题的方式，降低决策变量搜索空间和模型求解复杂度，从而获得模型的有效解。具体求解思路如图8-3所示。

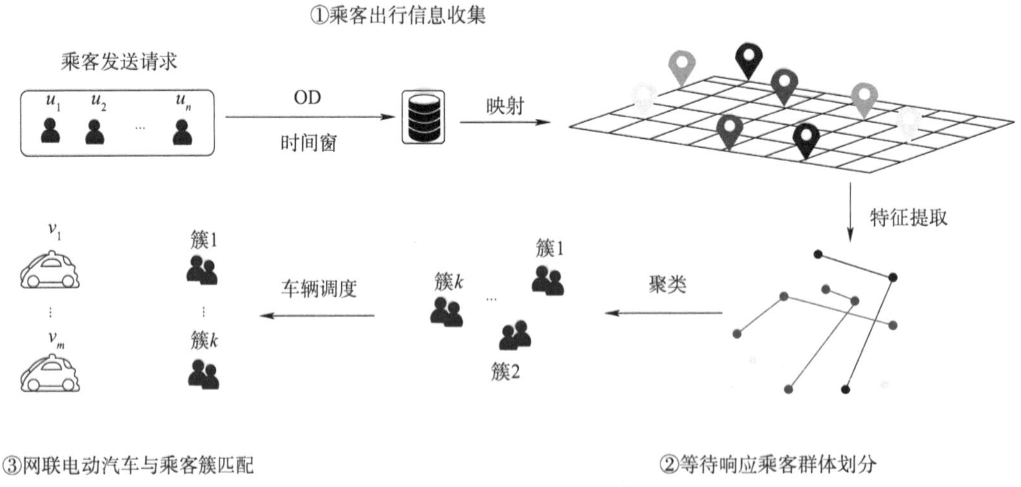

图8-3 单车型静态车辆调度模型求解思路图

从图8-3中可以看出，模型的求解过程大致分为乘客出行信息收集、等待响应乘客群体划分和网联电动汽车与乘客簇匹配三个步骤。

8.1.3.1 乘客出行信息收集

乘客出行信息主要包含乘客出行起讫点和对应的时间窗。设 Δt 时间内等待服务乘客集合为 $\hat{U}$,任意乘客 $u \in \hat{U}$,请求上车点和下车点分别为 $o(u)$ 和 $d(u)$,$t_o^+(u)$ 和 $t_o^-(u)$、$t_d^+(u)$ 和 $t_d^-(u)$ 分别为乘客上车点和下车点对应的时间窗,建立的乘客信息索引见表 8-2。

乘客信息索引表 表 8-2

乘客 ID	$o(u)$	$d(u)$	$t_o^+(u)$	$t_o^-(u)$	$t_d^+(u)$	$t_d^-(u)$
1	3	5	13	16	21	24
2	2	9	9	12	21	24
3	6	12	19	22	23	26
4	15	2	14	17	22	25

8.1.3.2 乘客群体划分方法

乘客群体划分的目的是归类出行需求相似的乘客从而确定乘客出行模式(共乘和非共乘)。为选取利益最大化的出行模式,通过构建矩阵 $\boldsymbol{\Gamma}$(图 8-4)标记共乘和非共乘出行模式收益值评估共乘模式对系统收益的影响。

系统指派任意两名乘客采取共乘出行的收益值为乘客的共乘出行价格之和减去车辆的运营成本。由于本节研究的乘客出行带有时间窗约束,任意两名乘客共乘出行的可行性还需要进一步判断。为简化共乘收益的表述方法,这里引入 0-1 参数 α 表示共乘出行的可行性,$\alpha=1$ 为有效乘客组合,$\alpha=0$ 为无效乘客组合。共乘收益值的计算方式如下:①如果共乘出行影响其中任意乘客的出行计划,那么共乘出行组合无效($\alpha=0$)系统收益值 π 设为负无穷大数 G;②如果共乘出行能够满足任意乘客的出行需求($\alpha=1$),那么系统收益值 π 为共乘价格之和减去车辆运营成本;③共乘收益矩阵中对角线代表乘客独自乘车出行为非共乘模式,系统收益值 π 为非共乘价格减去运营成本。

$$\boldsymbol{\Gamma}=\begin{bmatrix} \pi_{11} & \pi_{12} & & \cdots & & \pi_{1n} \\ & \pi_{22} & & & & \\ \vdots & & \ddots & & & \vdots \\ \pi_{u1} & & & \pi_{un} & & \pi_{un} \\ \vdots & & & & \ddots & \vdots \\ \pi_{n1} & \cdots & & \pi_{nu} & \cdots & \pi_{nn} \end{bmatrix} \tag{8-18}$$

$$\pi_{n,k}=\begin{cases} F_2(u)+F_2(k)-c_2\cdot f(u,k)-(1-\alpha_{u,k})\cdot G, & u\neq k \\ F_1(u)-c_2\cdot f(u), & u\neq k \end{cases} \tag{8-19}$$

依据矩阵 $\boldsymbol{\Gamma}$,引入变量 $x_{u,k}$ 建立共乘乘客匹配模型,具体表述如下:

目标函数 W_3:

$$\max\sum_{u\in\hat{U}}\sum_{k\in\hat{U}}\pi_{u,k}\cdot x_{u,k} \tag{8-20}$$

$$\sum_{k\in\hat{U}}x_{u,k}\leqslant 1,\quad \forall u\in\hat{U} \tag{8-21}$$

$$\sum_{u \in \hat{U}} x_{u,k} \leqslant 1, \quad \forall k \in \hat{U} \tag{8-22}$$

$$\sum_{i \in \hat{U}} x_{u,i} + \sum_{i \in \hat{U}} x_{i,u} - x_{u,u} = 1, \quad \forall u \in \hat{U} \tag{8-23}$$

$$x_{u,k} \in \{0,1\}, \quad \forall u,k \in \hat{U} \tag{8-24}$$

式(8-20)为目标函数最大化运营商收益;式(8-21)和式(8-22)表示任意乘客允许至多一名乘客共乘出行;式(8-23)表示乘客匹配一致性约束;式(8-24)表示决策变量的定义域。

共乘乘客匹配模型输出的解如图8-4a)所示,即确定合适的乘客分组。然而,一次匹配过程仅考虑至多两名乘客共乘出行,当车辆载客能力大于2时,任意乘客簇之间可能具有共享性,所以有必要进行多次匹配充分利用车辆资源提升座位利用率。由于第二次匹配的对象是乘客簇,为便于共乘收益矩阵的建立和索引乘客,首先将每个乘客簇看作一个乘客并赋予新的ID[图8-4b)],然后判断新的乘客间组合的有效性更新簇内乘客信息[图8-4c)]。

在图8-4b)中,乘客的出行需求是整合了集合 $\hat{U}$ 中的乘客,如乘客1′是集合 $\hat{U}$ 中乘客1和2的组合,乘客2′是集合 $\hat{U}$ 中乘客3和4的组合。这种情况下,乘客共乘有效性的评估需要考虑上一阶段所有被涉及的乘客的出行需求,即乘客1、2、3和4是否能够乘坐同一辆车出行。多名乘客匹配问题与单车最短路径问题相似,基于网络流量平衡原理建立以车辆载客能力和乘客出行时间窗($t_o^+(u)$和$t_o^-(u)$、$t_d^+(u)$和$t_d^-(u)$)为约束的路径优化模型(考虑)并利用优化求解器求得模型最优解,从而获得车辆访问乘客的顺序。如果车辆访问的路径中同时包含所有乘客的起讫点,那么乘客簇的组合具有可行性,反之乘客簇不能被同一辆车同时服务。由此,结合乘客簇组合有效性的评估方法和共乘收益值估测方法,可以推算出图8-5b)中乘客对应的共乘出行收益矩阵 $\boldsymbol{\Gamma}'$。针对新的共乘收益矩阵,再次利用共乘乘客匹配模型(W_3)找出有效的乘客组合[图8-4d)]。

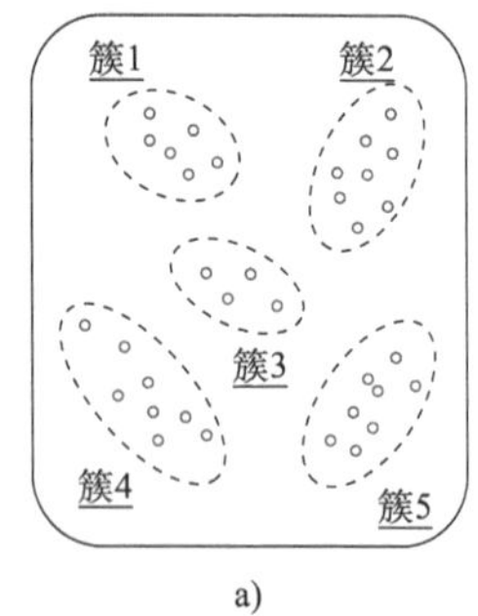

a)

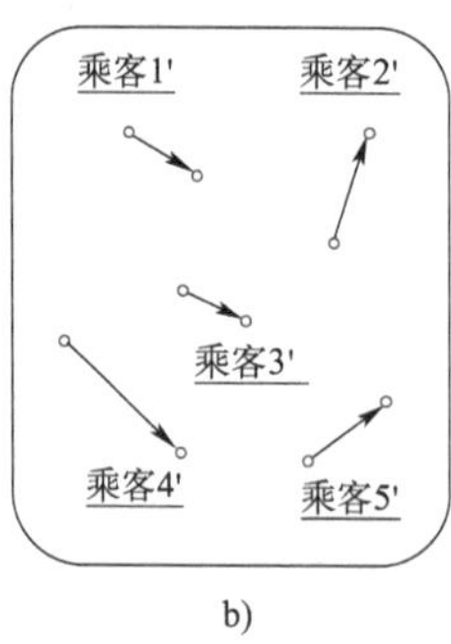

b)

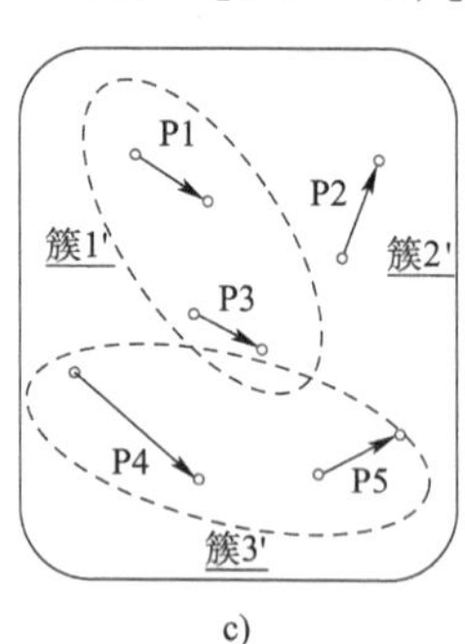

c)

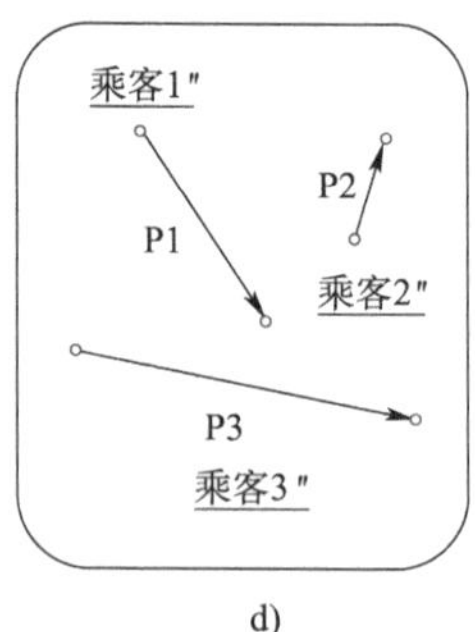

d)

图8-4 乘客ID和乘客簇ID更新

可以看出,本节乘客群体划分方法是一个不断聚集乘客的过程,通过共乘矩阵更新逐渐搜索新的乘客组合压缩乘客簇的数量,直至乘客簇的数量不再发生变化时停止搜索输出共乘乘客组合。乘客聚类算法流程如图8-5所示,具体步骤如下:

步骤1:初始化乘客信息,设定乘客集合为 $\hat{U}$。

步骤2:生成共乘出行收益矩阵 $\boldsymbol{\Gamma}$。

步骤3:判断矩阵 $\boldsymbol{\Gamma}$ 中最大值是否小于或等于0,如果是,表示最优匹配结果为独自乘车出行,即无有效共乘组合,停止迭代搜索,输出乘客分组结果;反之,跳到下一步执行步骤4。

步骤4:求解乘客匹配模型,得到有效共乘乘客组合。

步骤5:更新乘客簇信息和乘客ID再标记。

步骤6:求解多乘客匹配问题,评估共乘可行性参数 α 并返回步骤2。

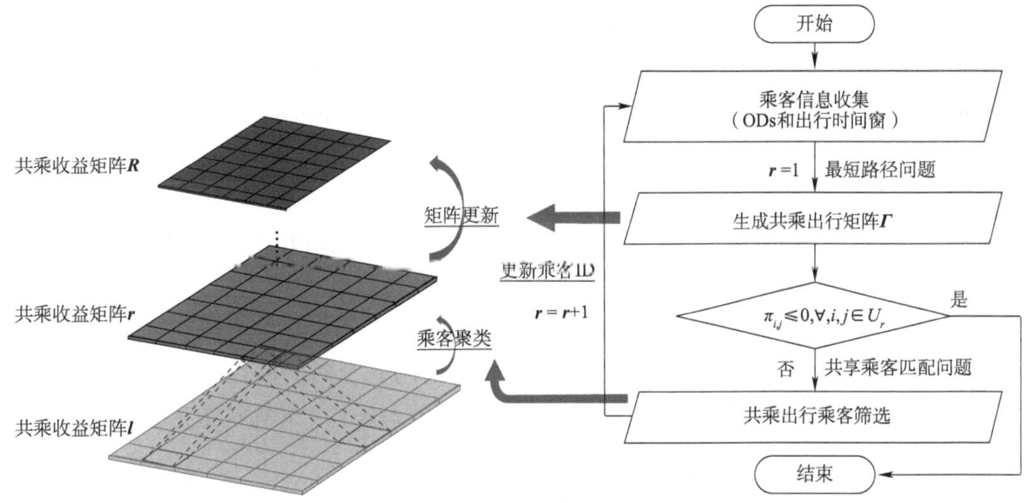

图8-5　乘客聚类算法流程

8.1.3.3　车辆乘客簇匹配模型

设定乘客聚类算法输出的乘客分组集合为 Ω, $\forall \tau \in \Omega$, l_τ 为链接簇 τ 内所有乘客起讫点的最短距离,θ_τ 为电动汽车访问簇 τ 内所有乘客消耗的电量($\theta_\tau = h_1 \cdot l_\tau$),$r_\tau$ 为簇 τ 内所有乘客出行成本总和。车辆集合为 $M(\forall m \in M)$,b_m 表示蓄电池剩余电量,p_m 表示蓄电池充放电状态,a_m 表示车辆运行状态,电量最低阈值为 b_0。已知乘客簇信息和营运车辆状态,本节研究车辆乘客簇匹配的目的是如何合理分配电动汽车资源确保乘客出行可靠性,从而最大化运营商利益。

由于乘客需求呈随机分布,车辆的行驶路线会随着乘客出行起讫点的变化而变化,车辆在路网内的分布相对分散,所以车辆调度系统规划车辆行驶任务时需要考虑车辆与乘客簇起点之间的距离对服务时间的影响。另外,调度系统还需要考虑电动汽车蓄电池状态对出行可靠性的影响,即电动汽车剩余电量能否满足车辆访问乘客簇的电量需求。因此,结合蓄电池电量状态和电车位置约束,电动汽车服务乘客簇的收益估算方法如下:

$$\alpha_{m,\tau} = \begin{cases} 1, & b_m \geqslant b_0 + \theta_\tau, t_{m,\tau} \geqslant 0 \\ 0, & \text{其他} \end{cases}, \quad \forall m \in M, \tau \in \Omega \tag{8-25}$$

$$\zeta_{m,\tau} = r_\tau - c_2 \cdot l_\tau - c_2 \cdot \lambda_{m,\tau} - (1 - \alpha_{m,\tau}) \cdot G, \quad \forall m \in M, \tau \in \Omega \tag{8-26}$$

式中,$t_{m,\tau}$ 表示车辆最长准备时间与电动汽车 m 驶到乘客簇 τ 起点的时间之差;$\alpha_{m,\tau}$ 为0-1参数;l 表示电动汽车 m 满足乘客簇 τ 的电量需求和服务;0表示电动汽车 m 无法服务乘客簇 τ;$\zeta_{m,\tau}$ 表示电动汽车 m 服务乘客簇 τ 的收益。

结合式(8-24),电动汽车与乘客簇的匹配模型表述如下:

目标函数 W_4：

$$\max \sum_{m \in M} \sum_{\tau \in \Omega} \zeta_{m,\tau} \cdot \chi_{m,\tau} \tag{8-27}$$

$$\sum_{m \in M} \chi_{m,\tau} \leqslant 1, \quad \forall \tau \in \Omega \tag{8-28}$$

$$\sum_{\tau \in \Omega} \chi_{m,\tau} \leqslant 1, \quad \forall m \in M \tag{8-29}$$

$$\chi_{m,\tau} \in \{0,1\}, \quad \forall m \in M, \tau \in \Omega \tag{8-30}$$

式(8-27)表示匹配模型的目标函数；式(8-28)表示每个乘客簇至多接受一辆电动汽车访问；式(8-29)表示每辆电动汽车至多服务一个乘客簇；式(8-30)表示决策变量的定义域。

上述模型可以采用优化器(Cplex 或 Gurobi)进行求解得到最优解。此外，式(8-27)～式(8-30)是典型的任务匹配问题，采用匈牙利算法在多项式时间内求得问题的最优解。

以上讨论的乘客群体划分和车辆乘客簇匹配过程主要是针对一个时间阶段内等待服务的乘客，以及运营商如何调度车辆满足乘客的需求。由于本章主要研究静态车辆调度问题，车辆调度方案不随时间变化而改变，所以，一天内 n 个时间阶段的车辆调度过程可以看成是上述单时间阶段调度算法(图 8-6)的 n 次重复操作。车辆状态是连接相邻两个时间阶段的关键参数，即上一时间阶段结束时的车辆状态为下一时间阶段的起始状态。多时间阶段的静态车辆调度算法流程如图 8-6 所示。

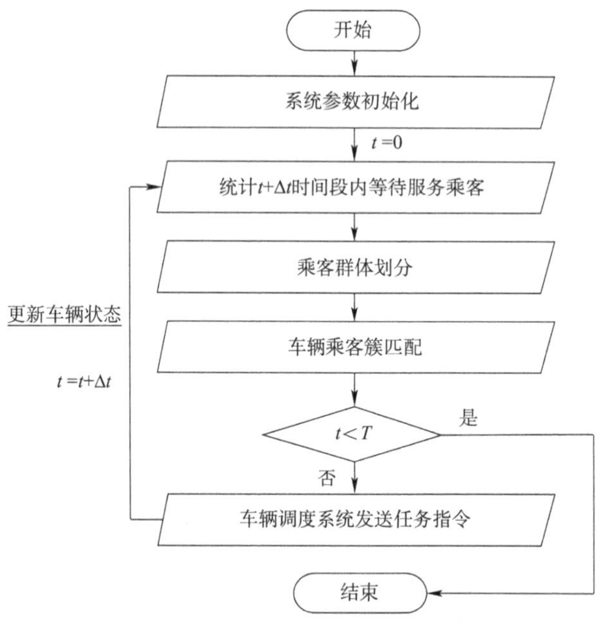

图 8-6　多时间阶段的静态车辆调度算法流程

8.1.4　算例测试

为了测试本章模型及求解算法的有效性，本节将通过算例对静态车辆调度方案进行分析。假定运营商提供的网联自动驾驶车辆类型为 4 座小型电动汽车($S=4$)，车辆总数

$M=100$,相关参数详见表8-3,其中车辆折旧成本为480元/天、动力成本为0.5元/km,车辆的蓄电池容量 $C=50\text{kW}\cdot\text{h}$,蓄电池放电速率 $h_1=0.2\text{kW}\cdot\text{h/h}$ 和充电速率 $h_2=30\text{kW}\cdot\text{h/h}$。共享出行服务每天运营时间为7:00—23:00,车辆调度系统响应间隔时间为 $\Delta t=2\text{min}$,一天内车辆调度系统响应次数 $n=480$。乘客的出行需求随机分布在图8-7所示的网格状交通网络中,时间窗约束为 $t_o^-(u)-t_o^+(u)=2\text{min}$ 和 $t_d^-(u)-t_d^+(u)=2\text{min}$,最短出行距离为3km。假定每天运营初始时刻,网联电动汽车蓄电池全部处于满电状态并均匀分布在路网内,车辆运行速度为60km/h。乘客出行费用参数:$a_0=10$ 元,$a_1=1.8$ 元/km,$d_0=5\text{km}$,$\sigma_0=9$ 元,$\sigma_1=1.5$ 元/km。

网联自动驾驶车辆相关参数初始化设置(单车型)　　表8-3

参数	取值
自动驾驶等级	L5级
最大载客量 S	4座
蓄电池容量 C	50kW·h
蓄电池放电速率 h_1	0.2kW·h/h
蓄电池放电速率 h_2	30kW·h/h
固定使用成本 c_1	480元/天
动力成本 c_2	0.5元/km
运营总数 M	100辆

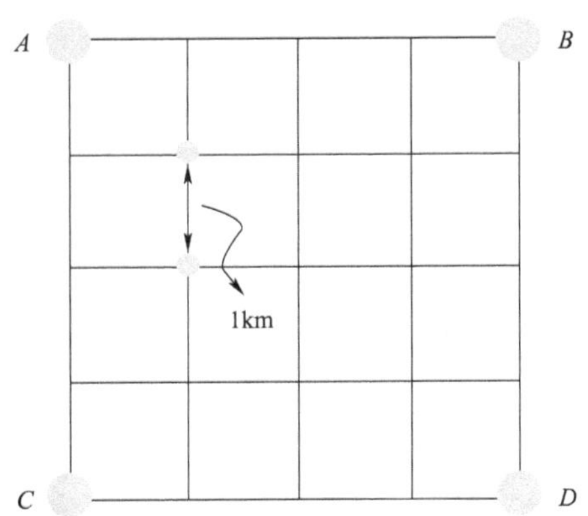

图8-7　5×5交通网络示意图

本节将通过MATLAB编写单车型车辆调度算法代码,并在计算机配置为Intel(R) Core(TM) i7-6500U CPU @2.50GHz 2.59GHz的笔记本电脑上运行测试算例,从而得到车辆调度方案。

假设车辆调度系统2min内累积等待服务乘客数量为60,其中乘客OD分布如图8-8a)所示,乘客出行距离分布如图8-8b)所示(旅行距离变化范围为4~7km,约50%乘客的出行距离为4km)。当前阶段空闲车辆为40辆,全部车辆均匀分布在路网内并处于满电状态。

对于该单阶段车辆调度问题,单车型车辆调度算法求得系统总收益为446元,其中60

名乘客被划分成22个乘客簇，系统共调派22辆车服务60名乘客。具体地：①车辆服务乘客数量变化范围为1～4名，大部分车辆搭载2名乘客（占总调派车辆的50%），其次为4名乘客（占比为32%），如图8-9a）所示；②车辆的行驶距离变化区间为[4km，9km]，车辆接送乘客的服务距离主要集中在5～7km之间（占比为77%），如图8-9b）所示，其中，行驶距离为8km和9km的车辆服务乘客数量均为4名；③60名乘客独自出行的总距离为279km，调度系统规划车辆的总服务距离为133km，减少总行驶距离为146km；④乘客簇的电量需求至多为1.8kW·h，车辆剩余电量为50kW·h，能够完成相应的接送任务，所以调派车辆数与乘客簇数量一致。结果表明，本章的车辆调度算法能够充分利用车辆资源有效地聚集乘客乘坐同一辆车出行，降低车辆调度成本从而提升网联自动驾驶车辆的运营效益。

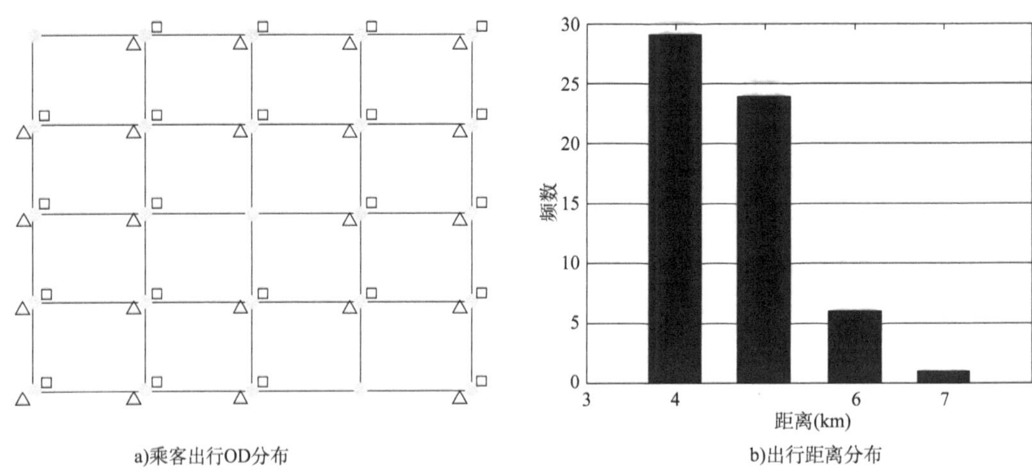

图8-8　乘客出行需求统计

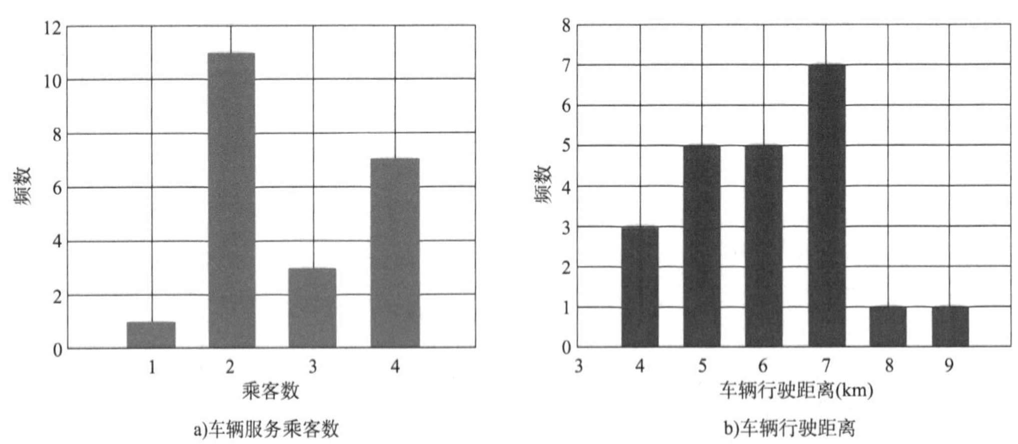

图8-9　单车型车辆调度算法求解结果

为测试单车型车辆调度算法的有效性，单车型车辆调度算法和优化求解器运行结果见表8-4、单车型车辆调度算法运行时间见表8-5。其中，乘客数在40以内时，采用求解线性优化问题的工具Cplex进行单车型车辆调度算法求解，得到的最优解相比误差变化范围为0～14.36%、CPU运行时间大幅度减少；乘客数超过40时，决策变量数量过多使得Cplex无法在有效时间内求得模型的最优解，而车辆调度算法能够在大约1s时间内获得车辆调度方案；乘客数达到100以上时，单车型车辆调度算法的运行时间随着乘客数量的增加呈非线性增长趋势。通过对比可以看出，单车型车辆调度算法运行结果虽然与最优值之间存在一定的差距，但整体求解精度高于85%（乘客数40以内）；而在求解时间方面，单车型车辆调度算法占有显著优势。所以，本章提出的单车型车辆调度算法在求解精度和速率具有较强的鲁棒性。

单车型车辆调度算法和优化求解器运行结果 表8-4

乘客数	总收益(元)			CPU运行时间(s)	
	单车型车辆调度算法	优化求解器Cplex	差值(%)	单车型车辆调度算法	优化求解器Cplex
5	24.8	24.8	0	0.16	24
10	46.8	49.3	5.07	0.24	67
20	117	129	9.3	0.34	175
30	222	247	10.12	0.45	1585
40	316	369	14.36	0.53	>7200
50	409	—	—	0.77	>7200
60	446	—	—	1.11	>7200

单车型车辆调度算法运行时间 表8-5

乘客数	100	200	300	400	500
CPU运行时间(s)	2.7	10.76	22.38	37.36	58.57

乘客等待时间是反映网联自动驾驶车辆调度系统服务水平的重要评价指标之一。以乘客期望最早服务时间$t_o^+(u)$为参考，乘客等待服务时间等于调度系统规划车辆访问乘客上车点的时间与$t_o^+(u)$之差。表8-6为不同时间参数（最长等待时间$\Lambda=t_o^-(u)-t_o^+(u)$）下乘客和运营商效用统计。可以看出，60名乘客的总等待服务时间与时间参数Λ呈正相关，而运营商的总收益呈现相反的变化趋势。这是因为乘客最长等待时间的增加会促使更多乘客具备共乘的条件，从而能够汇聚更多乘客搭乘同一辆车出行，节省车辆的总行驶距离降低车辆调度成本，所以运营商的总收益会逐渐提升。虽然延长时间参数Λ可以减少车辆的总行驶距离，但调度系统为尽可能地增加车辆服务乘客数量会适度增加车辆的绕行距离，导致乘客上车时间推迟总等待服务时间增多。

不同时间参数下单车型车辆调度算法求解结果 表8-6

项目	最长等待时间Λ(min)			
	2	3	5	6
乘客簇	22	18	16	15
总收益(元)	446	449	452	454
总等待时间(min)	38	59	69	72

根据不同时间参数 Λ 下的求解结果可以推出乘客簇内乘客访问顺序、确定车辆的服务路径。车辆服务乘客簇内第一名乘客的位置为被认为该乘客簇的起点，图 8-10 中道路交叉点对应的数字代表乘客簇起点始于该点的数量，也代表交叉点车辆需求数量。当时间参数 $\Lambda=2$ 时，乘客簇起点在路网内分布相对均匀，各交叉点的车辆需求数量大致相同；随着参数 Λ 的增加，乘客簇起点位置逐渐向两侧聚集，部分交叉点车辆需求数量升至 3。可以看出，系统内可支配车辆的位置对车辆乘客簇匹配结果会产生一定的影响，当前状态下车辆均匀分布在路网的交叉点内，能够满足四种情况下的车辆需求。此外，共享网联自动驾驶车辆(Electric Shared Connected Autonomous Vehicle，e-SCAV)的剩余电量能否满足相应乘客簇的电量需求还需进一步探讨。图 8-10 中乘客簇的行驶距离变化区间为[4km，14km]，对应的电量需求为 0.8～2.8kW·h。由于系统内全部 e-SCAVs 蓄电池的剩余电量远超最大需求量 2.8kW·h，所以车辆能够完成乘客簇内的乘客接送任务，调度系统按照图 8-10 中标出的数量调派车辆是可行的。

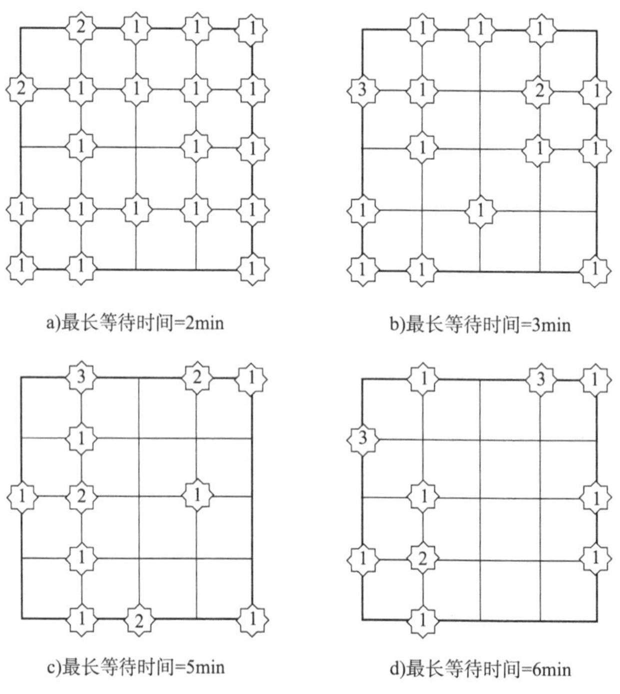

图 8-10　车辆需求数量分布

为进一步探讨模型参数对结果的影响，对 e-SCAVs 使用成本和最大载客能力参数进行分析。首先，调整车辆额定载客容量参数 S，取值区间为[2，8]，乘客聚类算法求解结果如图 8-11 所示。可以看出，随着乘客最长等待时间参数的增加，扩大车辆容量有利于聚集更多乘客共乘出行、缩小乘客簇数量；乘客接受的最长等待服务时间较短时，导致具备共乘出行属性的乘客数量下降，适当增加车辆的载客容量会改变乘客簇的数量而超过特定值以后对乘客簇数量的影响较小；当载客容量 $S=1$ 时，不同最长等待时间参数对应的最小乘客簇数量均为 60，表示没有乘客共乘出行，而 $S\geqslant 2$ 时乘客簇数量全部低于 60，对比表明共乘出行能够降低乘客簇的数量从而节省调派车辆数。结果表明，延长乘客最长等待服务时间和增加载客容量可以促进更多乘客共乘同一辆车，二者是车辆调度系统决策的先决条件。

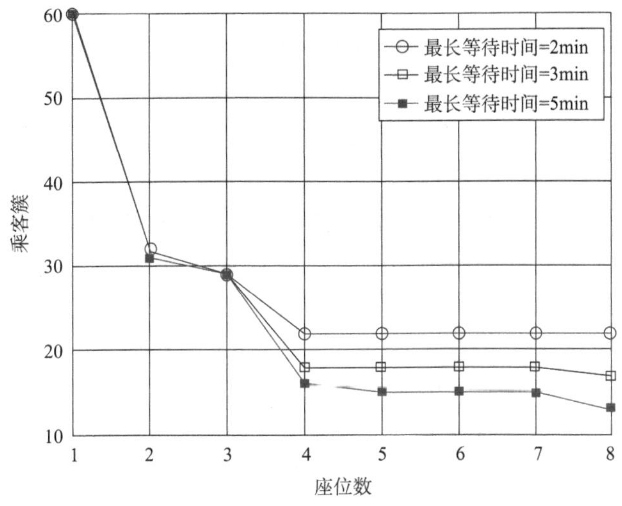

图 8-11 乘客簇数量与车辆座位数变化曲线

e-SCAVs 的使用成本是决定系统总收益的重要参考因素。这里以车辆的里程成本 b_0 为分析对象，里程成本变化对系统总收益的影响如图 8-12 所示。可以看出，乘客簇数量与里程成本的变化呈相反趋势，里程成本低于 0.2 元/km 时，乘客聚类算法获得的乘客簇数量与等待服务乘客数相同，即没有乘客共乘出行。这是因为共乘出行和非共乘出行模式下乘客的出行成本不同，车辆里程成本较低时系统会选择安排乘客采用非共乘出行模式提升系统总收益，然而系统内可支配车辆数量小于乘客簇数量，车辆仅能选取服务部分收益较高的乘客，导致系统总收益偏低。车辆里程成本增加至 0.3 元/km 以上时，调度系统为了节省车辆的运营成本将逐渐降低乘客簇的数量。所以，车辆的里程成本是决定乘客聚类算法划分乘客分组结果的重要影响因素。

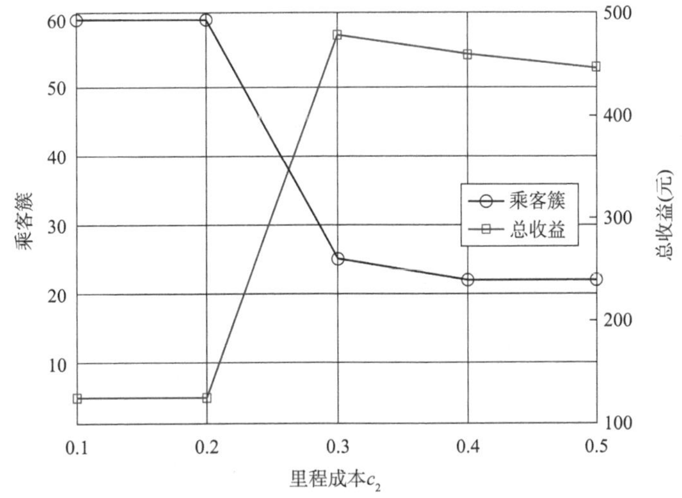

图 8-12 里程成本与乘客簇和总收益变化曲线

8.2 多车型车辆静态调度

上一节主要针对单车型网联车辆的调度问题进行建模和求解分析,结果表明单车型模式下仅通过扩大车辆容量的方式不能有效减少使用车辆数。为探索进一步降低车辆数(成本)的方法,本节对多车型组合服务模式进行研究,着手多车型网联自动驾驶车辆的静态调度问题。

基于多车型的网联自动驾驶车辆静态调度问题主要研究如何根据乘客需求规划不同车型的使用数量及车辆的服务路线,从而达到最小化总调度成本(车辆使用成本)的目的。为尽可能地利用车辆资源,本节引入融合换乘模式的车辆调度方法,即乘客可能在途中被安排搭乘其他车辆前往目的地。

如图8-13所示,有12名乘客由A到D,2名乘客由A到E,2名乘客由B到D,2名乘客由B到E,可提供服务车辆类型为4座轿车和20座小型客车。以下六种可行方案的调度车辆数和行驶里程分别是:①4座轿车无换乘,共需6辆车,座位利用率为75%,总行驶距离为30km;②4座轿车有换乘,共需5辆车,座位利用率为90%,总行驶距离为25km;③20座小型客车无换乘,共需4辆车,座位利用率为22.5%,总行驶距离为20km;④20座小型客车有换乘,共需2辆车,座位利用率为45%,总行驶距离为10km;⑤多车型无换乘,共需1辆小型客车和3辆轿车,座位利用率为52.5%,总行驶距离为15km;⑥多车车型有换乘,共需1辆小型客车和1辆轿车,座位利用率为85%,总行驶距离为10km。可以看出,方案4和6在车辆数和行驶里程方面均有优势,方案2的车辆座位利用率最高。整体而言,换乘出行有利于提升座位利用率,从而降低使用的车辆数和减少行驶成本,考虑换乘的多车型协调服务更能整合车辆资源节省车辆调度成本。

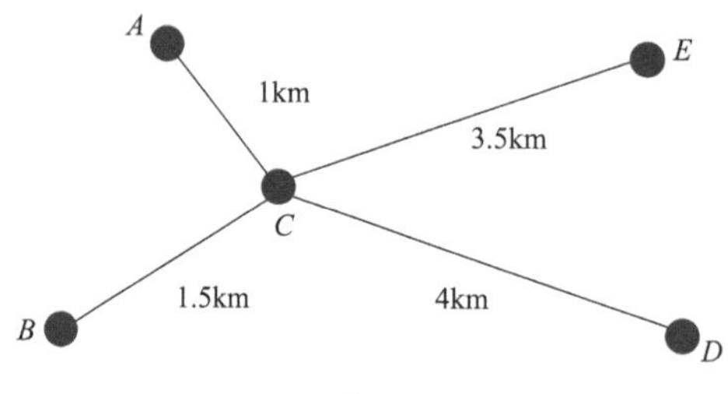

图8-13　交通网络示例

8.2.1　多车型车辆静态调度问题描述

以交通网络$R=(L,A)$为研究背景,其中L表示路网内有效节点和备选换乘站点的集合,A表示道路集合,Θ表示路段旅行时间集合。乘客的出行需求(origin-destination pairs, OD对)随机分布在路网节点L内,即乘客u的上下车点$o_u, d_u \in L$。乘客的期望服务时刻和最迟送达时刻分别为$t_o^+(u)$和$t_d^-(u)$。车辆调度系统Δt时间内收集订单数量为m,乘客集合为U,上下车点集合分别为O和D,对应的时间窗分别为T_O和T_D。系统可支配的车辆总数为n,车辆集合为V,其中V_b表示类型b的车辆集合,$b=1,\cdots,B$并且$V=\cup_{b=1}^{B} V_b$,

车辆 v 的状态为π_v，$\forall v \in V, \pi_v \in L$。车辆类型特征主要采用座位数$\kappa_b$、使用成本(固定成本 f_b、动力成本η_b)和蓄电池容量 c_b 参数进行表述，$\forall v \in V_b$，车辆 v 的座位数$\xi_v = \kappa_b$、固定成本 $h_v = f_b$、动力成本$\varepsilon_v = \eta_b$、蓄电池容量$\varphi_v = c_b$，电动汽车放电和充电速率分别为$\rho_{v,1}$和$\rho_{v,2}$。这里动力成本主要指车辆行驶过程中消耗的电量，与旅行距离呈线性相关。在任意时间阶段 k 结束时刻，网联电动汽车的状态为$\Phi_{k,v} = \{x_{k,v}, p_{k,v}, g_{k,v}, a_{k,v}\}$，其中 $x_{k,v}$表示车辆的位置，$p_{k,v}$表示蓄电池状态(1 为放电，0 为充电)，$g_{k,v}$，表示蓄电池剩余电量，表示车辆运行状态(1 为载客，0 为闲置)。

多车型静态车辆调度的目的是确定不同车辆的载客任务及多车协同服务路线。这里多车型协同服务具体指两辆车合作完成乘客的接送任务，即乘客需要中途换乘车辆。对于换乘的乘客而言，其行程由若干子行程拼接而成，如起点至换乘点、换乘点至终点。如图 8-14 所示，o_u 和 d_u 为乘客 u 的起讫点、s 和 k 是换乘站点，如果调度系统规划乘客 u 途经换乘点 s 转乘其他车辆驶向目的地，那么乘客 u 的行程将由$\{o_u, s\}$和$\{s, d_u\}$两段组成。如果将换乘乘客的出行需求由若干名虚拟乘客间接表达，即每段子行程分别对应一位虚拟的乘客，每位虚拟乘客的起讫点分别为$\{o_u, s\}$和$\{s, d_u\}$，对应的时间窗参考原乘客的时间窗和行驶时间即可估算得到，那么乘客集合 U 将由换乘乘客和虚拟乘客构成。可以看出，乘客集合 U 与换乘乘客密切相关。

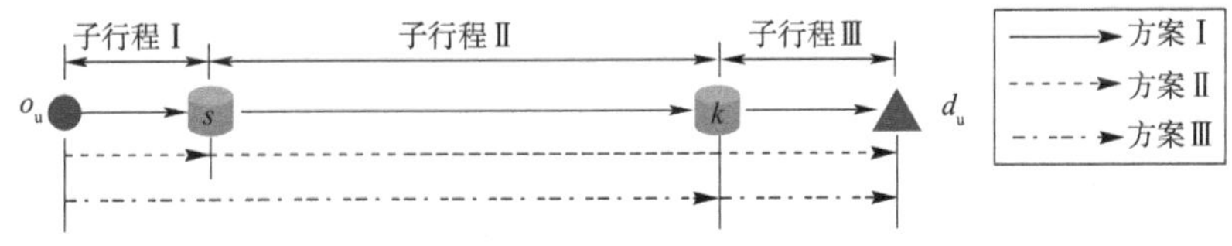

图 8-14 换乘出行行程拆分方案

为确保乘客出行时间的可靠性，乘客选择换乘出行的前提是途经换乘站点的绕行时间不会超出乘客忍受的最长等待时间，所以换乘点选址对乘客出行模式有着重要的影响。由此，根据乘客信息、车辆状态及换乘乘客行程特征，多车型车辆调度过程中将面临换乘点选址、乘客出行模式选择、车辆乘客匹配方案、车辆行驶路径规划、不同车型车辆使用数量等问题。

8.2.2 多车型车辆静态调度模型建立

在建立多车型车辆调度模型之前，首先进行如下假设：

(1) 所有换乘乘客均在换乘站点等候其他车辆；

(2) 每名乘客最多乘坐两辆网联自动驾驶车辆前往目的地，即途中最多途经一个换乘站点搭乘不同车辆；

(3) 所有乘客完全接受调度系统安排的出行方案；

(4) 网联自动驾驶车辆调度系统仅考虑轿车和小型客车两种类型；

(5) 忽略交通状态变化对旅行时间的影响，假定旅行时间不随控制阶段发生变化。

为便于表达系统的收益，选取乘客支付费用 $r_{k,u}$和车辆行驶里程$\omega_{k,v}$为决策变量。此外，辅助决策变量为车辆乘客对应关系 $z_{v,u}^k$($z_{v,u}^k = 1$ 表示乘客 u 搭乘车辆 v 前往目的地)，

乘客出行模式为 $y_{k,u}$ 和 $\hat{y}_{k,u}$（$y_{k,u}=1$ 表示乘客 u 与他人同乘一辆车出行，$\hat{y}_{k,u}=1$ 表示乘客搭乘至少两辆车前往目的地）。由此，多车型车辆静态调度模型中涉及的参数及变量见表 8-7。

多车型车辆静态调度模型中包含的参数及变量 表 8-7

符号	含义
U	乘客集合
V	车辆集合
P	站点集合
T	车辆每天运营总时间
J	车辆调度系统每天决策阶段集合
m	Δt 时间内累积等待服务乘客数
n	可支配车辆数
h_v	车辆 v 的固定使用成本
ε_v	车辆 v 行驶过程中每公里的动力成本
ξ_v	车辆 v 的最大载客数量
φ_v	车辆 v 的蓄电池容量
$\rho_{v,1}$	车辆 v 的蓄电池放电速率
$\rho_{v,2}$	车辆 v 的蓄电池充电速率
$z_{v,u}^{k}$	0-1 变量，1 表示第 k 阶段乘客 u 搭乘车辆 v 前往目的地
$\hat{z}_{v,\mu}^{k}$	0-1 变量，1 表示第 k 阶段乘客 μ 搭乘车辆 v 前往换乘站点
$y_{k,u}$	0-1 变量，1 表示第 k 阶段乘客 u 与他人共乘一辆车前往目的地
$\hat{y}_{k,u}$	0-1 变量，1 表示第 k 阶段乘客 u 中途换乘其他车辆
$r_{k,u}$	价格变量，第 k 阶段乘客 u 的出行成本
$w_{k,v}$	距离变量，第 k 阶段车辆 v 完成调度系统分派的任务行驶总距离

8.2.2.1 目标函数

多车型静态车辆调度的目标函数仍被设定为最大化系统的总收益，表述方式与第 2 章的单车型静态车辆调度问题的目标函数相似，见式(8-31)：

$$\max W = \sum_{k\in J}\left(\sum_{u\in U_k} r_{k,u} - M\cdot\sum_{v\in V}\frac{h_v}{n} - \sum_{v\in V}\varepsilon_v\cdot w_{k,v}\right) \tag{8-31}$$

8.2.2.2 乘客出行模式约束

根据多车型车辆运营模式，本章将乘客的出行模式分为共乘出行（$y_{k,u}=1$）、换乘出行（$\hat{y}_{k,u}=1$）、非共乘出行（$\hat{y}_{k,u}=0, y_{k,u}=0$）三种。虽然换乘出行的乘客可能与他人共乘一辆车，同时满足换乘出行和共乘出行的条件，但为了清晰区分乘客的属性，这里设定换乘出行的优先级高于共乘出行，即途经换乘站点转乘其他车辆的乘客为换乘出行乘客，与他人共乘一辆车且非转乘其他车辆的乘客为共乘出行乘客。由此，共乘出行变量和换乘出行变量的关系见式(8-30),表示乘客出行模式具有唯一性。

$$y_{k,u}+\hat{y}_{k,u}\leqslant 1,\quad \forall u\in U_k \tag{8-32}$$

除乘客出行模式唯一性约束外,车辆乘客匹配关系也存在唯一性。决策变量 z 和 $\hat{z}$ 代表车辆乘客匹配关系,其中,z 对应共乘和非共乘模式,$\hat{z}$ 对应换乘模式。如果系统接受乘客 u 的服务请求,那么至多调派一辆车访问乘客 u 的起讫点,见式(8-31),其中,左式等于 1 表示系统已分派接送乘客 u,小于 1 则表示系统拒绝乘客 u 的请求。

$$\sum_{v\in V} z_{v,u}^{k}+\sum_{v\in V}\hat{z}_{v,u}^{k}\leqslant 1,\quad \forall u\in U_k \tag{8-33}$$

由于换乘乘客的出行行程被划分为起点→换乘点和换乘点→终点两个子行程(图 8-14),每段子行程分别对应一位虚拟乘客,那么选取变量 $\hat{z}_{v,\mu}^{k}$ 中 $\mu\in\{1,2,\cdots,m\}$ 表示起点→换乘点对应的虚拟乘客,$\mu\in\{m+1,m+2,\cdots,2m\}$ 表示换乘点→终点对应的虚拟乘客,所以该变量中乘客索引 μ 和 $\mu+m$ 表示乘客 u 行程拆分后产生的两位虚拟乘客。可以看出,为完整表述换乘出行的连续性,行程拆分后得到的两位虚拟乘客的出行需求应同时满足,即存在车辆服务虚拟乘客 μ 或 $\mu+m$ 时,一定存在其他车辆完成虚拟乘客 $\mu+m$ 或 μ 的出行请求,见式(8-34)。

$$\sum_{v\in V}\hat{z}_{v,\mu}^{k}=\sum_{v\in V}\hat{z}_{v,\mu+m}^{k},\quad \forall \mu\in U_k \tag{8-34}$$

当车辆沿由乘客 u 衍生的虚拟乘客的出行路线行驶时,表明车辆调度系统规划乘客 u 采取换乘出行模式,即 $\hat{y}_{k,u}=1$。所以,结合换乘出行连续性约束,换乘出行模式和乘客与车辆匹配变量的关系式表述如式(8-35)与式(8-36)所示。可以看出,如果乘客 u 采取换乘出行模式即 $\hat{y}_{k,u}=1$ 时,$\sum_{v\in V}\hat{z}_{v,u}^{k}+\sum_{v\in V}\hat{z}_{v,u+m}^{k}=2$;反之,$\sum_{v\in V}\hat{z}_{v,u}^{k}+\sum_{v\in V}\hat{z}_{v,u+m}^{k}=0$。同理,如果 $\sum_{v\in V}\hat{z}_{v,u}^{k}=1$ 或 $\sum_{v\in V}\hat{z}_{v,u}^{k}=1$,存在 $\hat{y}_{k,u}=1$;如果 $\sum_{v\in V}\hat{z}_{v,u}^{k}=0$ 或 $\sum_{v\in V}\hat{z}_{v,u}^{k}=0$,存在 $\hat{y}_{k,u}=0$。

$$\sum_{v\in V}\hat{z}_{v,\mu}^{k}+\sum_{v\in V}\hat{z}_{v,\mu+m}^{k}\leqslant 2\cdot\hat{y}_{k,\mu},\quad \forall \mu\in U_k \tag{8-35}$$

$$\sum_{v\in V}\hat{z}_{v,\mu}^{k}+\sum_{v\in V}\hat{z}_{v,\mu+m}^{k}\geqslant \hat{y}_{k,\mu},\quad \forall \mu\in U_k \tag{8-36}$$

此外,共乘出行模式下乘客车辆匹配变量约束如式(8-37)与式(8-38)所示。根据共乘出行的特性,当乘客 u 被分配为共乘出行模式($y_{k,u}=1$)时,其乘坐的车辆 v 载客人数一定多于 2 人[式(8-37)];当乘客 u 为非共乘出行模式($y_{k,u}=0$)时,其乘坐的车辆 v 沿乘客 u 的起讫点之间行驶过程中拒绝服务其他乘客。由于共乘出行模式约束包含车辆索引,所以仅当调度系统分派车辆 v 服务乘客 u($z_{v,u}^{k}=1$)时,约束式(8-37)和式(8-38)为强约束,否则无法判断调度系统是否安排乘客共乘出行。

$$(1-z_{v,u}^{k})\cdot G+\sum_{u'\in\{u,\delta_u\}} z_{v,u'}^{k}\geqslant 1+y_{k,u},\quad \forall u\in U_k,v\in V \tag{8-37}$$

$$\sum_{u'\in\{u,\delta_u\}} z_{v,u'}^{k}\leqslant 1+y_{k,u}\cdot G+(1-z_{v,u}^{k})\cdot G,\quad \forall u\in U_k,v\in V \tag{8-38}$$

8.2.2.3 乘客支付费用函数

乘客出行成本的计算方式与第 2 章相同,本章继续采用分段线性的计费方式。F_1 表示乘客独自乘车的出行成本[式(8-39)],F_2 表示乘客与他人共乘出行的出行成本

[式(8-40)]。为简化参数设置，乘客换乘出行成本以共乘出行成本 F_2 为基准，通过折扣因子 γ 设定换乘出行成本为 $\gamma \cdot F_2$。由此，结合乘客出行模式变量 y 和 $\hat{y}$，乘客 u 的出行成本的计算方式见式(8-41)。

$$F_1(u) = a_0 + a_1 \cdot \max\{0, \eta(u) - \eta_0\}, \quad \forall u \in U_k \tag{8-39}$$

$$F_2(u) = \sigma_0 + \sigma_1 \cdot \max\{0, \eta(u) - \eta_0\}, \quad \forall u \in U_k \tag{8-40}$$

$$r_{k,u} = (1 - y_{k,u} - \hat{y}_{k,u}) \cdot F_1(u) + y_{k,u} \cdot F_2(u) + \hat{y}_{k,u} \cdot \gamma \cdot F_2(u), \quad \forall u \in U_k \tag{8-41}$$

8.2.2.4 网联电动汽车行驶里程约束

电动汽车剩余电量是决定车辆乘客匹配关系的重要因素。与第2章里程约束表示方式相比，多车型车辆调度问题还需考虑乘客换乘对车辆服务里程的影响。所以，本章车辆服务乘客集合 E 除统计共乘和非共乘乘客外，还增加了换乘乘客。服务乘客集合 E 主要用于确定车辆的服务路线及估测车辆行驶里程，见式(8-42)。依据电动汽车蓄电池消耗速率 $\rho_{v,1}$ 和估测行驶里程 $w_{k,v}$，车辆 v 服务乘客集合 E 的可达性约束如式(8-43)所示。如果车辆 v 剩余电量不能满足集合 E 的电量需求，调度系统需要调整车辆乘客匹配策略从而确保电动汽车出行可靠性。

$$w_{k,v} = f(E), \quad \forall v \in V, E = \{u \in U_k | z_{v,u}^k = 1 \cup \hat{z}_{v,u}^k = 1 \cup \hat{z}_{v,u+m}^k = 1\} \tag{8-42}$$

$$\rho_{v,1} \cdot w_{k,v} + b_{v,0} \leqslant p_{k,v}, \quad \forall v \in V \tag{8-43}$$

8.2.2.5 车辆载客容量约束

车辆载客容量约束表示系统调派车辆时考虑乘客出行舒适性确保一人一座，即同时乘坐同一车辆的乘客数量应少于或等于空闲座位数。由于本章主要研究静态车辆调度问题，车辆的服务路线不随时间变化，所以被占用的车辆不承担当前阶段的载客任务，可支配车辆的任务列表为空、空闲座位数等于车辆最大载客能力。为缩小共乘乘客的搜索范围，这里引入 δ_u 表示乘客的潜在共乘乘客集合。需要注意的是，共乘乘客集合 δ_u 包含乘客换乘出行衍生的虚拟乘客，集合中元素的取值范围为[1,2m]。因为变量 z 为共乘和非共乘车辆乘客匹配变量，乘客索引的变化范围为[1,m]，所以挑选共乘乘客时应剔除[m+1,2m]之间的数值，详见式(8-40)。

$$\sum_{u' \in \delta_u \backslash A} z_{v,u'}^k + \sum_{u' \in \delta_u} \hat{z}_{v,u'}^k \leqslant \varphi_v, \quad \forall v \in V, u \in U_k \tag{8-44}$$

式中，A 表示集合 $\{m+1, m+2, \cdots, 2m\}$。

8.2.2.6 决策变量约束

$$z_{v,u}^k \in \{0,1\}, \quad \forall v \in V, u \in U_k, k \in N \tag{8-45}$$

$$\hat{z}_{v,\mu}^k \in \{0,1\}, \quad \forall v \in V, \mu \in U_k \cup \{m+1, \cdots, 2m\}, k \in N \tag{8-46}$$

$$y_{k,u} \in \{0,1\}, \quad \forall u \in U_k, k \in N \tag{8-47}$$

$$\hat{y}_{k,u} \in \{0,1\}, \quad \forall u \in U_k, k \in N \tag{8-48}$$

考虑车辆资源和乘客等待时间约束，本章的多车型静态模型允许车辆调度系统拒绝响应乘客的出行请求，即等待服务的乘客 u 可能无法乘坐网联自动驾驶车辆出行（$\sum_{v \in V} z_{v,u}^k = 0, \sum_{v \in V} \hat{z}_{v,u}^k = 0$）。然而，目标函数式(8-31)的估算方法是假设系统服务全部乘客的收益大于或等于真实值。所以，目标函数 W_1 对其进行了修改，减去车辆乘客匹配失

败的乘客收益。综上所述,多车型静态车辆调度模型的表达式如下:

目标函数 W_1:

$$\max \sum_{k\in J}\left[\sum_{u\in U_k} r_{k,u} - M\cdot\sum_{v\in V}\frac{h_v}{n} - \sum_{v\in V}\varepsilon_v\cdot w_{k,v} - \sum_{u\in U_k}F_1(u)\cdot\left(1-\sum_{v\in V}z_{v,u}^k - \sum_{v\in V}\hat{z}_{v,u}^k\right)\right] \tag{8-49}$$

8.2.3 模型求解算法

多车型车辆静态调度模型构建的前提是已知换乘站点集合 P。然而,乘客出行需求具有较强的随机性,换乘站点 s 应随着需求分布而不断地调整。因此,为求解融合换乘的多车型车辆调度问题,本章将首先依据乘客 OD 信息提取关键点、挑选换乘站点并估算乘客换乘出行衍生的子行程的 OD 和时间窗信息,然后再通过乘客群体划分的方法生成乘客簇从而确定车辆与乘客匹配关系。由于多车型车辆调度问题中车辆的最大载客能力呈非均匀分布,以最小化乘客簇数量为目标的乘客群体划分方法可能倾向单一车型的使用、忽略不同车辆类型间的组合服务,影响车辆调度方案的最优性。因此,为了充分利用车辆资源,本节将通过生成可行的乘客服务序列丰富乘客簇的类型,尽可能地挖掘有利的乘客组合序列,为探寻利益最大化的车辆调度方案提供重要基础。具体求解思路如图 8-15 所示。

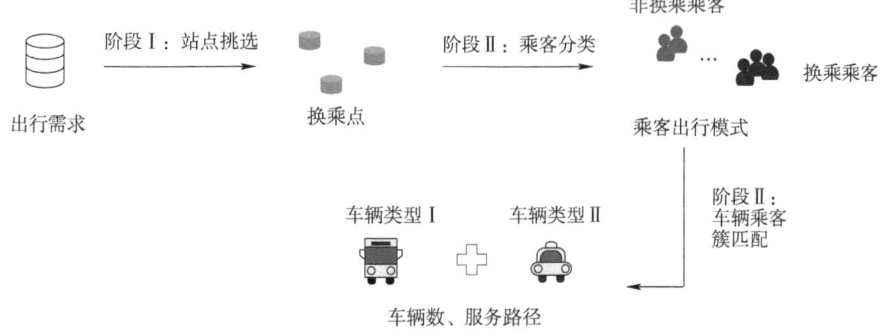

图 8-15　多车型车辆静态调度模型求解思路

8.2.3.1　换乘站点初始化

多车型车辆调度问题中考虑换乘的目的是促进更多乘客使用同一辆车,提升座位使用率。由此,换乘站点应主要分布于乘客出行的密集区域,为聚集乘客、寻找相似出行路径提供有利条件。通常情况下,聚类方法是乘客分组、提取备选换乘点的主要途径之一。然而,通过聚类方法得到的关键点不仅仅局限于上下车点 O 和 D 构成的集合,车辆调度控制中心可能需要调派更多车辆去配合乘客前往换乘点。所以,这里将首先选取乘客上下车点集合为备选换乘站点,然后通过不断筛选冗余点确定换乘点位置,具体步骤如下:

步骤 1:初始化。

整理乘客出行 OD 信息,挑选集合$\{O,D\}$中的无重复数值组成初始换乘点集合 P。

步骤 2:乘客与站点关联性矩阵 $\boldsymbol{P}_s$ 的建立。

对于所有备选换乘站点 s, $\forall s\in P$。

对于所有乘客 u，$\forall u \in U$。

判断①换乘站点 s 是否为乘客 u 的上车点 $O(u)$；②换乘站点 s 是否为乘客 u 的下车点 $D(u)$；③换乘是否满足最长等待时间约束，即 $c(o(u),s)+c(s,d(u))\leqslant c(o(u),d(u))$。如果条件①和②为否，并且③为是，表明二者具有较强关联性，乘客 u 可以考虑在站点 s 进行换乘，$\boldsymbol{P}_s$ 矩阵中 (s,u) 处记为 1；反之，二者关联度为 0。

步骤 3：备选换乘站点筛选。

对于所有备选换乘站点 s，$\forall s \in P$。

统计满足最长等待时间约束的乘客数量 a_{total}，其中关联度为零的乘客数量为 a_{val}，计算备选站点非换乘比 $g_s = a_{\mathrm{val}}/a_{\mathrm{total}}$。

根据关联性矩阵 $\boldsymbol{P}_s$ 和非换乘比 g_s，建立站点选址优化模型，ϑ_s 为 0-1 变量，1 表示选取备选集合 P 中点 s 为换乘站点；$\boldsymbol{\Psi}=(\vartheta_1,\vartheta_2,\cdots,\vartheta_{|P|})^{\mathrm{T}}$。

$$\min \sum_{s\in\Omega} g_s \cdot \vartheta_s \tag{8-50}$$

$$\boldsymbol{P}_s \times \boldsymbol{\Psi} \geqslant 1 \tag{8-51}$$

依据以上步骤筛选乘客 OD 出行需求，即可获得换乘站点集合 P。通过该方法得到的换乘站点还可间接表述乘客与换乘站点间的关联性，即变量 $\hat{y}_{k,u}$ 的搜索空间被大幅缩减，这为后续乘客类别划分、车辆类型匹配提供了有利参考条件。

8.2.3.2 可行服务序列构建

服务序列是指车辆访问乘客簇内包含的乘客上车点和下车点的顺序。直观地，穷举法是寻找乘客簇最简单的方法之一，然而乘客组合阵列与乘客数量呈数乘增长趋势，即 N 名乘客将有 $(2N)!$ 种组合方式。为减少无效乘客组合、缩减乘客簇的搜索空间，首先根据乘客 OD 信息和时间窗约束，估测任意两名乘客共乘出行的效用值，建立乘客相关性矩阵；然后分析矩阵中存在关联性的乘客的有效服务序列。其中，乘客的关联乘客的数量可能多于 2 名，多名乘客的服务序列可以通过建立基于网络流的路径优化模型确定。当关联乘客的数量较多时，求解器需要消耗较长的时间获得有效的服务序列，所以，这里以 2 名乘客组成的乘客簇为基础，逐渐添加相关性乘客于乘客簇内，从而延长服务序列的长度生成新的可行序列。

任意两名乘客构成的乘客簇，其可能的服务序列共有 24 种，其中仅有图 8-16a）中列出的 6 种组合方案是严格满足乘客上下车点优先关系。除上下车节点访问顺序优先关系外，服务序列还需满足时间窗约束。所以，逐一判别备选路径是否满足空间-时间可达性，符合即为可行服务序列。如果备选序列集合中存在至少一条可行序列，表明乘客的出行路径具有关联性，乘客相关性矩阵中相应位置记为 1，如图 8-16b）所示。

对于每名乘客，构成其可行服务序列集合中的其他关联乘客可以通过乘客相关性矩阵获得。然后，基于 Sexton 和 Bodin[64] 的服务路径优化方法鉴别备选服务序列的可行性，具体流程如下：

步骤 1：乘客相关性矩阵 $\boldsymbol{R}_s$ 的建立。

对于所有乘客 u，$\forall u \in U$。

对于所有乘客 $\tilde{u}$，$\forall \tilde{u} \in U$。

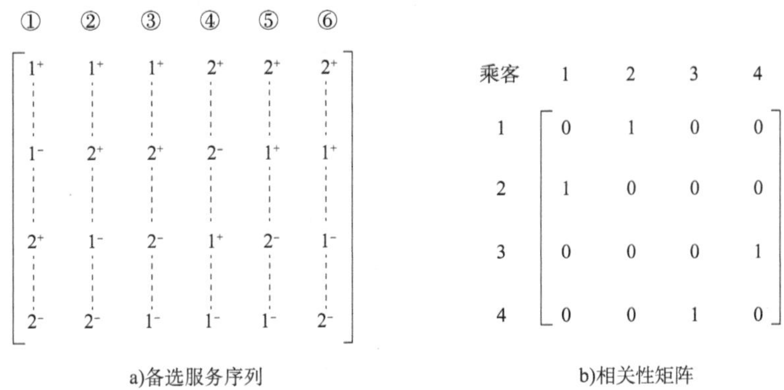

图 8-16 相关性矩阵和备选服务序列

列出满足节点访问优先关系的6种备选方案,根据乘客 u 和 $\tilde{u}$ 的期望乘车时间和最长等待时间约束,判断服务序列可行性。如果存在至少一条序列满足时间窗约束,则 $\boldsymbol{R}_s$ 中$(u,\tilde{u})$记为1;反之,为0。

步骤2:可行序列集合 FR 的构建。

对于所有乘客 u, $\forall u \in U$。

基于乘客相关性矩阵 $\boldsymbol{R}_s$ 确定关联乘客集合 E。

对于所有关联乘客 e, $\forall e \in E$。

首先,将乘客 u 和 e 组成的可行服务序列添加到集合 FR 中。然后,逐次增添集合 E 中其他关联乘客与乘客 u 和 e 构成可行服务序列中,通过 Sexton 和 Bodin[64] 的服务路径优化方法确定最优服务序列、根据时间窗约束判断新加入乘客是否改变序列可行性。如果影响序列可行性,拒绝加入此乘客;反之,添加此可行服务序列并更新集合 FR。

可行服务序列长度的最小值为2,最大服务序列长度与关联乘客数量密切相关。其中,每条可行服务序列即是一个乘客簇,每名乘客至少包含一种乘客簇类型。所以,可行服务序列的构建有利于深度探索乘客出行模式、丰富乘客簇的类型。

8.2.3.3 车辆与乘客簇匹配方法

已知可行服务序列集合 FR,对应的乘客簇为 PC。为便于模型表示,这里引入 0-1 矩阵 $\boldsymbol{A}$ 表示簇与乘客之间的关联,其中 $A_{u,j}$ 为 1 代表乘客 u 被包含于乘客簇 j;整数矩阵 $\boldsymbol{B}$ 表示车辆至少服务的乘客数量。$\tilde{r}_{u,j}$ 为簇 j 内乘客 u 的出行成本,$\tilde{w}_{v,j}$ 为电动汽车 v 沿乘客簇 j 的服务序列行驶的距离。模型选取 $\tilde{y}_{v,j}$ 和 $\tilde{z}^{v}_{u,j}$ 为决策变量,$\tilde{y}_{v,j}=1$ 表示系统调派电动汽车 v 服务乘客簇 j,$\tilde{z}^{v}_{u,j}$ 表示电动汽车 v 搭载簇 j 内与乘客 u 相似出行路径的乘客数量。车辆与乘客簇的匹配问题的数学优化模型表述如下:

目标函数 W_2:

$$\max \sum_{j \in |\mathrm{FR}|, v \in V, u \in U_k} \tilde{r}_{u,j} \cdot \tilde{z}^{v}_{u,j} - \sum_{j \in |\mathrm{FR}|, v \in V} \varepsilon_v \cdot \tilde{w}_{v,j} \cdot \tilde{y}_{v,j} \tag{8-52}$$

$$\tilde{y}_{v,j} \cdot \rho_{v,1} \cdot \tilde{w}_{v,j} + b_{v,0} \leqslant g_{v,j}, \quad \forall j \in |\mathrm{FR}|, v \in V \tag{8-53}$$

$$\sum_{j \in |\mathrm{FR}|} \tilde{y}_{v,j} \leqslant 1, \quad \forall v \in V \tag{8-54}$$

$$B_{u,j} \cdot \tilde{y}_{v,j} \leqslant \tilde{z}^{v}_{u,j}, \quad \forall v \in V, u \in U_k, j \in |\mathrm{FR}| \tag{8-55}$$

$$\tilde{z}^{v}_{u,j} \leqslant A_{u,j} \cdot \tilde{y}_{v,j} \cdot \varphi_v, \quad \forall v \in V, u \in U_k, j \in |\mathrm{FR}| \tag{8-56}$$

$$\sum_{u \in U_k} \tilde{z}^{v}_{u,j} \leqslant \varphi_v, \quad \forall v \in V, j \in |\mathrm{FR}| \tag{8-57}$$

$$\tilde{y}_{v,j} \in \{0,1\}, \quad \forall j \in |\mathrm{FR}|, v \in V \tag{8-58}$$

$$\tilde{z}^{v}_{u,j} \in \{0\} \cup N^*, \quad \forall j \in |\mathrm{FR}|, v \in V, u \in U \tag{8-59}$$

目标函数[式(8-52)]是最大化系统总收益;式(8-53)表明电动汽车行驶里程约束,即电动汽车蓄电池剩余电量应满足服务乘客簇消耗的电量需求;式(8-54)表示车辆与乘客匹配具有唯一性,任意车辆 v 至多服务一个乘客簇;式(8-55)和式(8-56)分别表示车辆接送乘客簇 j 内与乘客 u 相似乘客的数量的上限和下限;式(8-57)为车辆容量约束,车辆同时服务的乘客数应不大于车辆最大载客能力;式(8-58)和式(8-59)表示决策变量的定义域。

虽然车辆与乘客簇匹配模型为0-1型线性规划模型,可以采用现有优化求解器 Cplex 或 Gurobi 进行求解,但是模型的求解时间仍然受 FR 中可行服务序列数量的制约。为短时间内获得模型的解,这里将采用基于迭代搜索的启发式方法挑选 FR 中较有竞争力的可行服务序列为电动汽车的服务路径,算法流程如下:

步骤1:参数初始化,给定可行服务序列集合 FR,设定模型最优解 F^* 为 $-\infty$。

步骤2:生成初始候选服务序列。

创建初始候选服务序列集合 R^{sub},设定 $R^{\mathrm{sub}}=\phi$。

对于所有乘客 u, $\forall u \in U$。

挑选集合 FR 内包含乘客 u 的服务序列中收益最大的乘客分组放入集合 R^{sub}。

步骤3:生成车辆与乘客簇匹配方案。

基于候选服务序列集合 R^{sub},求解车辆与乘客簇匹配优化模型[式(8-52)~式(8-59)],如果最优解大于值 F^*,替换最优解值 F^* 为此次搜索获得的目标值,否则保留原最优解。

步骤4:算法终止条件判断。

如果迭代次数达到设定阈值,或最优解变化率在设定范围内,则停止搜索并输出当前解;反之,执行步骤5,重复上述流程。

步骤5:更新候选服务序列集合 R^{sub}。

根据求解结果确定集合 R^{sub} 中的出基列向量,即剔除效用值最低的服务序列,然后在集合 FR 中挑选与出基列向量互补的服务序列填入集合 R^{sub} 内,并返回步骤3。

8.2.3.4 换乘站点更新策略

由于换乘站点集合是通过统计 OD 间客流量信息而得到的,然而乘客 OD 间途经的点也可能对车辆服务路径产生影响。从图8-17可知,具有相似出行目的地的乘客利用换乘点实现换乘模式能够起到减少车辆数及总行驶距离的作用。由此,这里将以最小化车辆总行驶路程为目标,在乘客起讫点覆盖区域内搜索合适换乘点。如图8-18所示,考虑换乘的总行驶距离为 $a_1^r + a_2^r + a_3^r + a_4^r$,与非换乘模式相比,缩短行驶距离值为 $\Delta a = \sum_{i \in I} a_i - \sum_{i \in I} a_i^r$,所以,最佳换乘点位置 C 应挑选路网中使 Δa 最大化的点。具有换乘优势的乘客挑选及换乘站点确定方式的详细流程如下：

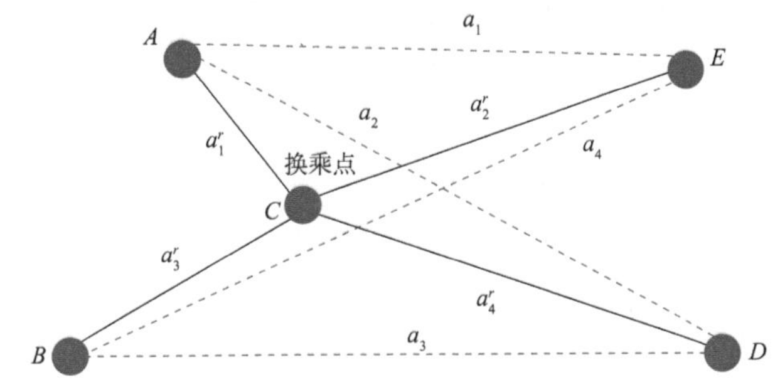

图 8-17 换乘模式行驶距离示意图

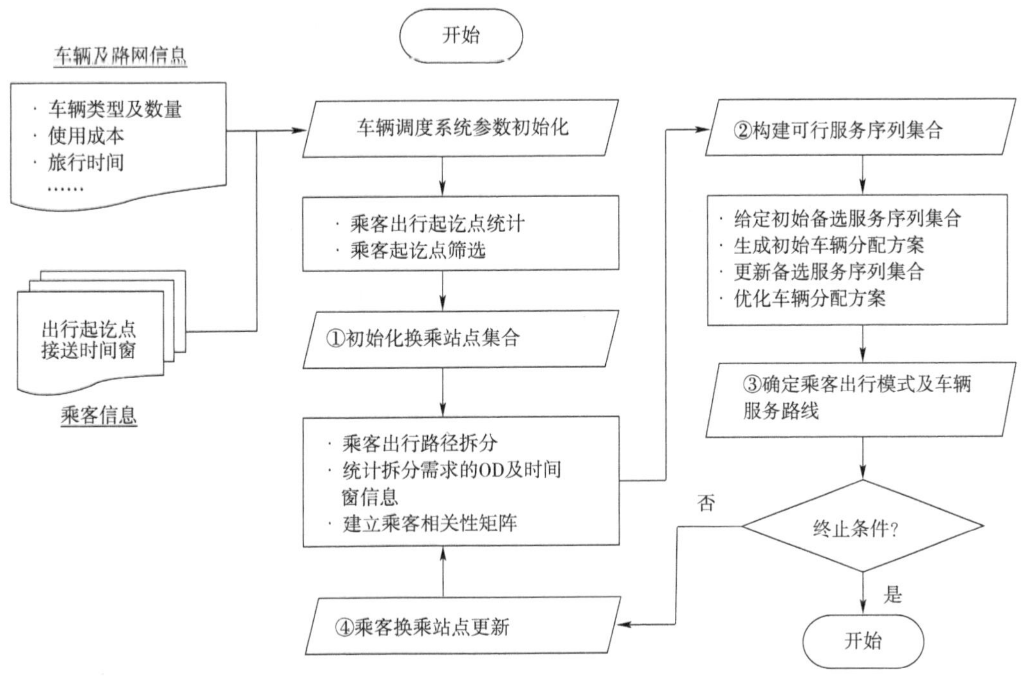

图 8-18 多车型车辆静态调度算法流程图

步骤 1：根据乘客集合及相关行程信息，挑选符合图 8-18 描述的乘客上下车点（A、B、D 和 E），其中 A 和 B 为起点、D 和 E 为终点。

步骤 2：建立由 A 驶向 E 或 D 沿途经过点集合 F_1，以及 B 驶向 E 或 D 沿途经过点 F_2。

步骤 3：计算所有点 $i \in F = \{F_1 \cup F_2\}$ 对换乘模式贡献值 Δa_i，挑选最大效用值对应的点为换乘站点。

以上为换乘站点搜索策略，结合车辆服务路线方案，换乘站点更新策略可以总结如下：

（1）统计现有方案中车辆途经换乘站点信息，剔除换乘站点集合 P 中闲置的站点，剩余点集合为 P_1。

（2）统计采用非换乘出行乘客，根据以上列举的换乘点搜索方法，确定当前阶段非换乘乘客可能途经换乘点集合 P_{sub}，为避免陷入局部搜索，剔除集合 P_{sub} 中在以往搜索过程中出现的备选换乘点，得到当前阶段的候选站点集合 P_2。

（3）挑选集合 P_2 中使车辆服务非换乘乘客收益最大的点为新增站点，并填入到集合 P_1 中。

至此，P_1 即为更新后的换乘站点集合。如果集合 P_2 为空集，表明非换乘乘客采用换乘出行不会提升系统的收益，所以，P_2 可用于判断站点更新过程的终止条件，为建立多车型的车辆调度算法提供重要判断依据。

8.2.3.5 算法流程

多车型车辆乘客匹配模型的求解思路大致可总结为换乘站点选取、可行服务序列搜索和车辆乘客簇匹配三个环节。为寻找较优的可行解，采用迭代搜索的方法不断更新换乘站点使得目标函数值逐渐向最优值逼近，具体流程如图 8-18 所示。

8.2.4 算例测试

为了测试本章模型及求解算法的有效性，本节将通过算例对多车型静态车辆调度方案进行分析。共享出行服务每天运营时间为 7:00—23:00，车辆调度系统响应间隔时间为 $\Delta t=2\text{min}$，一天内车辆调度系统响应次数 $n=480$。假定每天运营初始时刻，e-SCAVs 的蓄电池全部处于满电状态，车辆运行速度为 60km/h。乘客出行费用参数为：$a_0=8$ 元，$a_1=1.8$ 元/km，$d_0=5\text{km}$，$\sigma_0=6$ 元，$\sigma_1=1.5$ 元/km。运营商提供的 e-SCAVs 为 4 座轿车和 20 座小型客车两种类型，车辆数分别为 80 和 20，对应的车辆折旧成本为 480 元/天和 1000 元/天，动力成本为 0.5 元/km 和 1.2 元/km。e-SCAVs 的详细参数如下：①类型Ⅰ的车辆编号为 $\forall v\in\{1,\cdots,80\}$，载客能力 $\xi_v=4$，使用成本 $h_v=480$ 元/天和 $\varepsilon_v=0.5$ 元/km，蓄电池容量 $\varphi_v=50\text{kW}\cdot\text{h}$，放电速率 $\rho_{v,1}=0.2\text{kW}\cdot\text{h/km}$，充电速率 $\rho_{v,2}=30\text{kW}\cdot\text{h/km}$；②类型Ⅱ的车辆编号为 $\forall v\in\{81,\cdots,100\}$，载客能力 $\xi_v=20$，使用成本 $h_v=1000$ 元/天和 $\varepsilon_v=1.5$ 元/km，蓄电池容量 $\varphi_v=160\text{kW}\cdot\text{h}$，放电速率 $\rho_{v,1}=1.0\text{kW}\cdot\text{h/km}$，充电速率 $\rho_{v,2}=60\text{kW}\cdot\text{h/km}$，详见表 8-8。

网联自动驾驶车辆相关参数设置（多车型） 表 8-8

参数	取值	
	类型Ⅰ	类型Ⅱ
自动驾驶等级	L5 级	L5 级
最大载客量 S	4 座	20 座
蓄电池容量 C	50kW · h	160kW · h
蓄电池放电速率 h_1	0.2kW · h/km	1.0kW · h/km
蓄电池充电速率 h_2	30kW · h/km	60kW · h/km
固定使用成本 c_1	480 元/天	1000 元/天
动力成本 c_2	0.5 元/km	1.5 元/km
运营总数 M	80 辆	20 辆

本节将通过 MATLAB 编写多车型车辆静态调度算法代码,并在计算机配置为 Intel(R) Core(TM) i7-6500U CPU @2.50GHz 2.59GHz 的笔记本电脑上运行测试算例从而得到多车型车辆组合调度方案。

假设出行需求是随机分布在图 8-19 的交通网络内,该网络的基本单元是面积为 $1km^2$ 的正方形区域,任意相邻节点间的旅行时间为 1min,网格中的节点是以从左至右和从下至上的顺序依次编号。

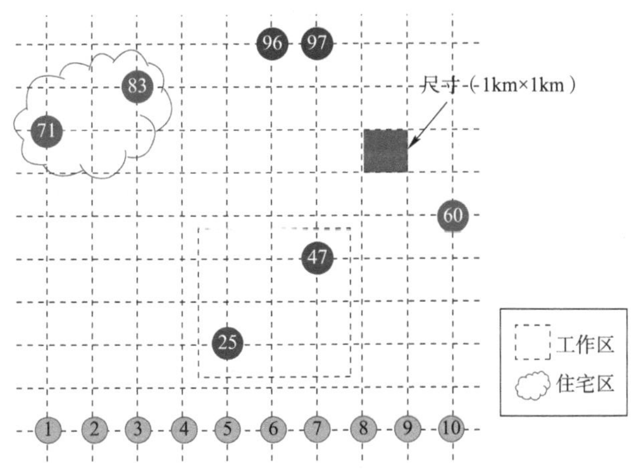

图 8-19 交通网络示意图

根据城市功能分区规划的思想,分别选定 1 处住宅密集区域和 1 处办公密集区域,用于表示人们的日常活动空间。由于忽略基本单元内道路拓扑结构,假定乘客出行需求是随机分布在路网节点上,因此乘客出行 OD 可以通过网络节点进行描述,如表 8-9 中第一组乘客 1 的出行请求为由住宅区(点 83)去往工作区(点 47)。为简化表示乘客服务时间约束,乘客 u 的订单发起时刻即为期待上车时间 $t_o^+(u)$,最迟上车时间为 $t_o^-(u)=t_o^+(u)+3$,最早到达时间为 $t_d^+(u)=t_o^+(u)+\Theta(o(u),d(u))$,最迟到达时间为 $t_d^-(u)=t_d^+(u)+3$。为充分测试模型的适用性,分别生成基于固定出行需求和随机出行需求场景的测试算例,用于分析混合车型对车辆乘客匹配方案的影响。

乘客需求示例 表 8-9

乘客 ID	需求		
	Ⅰ	Ⅱ	Ⅲ
1	83→47	83→60	97→25
2	71→47	83→47	83→47
3	83→25	96→47	71→60
4	71→25	96→25	83→25

8.2.4.1 固定出行需求算例

以表 8-9 中类型Ⅰ的出行 OD 对随机生成乘客,乘客数量分别为 23、10、25 和 12,总等待服务乘客数量为 70。多车型车辆调度算法的求解结果为指派 5 辆轿车和 3 辆小型客车服务 70 名乘客,系统的总收益为 723.95 元。对比单车型车辆运营模式,多车型车辆混合服务乘客的收益更高,详见表 8-10。虽然模式Ⅱ与模式Ⅲ的收益相近,但模式Ⅲ小型客车的座位利用率较高,能够充分利用车辆资源节省车辆使用数量,有利于满足后续时间阶段的车辆需求。在三种运营模式中,仅使用轿车(模式Ⅰ)的收益值最低,表明乘客出行需求分布密集时,系统收益与车辆的载客能力呈正相关。

随机算例测试结果(乘客数 = 70)　　表 8-10

模式	车型	轿车	小型客车	总收益(元)
模式Ⅰ	单车型(轿车)	19	0	704
模式Ⅱ	单车型(小型客车)	0	5	719.5
模式Ⅲ	多车型	5	3	723.95

多车型车辆静态调度算法的运行时间和求解精度见表 8-11。可以看出,Cplex 的求解时间随着 OD 对数的增多而急剧增加(OD 对数达到 10 时,寻找最优解消耗的时间大于 7200s),而优化算法通过拆分原问题为若干子问题的方法间接求解多车型车辆调度模型能够加速最优解收敛速度。结果表明,本章提出的多车型车辆静态调度算法可以在有效时间内搜索到精度较高的可行解,能够适用于求解乘客需求分布相对分散的车辆调度问题。

多车型车辆调度算法和优化求解器运行结果　　表 8-11

OD 数量	总收益(元)			CPU 运行时间(s)	
	多车型车辆调度算法	优化求解器 Cplex	差值(%)	多车型车辆调度算法	优化求解器 Cplex
4	723.95	723.95	0	0.54	21.17
6	796.45	796.45	0	0.76	52.26
8	842.85	842.85	0	0.82	949.53
10	876.5	—	—	0.91	>7200
12	938.25	—	—	1.26	>7200

为了观测不同车辆类型使用成本对车辆分配方案的影响,以轿车的行驶里程成本为基准,选取小型客车与轿车成本偏差百分比为观测变量,变化区间为[0,3],车辆调派方案和系统收益变化曲线如图 8-20 所示。从图 8-20a)中可以看出,随着小型客车使用成本的增加,轿车和小型客车使用数量都呈现出不同幅度的变化,其中轿车使用数量变化区间为[0,9]、小型客车为[2,5]。当小型客车与轿车行驶里程成本相等时,小型客车的载客优势比较明显,所以系统仅考虑使用小型客车服务乘客;当行驶里程成本偏差达到 60% 时,系统为降低车辆的总调度成本,逐渐增加轿车数量分担小型客车的载客需求。

车辆调度系统服务乘客的总收益与小型客车使用成本呈负相关关系[图 8-20b)中实线]。为验证车辆调派方案的最优性,以小型客车里程成本 1.5 元/km(偏差百分比 = 200%)时的车辆组合方案(3 辆小型客车和 5 辆轿车)为参考[图 8-20b)中虚线],观察不同里程成本下的系统总收益变化曲线。可以看出,蓝色实线整体位于红色虚线上方,表明多车型车辆调度算法根据车辆使用成本调整车辆调派方案有利于提高系统总收益,确保车辆组合方案的最优性。

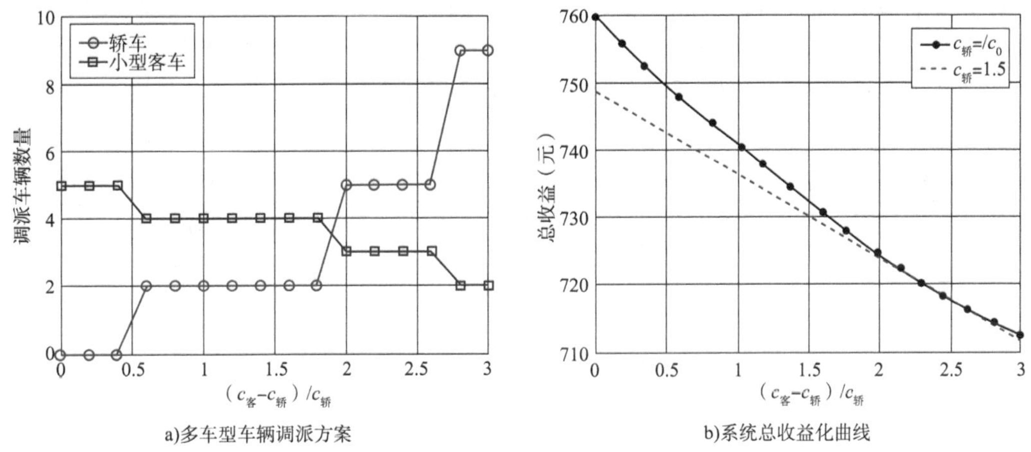

a)多车型车辆调派方案　　b)系统总收益化曲线

图 8-20　小型客车动力成本变化率

除车辆使用成本外,车辆类型是决定车辆组合方案的另一重要参数。为分析车辆类型对决策方案的影响,这里选取小型客车的最大载客能力为分析变量(取值区间为[8,20]),不同类型下的多车型车辆调度算法的求解结果如图 8-21 所示。随着小型客车载客能力的下降,轿车的使用数量由 5 辆逐渐增至 19 辆,而小型客车由 3 辆降至 0 辆,系统的收益也从 723.95 元缩减到 704 元。

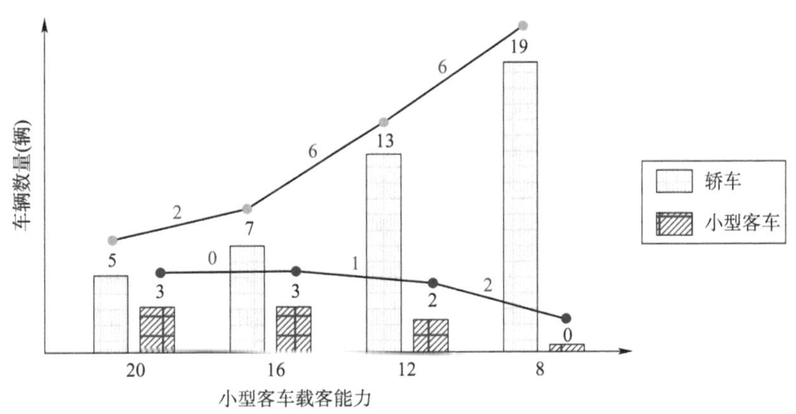

图 8-21　车辆类型与车辆分配方案

小型客车行驶里程成本不随载客容量变化时,降低小型客车使用次数是保证系统收益维持在较高水平的必然选择。然而,车辆最大载客数量与动力成本之间是密切关联的,车辆最大座位数的变化也应相应调整车辆的动力成本。为简便计算,这里采取两种动力成本估算方式,即动力成本随最大座位数线性递减和非线性递减。所以,最大座位数分别为 20、16、12、8 时,线性估算方式对应的动力成本为 1.5 元/km、1.2 元/km、0.9 元/km、0.6 元/km,而非线性估算方式对应的动力成本为 1.5 元/km、1.34 元/km、1.16 元/km、0.95 元/km。

8 种情况下的多车型车辆分配方案如图 8-22 所示。动力成本随车辆载客能力同步变化时,小型客车使用数量不降反增,而轿车使用数量呈现不同程度的减少趋势。可以看出,小型客车的动力成本与轿车的越相近时,小型客车服务乘客的收益比更高。动力成本线性衰减对应的系统收益为723.95元、726元、734.6元和733.35元,非线性衰减的收益为723.95元、720元、721.2元和707.5元。与方案Ⅰ相比,成本线性和非线性减少对系统收益的影响有所不同,线性递减情况下收益值的增益为[+0.28%, +1.47%],而非线性的变化百分比为[−2.27%, −0.38%]。因此,如果动力成本与车辆载客能力呈线性关系,方案Ⅳ(小型客车座位数=8、轿车座位数=4)的多车型组合类型有利于提高运营商的总利润;相反,动力成本下降速率低于座位数降幅时,方案Ⅰ(小型客车座位数=20、轿车座位数=4)是多车型车辆运营模式的最佳组合方式。

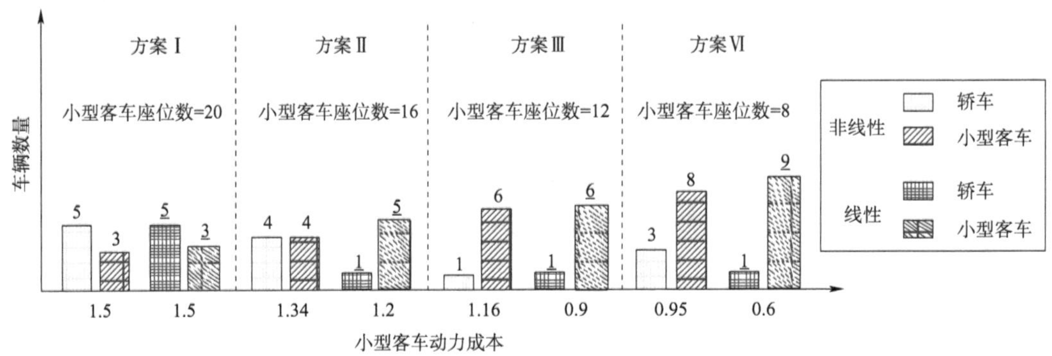

图8-22　小型客车动力成本与车辆组合分配方案

8.2.4.2　随机出行需求算例

随机需求算例是指出行起讫点在图8-19中呈随机分布,并且每对起讫点间的乘客数量为1~20间的随机数。本节随机需求数量的取值范围为100~250,OD对数变化范围为25~50,共计24组算例,服务乘客数和运营商总收益统计见表8-12和表8-13,优化算法运行时间见表8-14。其中,车辆使用成本的波动范围为[375,969],服务乘客数量落在[82,222]内。从表8-13中可以看出,需求数量一定时,扩大OD对数(乘客相对分散)会降低系统的利润;OD对数一定时,运营商的总收益会随着需求量的增长而提高。虽然服务乘客数与需求量间呈递增趋势,但是服务乘客数随着OD对数的增加会在一定范围内波动,在[30,40]区间内达到峰值。这表明,乘客分布太过分散或分布不均会降低系统的服务水平,减少有效时间内的服务乘客数量。

24组随机算例结果(服务乘客数)　　表8-12

需求数量	OD数量					
	25	30	35	40	45	50
100	100	83	86	84	88	82
150	125	120	142	140	138	129
200	156	179	184	191	175	181
250	212	233	222	211	221	214

24 组随机算例结果(总收益) 表 8-13

需求数量	OD 数量					
	25	30	35	40	45	50
100	2430.5	2236	2287	2275	2306	2228
150	3107	3085	3496	3457	3442	3091
200	3812	3996	4105	4188	3984	3962
250	4985	5102	5025	4863	4927	4836

24 组算例优化算法运行时间(s) 表 8-14

需求数量	OD 数量					
	25	30	35	40	45	50
100	2.8	13.17	18.85	29.91	36.43	52.64
150	3.28	12.85	19.85	26.79	42.35	56.18
200	3.91	13.65	20.78	27.43	44.41	49.64
250	4.5	12.99	20.66	29.25	35.99	52.82

为观察算法的搜索能力,选取其中一组示例观察目标函数在算法迭代过程中的变化趋势及车辆分配方案的调整过程,如图 8-23 和图 8-24 所示。随着可行服务序列的不断更新、迭代次数的增加,总收益(目标函数值)呈递增趋势向最优值逼近。另外,为降低车辆的总调度成本、调度系统通过逐渐增加轿车的使用数量分担小型客车的载客任务。在算法搜索初期,小型客车和轿车的使用量分布维持在 10 和 5,经过一段时间后,小型客车的数量下降到 9,而轿车数量在 6 ~ 9 之间波动,第 28 次迭代后,车辆组合方案和总收益值维持稳定。可以看出,基于迭代的搜索算法能够逐渐压缩车辆使用量、合理分配车辆资源,不断使目标函数值向最优值靠近。

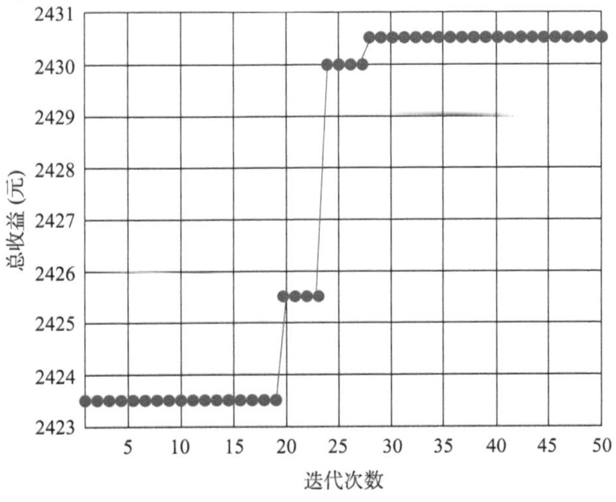

图 8-23 总收益变化曲线

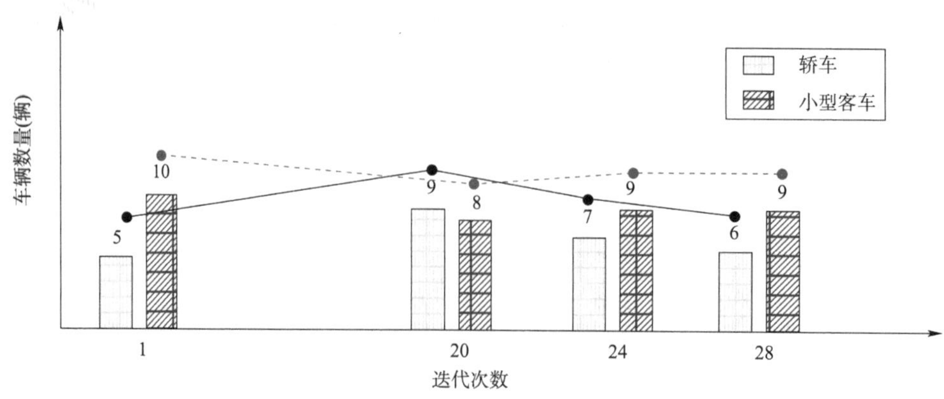

图 8-24　车辆调派方案调整示意图

本章针对多车型的车辆静态调度问题进行了研究,建立了融合换乘的多车型静态车辆调度模型。为求解该模型,本章将原问题转化为换乘站点优化和车辆乘客簇匹配两个子问题,从而构建基于迭代搜索的优化算法,合理选择服务乘客数量与分配车辆资源。最后,实验环节通过不同的算例对本章模型及算法进行测试分析。实验结果表明,与单车型运营模式相比,多车型运营模式有利充分利用车辆资源,减少总的车辆使用数量,从而节省系统的运营成本。此外,还对车辆组合类型、车辆运营成本、车辆运营网点布局等参数对车辆乘客匹配结果的影响进行了讨论。

CHAPTER 9

第9章 随机需求下共享智能网联电动汽车动态调度方法

路段旅行时间受路网内交通需求的变化会呈现不同幅度的变化,如早晚通勤高峰时,人们出行需求较高导致路段相对拥挤、车辆行驶缓慢旅行时间延长;当交通需求低于道路供给能力时,车辆畅通行驶逐渐升至自由流速度旅行时间大幅缩减,如图 9-1 所示。由此可见,路段旅行时间为出行时间的非线性函数。为便于计算,假定任意时间阶段内路段的旅行时间为定常数,即分段常数函数。

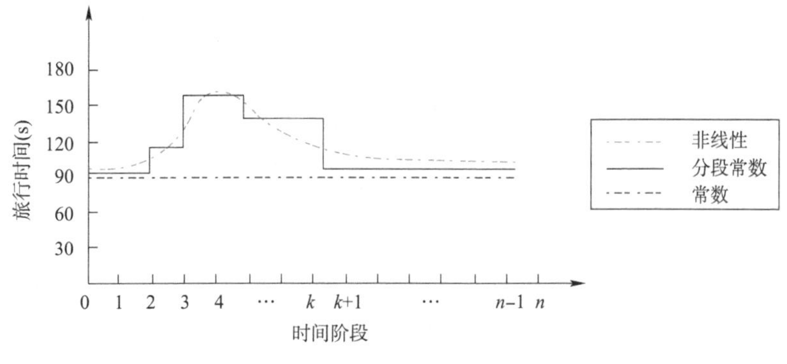

图 9-1　旅行时间曲线

假设智能网联电电动车辆每天运营时间为 T,共划分为 n 个调度决策阶段,其中第 k 阶段路网内任意两点之间的旅行时间为 $\mathrm{TT}_{i,j}(k)$。网联车辆运营初始阶段,电动汽车蓄电池为满电状态,车辆调度系统采用第 4 章提出的多阶段决策方法规划路网子区域间的车辆资源分配及车辆乘客匹配策略。由于车辆调度系统决策时仅当前交通状态已知,车辆调度系统依据当前交通状态估测车辆行程的可达性。如图 9-2 中 t_0 时刻,路网内车辆由 a 至 b 的旅行时间为 $\mathrm{TT}_{a,b}(t_0)=5\mathrm{min}$、由 c 至 d 的旅行时间为 $\mathrm{TT}_{c,d}(t_0)=7\mathrm{min}$,而 $\mathrm{TT}_{a,b}(t_0+\Delta t)$和 $\mathrm{TT}_{c,d}(t_0+\Delta t)$信息未知;当系统运行至 $t_0+\Delta t$ 时刻,$\mathrm{TT}_{a,b}(t_0+\Delta t)$和 $\mathrm{TT}_{c,d}(t_0+\Delta t)$值变化为 8 和 10min。与$t_0$ 时刻相比,路段 ab 之间的旅行时间增加导致路径 r_1 的行程时间延长 3min,沿途服务乘客的出行时间窗约束可能无法满足。所以,$t_0+\Delta t$ 时刻车辆调度系统需要重新判断车辆v_a服务路径的可达性。如果旅行时间变化影响乘客出行计划,系统将根据当前路网交通状态更正车辆的服务任务及调整服务路线,如图 9-2b)中路径 r_3 和 r_4。

由此可见,本章研究的动态车辆调度问题是弥补旅行时间不确定性对网联自动驾驶车辆服务效率的影响[63]。为实现动态调度的目的,车辆调度系统需要动态感知路网交通状态,更新路段旅行时间,不断评估车辆行驶任务的可靠性;其次,车辆调度系统根据交通状态同时规划闲置和非闲置车辆的，寻找当前阶段的最优任务分配方案。

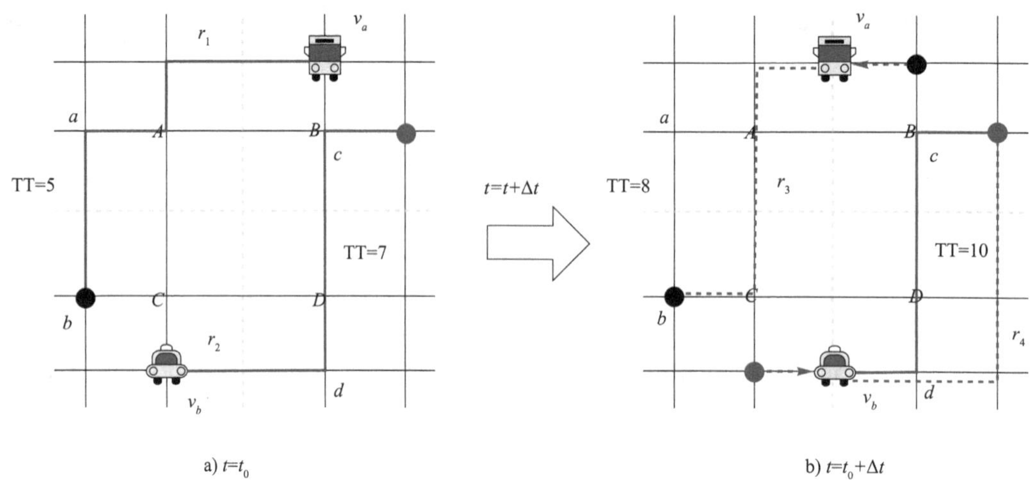

图 9-2 网联自动驾驶车辆行程更新示意图

9.1 基于元胞传输模型(CTM)的旅行时间估计

CTM 以简洁的数学形式阐述了道路内交通流的演变规律，如排队形成和消散过程，已被广泛应用于交叉路口信号配时优化、动态交通分配、路网设计等领域的基础研究。本节将着重介绍 CTM 的求解思路和交通状态评估方法，为路网内旅行时间估计提供理论基础。

9.1.1 CTM 概述

CTM 是一阶交通流动力学模型 LWR (Lighthill-Whitham-Richards)[65-66]的有限差分求解格式。式(9-1)和式(9-2)为 LWR 的具体数学表达形式，通过特征曲线法或Godunov[67]方法可以求得该模型的解析解。

$$\frac{\partial k(x,t)}{\partial t} + \frac{\partial q(x,t)}{\partial x} = 0 \tag{9-1}$$

$$q(x,t) = F(k,x,t) \tag{9-2}$$

式中，k 和 q 分别表示交通密度和流量。式(9-1)表示流量守恒定律。式(9-2)表示交通流量关于密度的函数，即宏观基本图。

为克服特征曲线方法局限性，Daganzo[68]提出了基于三角形宏观基本图[图 9-3a)]的空间-时间离散化处理方法，即 CTM。具体地，CTM 将路段划分成若干个元胞[图 9-3b)]，每个元胞的长度 Δx 等于车辆在 Δt 时间内以自由流速度 v_f 行驶的距离 $\Delta t \cdot v_f$。对于元胞 i，车辆需求和供给能力分别为 $v_f \cdot \Delta k_i(t)$ 和 $w \cdot (k_{jam}(t) - k_i(t))$。由于元胞 i 的输出流量 $q_i(t)$ 取决于元胞 i 的交通需求和下游元胞 $i+1$ 的供给能力，所以流量 $q_i(t)$ 选取二者中较小值，详见式(9-3)。根据当前元胞流量输入输出状态，下一时刻元胞内车辆密度 $k_i(t+$

1）估测方法见式（9-4）。式（9-3）和式（9-4）即为 CTM 通过空间-时间离散方式获得 LWR 近似解的表达式。

$$q_i(t) = \min\{v_f \cdot k_i(t), Q_c, w \cdot (k_{jam} - k_{i+1}(t))\} \tag{9-3}$$

$$k_i(t+1) = k_i(t) + \Delta t \cdot (q_{i-1}(t) - q_i(t)) \tag{9-4}$$

式中，Q_c 表示饱和流量。

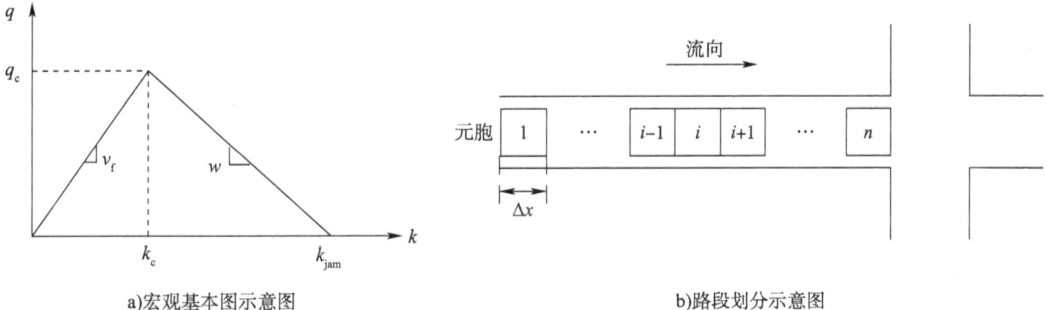

a)宏观基本图示意图　　b)路段划分示意图

图 9-3　路段划分和宏观基本图

9.1.2　元胞连接方式

在实际路网中，元胞的类型可以大致分为边界元胞、普通元胞、合流元胞、分流元胞四类，其中边界元胞包含起点输入元胞和终点输出元胞，合流和分流元胞在路段中的位置又细分为信号关联元胞和非信号关联元胞。式（9-5）和式（9-6）为普通元胞的状态更新公式，其他三类元胞状态更新方法介绍如下。

9.1.2.1　边界元胞

边界元胞是指其上游或下游为非常规元胞，如图 9-3a）中元胞 1 和 n。边界元胞的流量估算方式可以理解为式（9-3）的简化形式，即上游流量需求 Q_n 和下游存储能力 Q_{out} 为定值。

$$q_0(t) = \min\{Q_{in}, Q_c, w \cdot (k_{jam} - k_1(t))\} \tag{9-5}$$

$$q_n(t) = \min\{v_f \cdot k_n(t), Q_c, Q_{out}\} \tag{9-6}$$

9.1.2.2　分流元胞

分流元胞是指车流量同时分配到不同的元胞中，常见于快速路主路与匝道连接处和城市道路内车道分界线起始处。分流比率 α 是决定分流元胞输出流量的重要参数，图 9-4 中分流元胞 A 车流量流向元胞 B、C 和 D 的比例分别 α_B、α_C 和 α_D。所以，从元胞 A 流向元胞 B 的车流量 $q_A^B(t)$ 的估算见式（9-7），类似地可以推出元胞 C 和 D 的输入车流量。元胞 A 输出的总流量即为流向三个元胞的分流量之和，见式（9-8）。

$$q_A^B(t) = \min\{\alpha_A \cdot v_f \cdot k_A(t), Q_c, w \cdot (k_{jam} - k_B(t))\} \tag{9-7}$$

$$q_A(t) = \sum_{i \in \{B,C,D\}} q_A^i(t) \tag{9-8}$$

9.1.2.3　合流元胞

合流元胞与分流元胞相反，是多个元胞的车流量同时流入指定元胞，常见于高速公路匝道入口处、信号交叉路口。图9-5中元胞B、A_0和A_1的车辆流入元胞E，其中元胞B和A_0为信号关联元胞，0-1参数$\delta(t)$用于表示信号关联元胞的通行状态。元胞B和A_1的流量需求分别为$q_B^0(t)$和$q_{A_1}^0(t)$[式(9-9)和式(9-10)]，元胞E的供给能力为$w\cdot(k_{jam}-k_E(t))$。如果下游元胞的供给能力能够满足上游元胞的车辆需求[$q_B^0(t)+q_{A_1}^0(t)\leqslant w\cdot(k_{jam}-k_E(t))$]，上游元胞实际流出流量即为需求值($q_B(t)=q_B^0(t)$)。

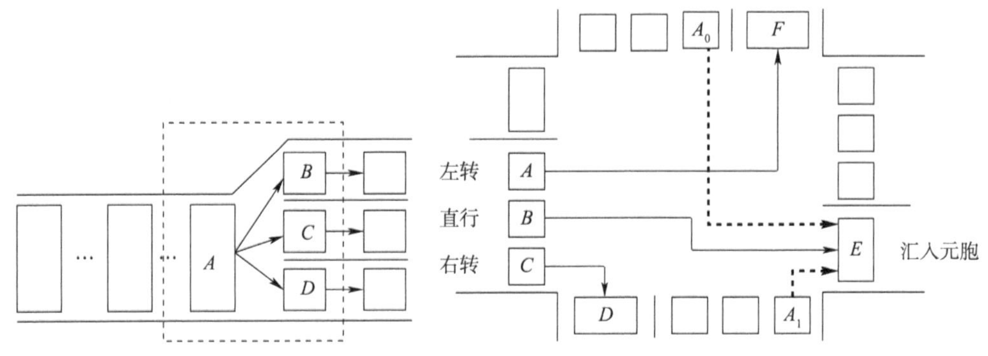

图9-4　非信号关联分流元胞

图9-5　交叉口信号关联合流元胞

$$q_B^0(t) = \min\{\delta_B(t)\cdot v_f\cdot k_B(t), Q_c\} \tag{9-9}$$

$$q_{A_1}^0(t) = \min\{v_f\cdot k_{A_1}(t), Q_c\} \tag{9-10}$$

当上游元胞车辆需求超出汇入元胞的供给能力时，引入汇入比例γ决定上游元胞输出流量值：

$$q_B(t) = \min[\delta_B(t)\cdot v_f\cdot k_B(t), Q_c, \gamma_B\cdot w\cdot(k_{jam}-k_E(t))] \tag{9-11}$$

$$q_{A_1}(t) = \min[v_f\cdot k_{A_1}(t), Q_c, \gamma_{A_1}\cdot\beta_{A_1}\cdot w\cdot(k_{jam}-k_E(t))] \tag{9-12}$$

9.1.3　旅行时间估计

路段旅行时间可以拆分成自由流行驶时间和旅行延误时间两部分，其中自由流旅行时间根据路段长度和自由流速度即可推算得出。路段内车辆总延误时间的估测思路如图9-6所示，即统计累计到达车辆与消散车辆之差(阴影区域面积)。根据CTM的流量计算式(9-3)，可以估测元胞输入与输出流量之差间接推出元胞内车辆总延误时间。所以，本节将首先介绍基于CTM的车辆延误时间估测方法，然后确定路段旅行时间。

假定路段的交通需求为$n_O(t)$、疏散交通流量为$q_D(t)$，自由流旅行时间为R，那么T时间段内进入路网的车辆总延误时间TD的表达式见式(9-13)，平均延误时间AT为总延误时间除以累计到达车辆数[式(9-14)]。所以，路段旅行时间的估计值为$R+\mathrm{AT}$。

$$\mathrm{TD} = \sum_{t\in T}\Delta t^2\cdot(n_O(t)-q_D(t)) \tag{9-13}$$

$$\mathrm{AT} = \frac{\mathrm{TD}}{\sum_{t\in T}\Delta t\cdot n_O(t)} \tag{9-14}$$

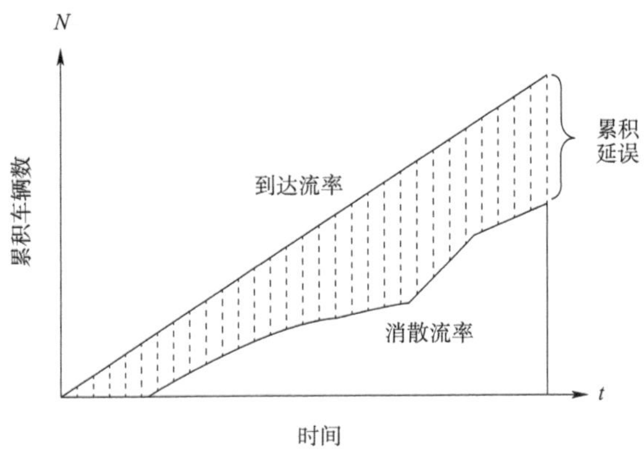

图 9-6 延误时间统计

9.2 动态调度方法

本节将以 CTM 为建模基础模拟交通流量动态演变过程,实时更新路段旅行时间用于动态调整车辆调度方案。首先,依据道路渠化构建基于 CTM 的路网结构,假定 t 时刻,图 9-7中交通路网外部输入车流量为 $q_s^{\mathrm{in}}(t)$, $\forall s \in S=\{1,2,\cdots,20\}$,然后结合元胞流量和延误时间估测方法确定路段旅行时间 $\mathrm{TT}_{i,j}(t)$, $\forall i,j \in N=\{1,2,\cdots,5\}$。对于车辆调度系统,已知 e-SCAVs 的状态参数、等待服务乘客信息和交通状态信息 $\mathrm{TT}_{i,j}(t)$。$\forall u \in U$,乘客出行起讫点为 $O_u(t)$ 和 $D_u(t)$、对应的时间窗约束为 $[t_u^{e+},t_u^{l+}]$ 和 $[t_u^{e-},t_u^{l-}]$。$\forall v \in V$,车辆状态参数主要包含位置 $x_v(t)$、剩余载客能力 $p_v(t)$、行驶任务 $z_v(t)$ 和蓄电池剩余电量 $e_v(t)$,其中行驶任务为车辆按照系统指令接送乘客的服务路线和时间,其他参数详见表 9-1。

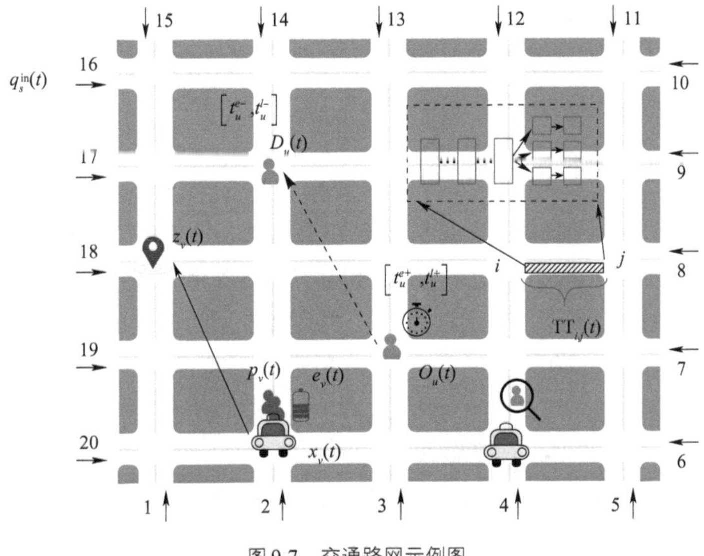

图 9-7 交通路网示例图

车辆动态调度模型涉及的参数　表 9-1

参数	含义
V	网联自动驾驶车辆集合
U	等待服务乘客集合
T	仿真时间
$\mathrm{TT}_{i,j}(t)$	t 时刻交叉路口 i 至 j 的最短旅行时间
Δt_0	车辆调度系统响应时间间隔
Δt_1	元胞状态更新时间间隔
c_v	最大座位数
$e_v^{\max}$	蓄电池容量
θ_v	蓄电池电量消耗速率
ε_v	蓄电池充电速率
$w_{v,1}$	e-SCAVs 的动力成本
$w_{v,2}$	e-SCAVs 的固定使用成本

本章研究动态车辆调度的目的是结合交通状态，建立以最大化系统利益为目标函数的车辆全局管控方法，从而实现 e-SCAVs 行驶任务 $z_v(t)$ 的动态调整。为寻找当前阶段最优的车辆任务分配方案，首先分析上一阶段形成的乘客簇与等待服务乘客之间的关联、生成可行服务序列建立新的乘客簇；然后依据车辆位置、载客能力、交通状态等因素评估服务乘客簇的效用值，构建车辆乘客簇收益矩阵；最后挑选使得系统收益最大化的车辆乘客簇匹配方案，完成车辆行驶任务动态调度的工作。综合以上分析，车辆动态调度过程大致可以分为乘客簇生成和车辆乘客簇匹配两个环节，本节将从这两个方面对车辆动态调度工作进行详细的阐述。

9.2.1　路网内旅行时间估计

由于旅行时间是制约乘客簇数量的重要决策参数，所以首先研究路网内旅行时间估测方法，为后续共乘乘客挑选工作提供研究基础。具体过程如下：

步骤 1：参数初始化设置。起讫点为 $i \to j$，路段 $k \in \mathrm{N}$ 的访问时间为 $\alpha(N,t^*)=\infty$，优先关系矩阵为 $\boldsymbol{P}_{\mathrm{r}}(N,t^*)=0$。

步骤 2：递归搜索。

对于任意时间 $t \in t^*$，对于任意路段 $k \in \mathrm{N}$，

如果 $\alpha(n_k^u,t)+\beta(n_k^u,n_k^d,t,t+\mathrm{TD}(i,j))<\alpha(n_k^d,t+\mathrm{TD}(i,j))$，那么 $\alpha(n_k^u,t)+\beta(n_k^u,n_k^d,t,t+\mathrm{TD}(i,j))=\alpha(n_k^d,t+\mathrm{TD}(i,j))$，并且 $\boldsymbol{P}_{\mathrm{r}}(n_k^d,t+\mathrm{TT}(i,j))=(n_k^u,t)$。

步骤3:根据访问时间和优先关系矩阵推出 i,j 之间的最短时间路径和旅行时间 $TT_{i,j}(t)$。

9.2.2 乘客簇创建

创建乘客簇的目的是为在途乘客寻找更佳合适的共乘乘客。设任意时刻 t,等待服务乘客集合为 U,$t-\Delta t_0$ 时刻调度系统指派车辆服务乘客簇的集合为 U_p,集合 U_p 中已乘坐车辆前往目的地的乘客的集合为 U_p^{on},原地等待车辆的乘客集合为 U_p^{off},那么,乘客可以分为等待服务($U_{cu}=\{U\}\cup U_p^{off}$)和在途服务($U_p^{on}$)两类。调度系统服务乘客的优先等级为在途乘客 U_p^{on}、上一阶段剩余的等待服务乘客 U_p^{off}(计划乘客)、当前阶段等待服务乘客 U(非计划乘客)。根据乘客优先等级和出行时间-空间约束,可行服务序列的生成过程如下:

步骤1:构建基于在途乘客的可行服务序列 FR^{on}。

为确保可行服务序列的有效性,在途乘客之间组成的乘客簇应按上一阶段规划的服务序列执行,所以基于在途乘客的可行序列生成过程是挑选等待服务乘客集合 U_{cu} 中合适的乘客嵌入已有服务序列 FP 之中。

对于所有服务序列 g, $\forall g\in FP$;对于所有乘客 u, $\forall u\in U_{cu}$。

根据乘客 u 的出行时间约束,挑选乘客起讫点 $O(u)$ 和 $D(u)$ 在可行服务序列 FP_g 中的有效嵌入位置,组成备选服务序列集合 CF。逐一判断备选集合 CF 中服务序列的空间可达性。如果 CF 中存在至少一个可行服务序列同时满足被包含乘客的时空约束,那么乘客 u 与服务序列 FP_g 为有效组合,有效服务序列记为 CF^*,并放入集合 $FP^{on}=[FP^{on},CF^*]$。

在集合 FP^{on} 的基础上,重复上述乘客筛选过程生成新的可行服务序列,并更新集合 FP^{on},直至没有乘客能够添加到集合 FP^{on} 的服务序列之中。

步骤2:构建基于计划乘客的可行服务序列 FR^{off}。

首先,以计划乘客 U_p^{off} 为研究对象,参照 3.3.2 节的可行服务序列生成方法,得出可行服务序列集合 sub-FR^{off};然后,再以集合 sub-FR^{off} 和非计划乘客 U 为搜索目标,结合步骤 1 的乘客嵌入方法扩展新的可行序列 add-FR^{off};最后,整合两种服务序列集合,得到基于计划乘客的可行服务序列 $FR^{off}=[\text{sub-}FR^{off},\text{add}-FR^{off}]$。

步骤3:构建基于非计划乘客的可行服务序列 FR^{wait}。

综上所述,根据乘客状态确定当前阶段可行服务序列为 $FR=[FR^{on},FR^{off},FR^{wait}]$。为凝练乘客组合信息,提取服务序列中车辆访问乘客 ID 信息,化简得到乘客簇集合 FC。

9.2.3 车辆乘客匹配策略

为简化车辆乘客簇匹配模型的表述,首先根据服务序列统计乘客簇的行驶里程 d_k, $\forall k\in FR$,用于估算电量消耗和调度成本。其次,评估车辆服务乘客簇的收益,生成收益矩阵 $\boldsymbol{f}$,其中 $f_{v,k}$ 的估测值等于乘客簇内乘客出行费用总和减去车辆动力成本。除考虑利润外,车辆与乘客簇的匹配过程还需考虑车辆服务乘客簇的可达性,即车辆从当前位置驶向乘客簇消耗的时间能否满足乘客簇的时间窗约束。如果车辆能够在允许的时间内到达乘客簇的起点位置，表明车辆具备访问乘客簇的条件；反之，车辆服务乘客簇将增加乘客旅程延误时间降低调度系统的服务水平，收益值$f_{v,k}$设为负无穷大的数。基于收益矩阵，车辆乘客簇匹配模型的变量设为$y_{v,k}$和$\tau_{v,u}$，分别表示车辆与乘客簇和乘客的对应关系，优化模型具体表述如下：

$$\max \sum_{v\in V,k\in \mathrm{FR}} f_{v,k}\cdot y_{v,k} \tag{9-15}$$

$$\sum_{k\in \mathrm{FR}} y_{v,k} \leqslant 1,\quad \forall v\in V \tag{9-16}$$

$$\sum_{v\in V} y_{v,k} \leqslant 1,\quad \forall k\in \mathrm{FR} \tag{9-17}$$

$$\tau_{v,u} = L_{v,u}\cdot y_{v,k},\quad \forall v\in V,k\in \mathrm{FR},u\in U\cup U_{\mathrm{p}} \tag{9-18}$$

$$\tau_{v,u} = 1,\quad \forall v\in V_{\mathrm{on}},u\in \eta_v \tag{9-19}$$

$$\sum_{v\in V} \tau_{v,u} = 1,\quad \forall u\in U_{\mathrm{p}}^{\mathrm{off}} \tag{9-20}$$

$$\sum_{v\in V} \tau_{v,u} \leqslant 1,\quad \forall u\in U \tag{9-21}$$

$$\sum_{u\in U\cup U_{\mathrm{p}}} \tau_{v,u} \leqslant c_v,\quad \forall u\in U_{\mathrm{p}}^{\mathrm{off}} \tag{9-22}$$

$$e_v(t)-\theta_v\cdot d_k\cdot y_{v,k}\geqslant b_0,\quad \forall v\in V,k\in \mathrm{FR} \tag{9-23}$$

$$y_{v,k}\in\{0,1\},\quad \forall v\in V,k\in \mathrm{FR} \tag{9-24}$$

$$\tau_{v,u}\in\{0,1\},\quad \forall v\in V,u\in U\cup U_{\mathrm{p}} \tag{9-25}$$

式中，式(9-15)为目标函数最大化运营商的收益。式(9-16)和式(9-17)表示车辆乘客簇匹配的唯一性。式(9-18)表示车辆与乘客和乘客簇匹配一致性，如果车辆v访问乘客簇k，那么车辆一定服务簇k内包含的乘客u。式(9-19)表示当前时刻在途车辆与乘客的对应关系。式(9-20)表示计划乘客的出行率，由于计划乘客是指调度系统在上一决策阶段已经响应的乘客，所以调度系统应满足全部计划乘客的出行需求。式(9-21)为非计划乘客的出行率，考虑系统内可支配车辆约束，当前阶段可能无法满足部分乘客的出行请求，所以左式小于或等于1。式(9-22)为车辆载客能力约束，即乘车人数应小于车辆的最大座位数。式(9-23)表示e-SCAVs的蓄电池电量约束，确保车辆能够顺利完成乘客簇内乘客的接送任务。式(9-24)和式(9-25)为决策变量的定义域。

为缩小决策变量的搜索空间节省计算时间，变量$y_{v,k}$的取值范围可以参照收益矩阵$\boldsymbol{f}$进行预处理。如果$f_{v,k}<0$时，表示车辆v与乘客簇k为无效组合，$y_{v,k}=0$；反之，$y_{v,k}\leqslant 1$。然后通过优化求解器对优化模型式(9-15)～式(9-25)进行求解，输出车辆乘客簇匹配方案、确定当前阶段车辆的行驶任务。

9.2.4 面向动态交通的车辆动态调度方法

结合乘客簇创建和车辆乘客簇匹配方法，车辆调度系统可以获得当前交通状态下车辆的最优行驶任务分配方案。为体现车辆移动性、完整表述多时间阶段的车辆调度流程，本节将在前两节的基础上详细介绍动态交通下的车辆动态调度方法，算法流程图如图9-8所示。详细步骤如下。

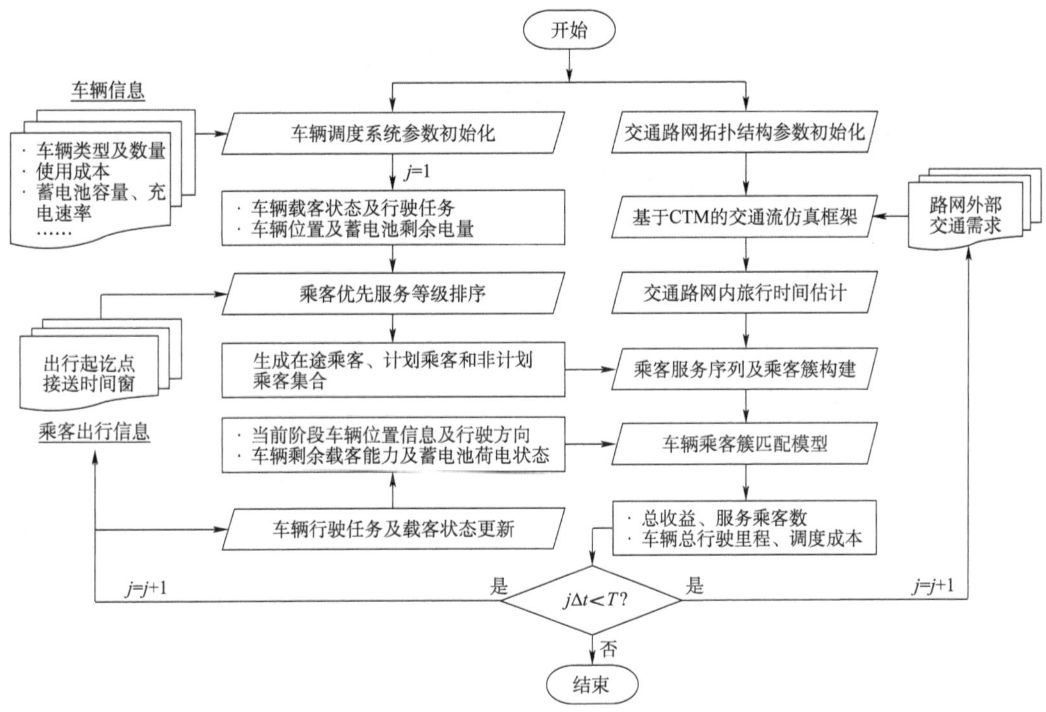

图 9-8 融合动态交通的车辆动态调度算法流程图

步骤 1:参数初始化设置。运营车辆方面,设定多车型车辆组合类型及数量,e-SCAVs 的蓄电池充放电速率、调度系统决策间隔时间和总运行时间。交通流仿真方面,给定交通流基本参数及路网拓扑结构、时间离散化间隔时间。

步骤 2:车辆初始状态及 CTM 路网结构规划。

步骤 2.1:评估车辆停放位置对服务范围的影响,确定车辆的初始布局方案。

步骤 2.2:根据道路渠化设计和元胞长度确定元胞数量,然后参照 5.2.2 节交叉路口处的元胞连接方式建立路段之间的关联。

步骤 3:车辆运行状态分析。统计车辆载客人数及行驶方向、蓄电池剩余电量及电量补充条件判断。

步骤 4:路网外部流入交通需求和等待服务乘客出行信息统计。

步骤 5:乘客及交通信息提取。

步骤 5.1:结合 Δt 时间段内累积的出行请求、车辆行驶任务及载客状态,将乘客服务优先等级按在途乘客、计划乘客、非计划乘客依次排序。

步骤 5.2:结合路网外部交通需求和元胞交通状态,通过 CTM 元胞状态更新公式和延误时间估计方法推出路段旅行时间,然后采用动态规划方法推测路网内任意点之间的旅行时间 $TT_{i,j}(t)$。

步骤 6:乘客簇创建。依据当前阶段旅行时间参数 $TT_{i,j}(t)$,评估共乘出行对乘客出行时间的影响,列举可行的乘客组合出行方案。

步骤 7:车辆行驶任务规划。根据车辆乘客簇匹配模型[式(5-15) ~ 式(5-25)],获得当前阶段的最优车辆服务路线规划方案，统计车辆调度成本及系统总收益。

步骤8：算法终止条件判断。如果运行时间达到预设值，车辆调度系统停止运行，算法结束；反之，转向下一步继续规划车辆行驶路线。

步骤9：车辆状态、乘客和交通需求信息更新。根据当前阶段的车辆任务分配方案，判断下一阶段车辆位置、载客人数及蓄电池状态，然后整合乘客和交通需求信息返回步骤5。

9.3 算例测试

本节将通过算例分析车辆动态调度对车辆运行效率的影响。首先选取图9-7的5×5网格网络为研究背景，路段拓扑结构如图9-9所示，其中，路段长度为1km（进口处为两车道，直行、左转和右转方向均为单车道）、交叉路口上游300m处为车道分界线起点。路段的饱和流率 Q_c 为1900辆/h、阻塞交通密度 k_{jam} 为131辆/km，车辆自由流旅行速度 v_f 为60km/h。CTM离散化时间间隔 $\Delta t_1=1s$，元胞长度为16.7m，从路段进口处至车道线起点处共包含42个元胞，车道线起点至停车线之间任意车道的元胞数量为18个。

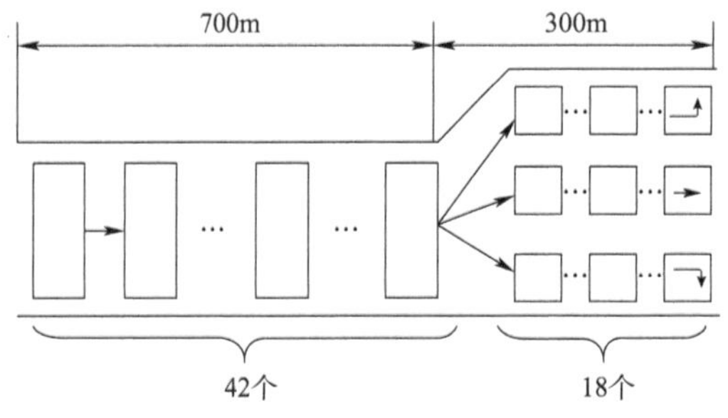

图9-9　路段划分示意图

车辆调度系统运行时间 $T=12h$（7:00—19:00），乘客需求响应间隔时间 $\Delta t_0=2min$，路网外部交通需求 $\forall s\in\{1,2,\cdots,20\}$，$q_s^{in}(t)$ 随时间变化范围为300～1900辆/h，交叉路口处车流左右转弯比例随时间变化范围为0～0.2。运营商提供出行服务的e-SCAVs类型有轿车和小型客车两种，其中80辆轿车和20辆小型客车，对应蓄电池容量分别为50kW·h和160kW·h，放电速率为0.2kW·h/km和1.0kW·h/km，充电速率为30kW·h/km和60kW·h/km，蓄电池电量最低阈值为8kW·h和20kW·h，轿车和小型客车的动力成本为0.5元/km和1.2元/km，详见表9-2。运营商采取分段线性收费标准，基础公里 $\sigma_0=4km$ 以内费用为8元，超出里程每公里加收1.5元。基于车辆和路网参数设置，下面将通过总收益、订单丢失率、车辆座位利用率等评估指标对车辆动态调度模型的有效性进行阐述。

首先通过简单的算例验证车辆行驶任务再规划方法的有效性。假设当前阶段车辆调度系统可支配车辆数为3，其中车辆1的行驶任务是搭载乘客1由 A 点前往 B 点带着乘客2共同驶向 C 点、车辆2和3为闲置状态等待调度系统分配任务，详见图9-10。上一决策阶段结束时刻至当前时刻累积等待服务乘客数为5，其中3名乘客（标记为乘客3、4和5）是由点 $A1$ 前往点 $D1$，2名乘客（标记为乘客6和7）计划由点 $C1$ 前往点 $B1$。自南向北方向交通略微拥堵，车辆3行驶至点 $C1$ 的时间约为4min。

车辆动态调度模型中涉及车辆信息 表 9-2

参数	取值	
	类型Ⅰ	类型Ⅱ
自动驾驶等级	L5 级	L5 级
最大载客量 S	4 座	20 座
蓄电池容量 C	50kW·h	160kW·h
蓄电池放电速率 h_1	0.2kW·h/km	1.0kW·h/km
蓄电池充电速率 h_2	30kW·h/km	60kW·h/km
固定使用成本 c_1	480 元/天	1000 元/天
动力成本 c_2	0.5 元/km	1.5 元/km
运营总数 M	80 辆	20 辆

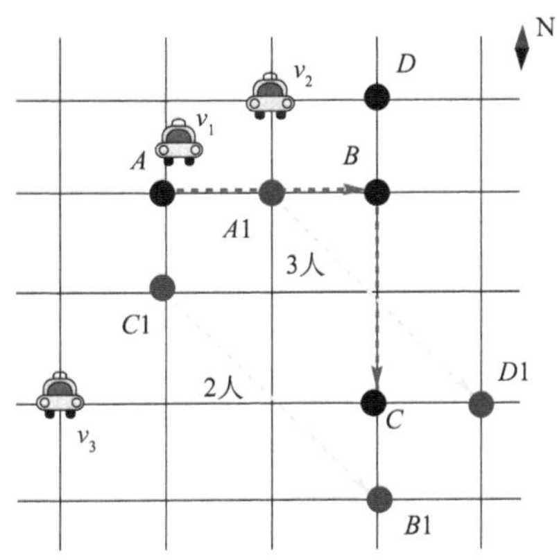

图 9-10 车辆行驶任务再规划示例

根据乘客等待服务状态,将乘客的优先服务等级从高到低依次排序为乘客 1(在途乘客)、乘客 2(计划乘客)、乘客 3~7(非计划乘客)。参照上一节乘客簇创建方法可以获得 33 个有效乘客簇,如{1,2}、{1,2,3,4}、{1,2,3,5}、{1,2,4,5}、{1,6,7}、{3,4,5}、{6,7}。由于交通状态的影响,车辆 3 到达乘客簇起点消耗的时间将超出乘客等待时间的上限,所以,当前阶段无法调派车辆 3 服务乘客,收益矩阵中车辆 3 对应的乘客簇收益为 0。然后通过车辆乘客簇匹配模型确定最优分配方案为车辆 1~乘客簇{1,6,7}、车辆 2~乘客簇{2,3,4,5}。与调度系统决策之前相比,车辆 1 接送乘客 2 的任务被转派给车辆 2,车辆 1 的计划行驶路线由 A 至 $A1$ 调整为 A 至 $C1$。此外,与动态调度方法相比,车辆静态调度过程中已有行驶任务的车辆将不承担当前阶段接送乘客的任务,所以车辆乘客匹配结果为车辆 1~乘客簇{1,2}、车辆 2~乘客簇{3,4,5},乘客 6 和 7 与车辆匹配失败。结果表明,车辆动态调度系统更改车辆 1 的行驶任务有利于充分利用车辆资源、提升乘客出行订单满足率。因此,车辆行驶任务再规划有利于弥补不完全信息对调度方案的影响,动态调度方法通过调整车辆行驶路线更有助于迎合乘客需求。

此外当前时刻,乘客 2 的剩余最长等待服务时间为 2min,如果自西向东方向的交通也处于拥堵状态,$A1$ 至 B 的旅行时间增至 1.5min,那么车辆 1 和 2 沿 $A1 \rightarrow B$ 方向行驶将无法在指定时间内访问乘客2上车点B。这种情况下，乘客1、3、4、5与乘客2组成的乘客簇为无效乘客簇。由于乘客2为计划乘客，表明调度系统在上一决策阶段已响应乘客的出行需求，所以当前阶段系统必须指派车辆服务乘客2。综合考虑乘客服务优先等级和服务时间约束，调度系统将调派车辆2沿D点绕至B点服务乘客2，车辆1继续沿$A \to A1$方向行驶服务乘客3、4、5。由于车辆3受周围交通的影响无法按时到达点$C1$，系统无可支配车辆服务乘客6和7的出行需求，致使订单丢失率增加。可以看出，旅行时间与乘客簇数量密切相关，对车辆行驶任务规划有着至关重要的影响。

为观察最小乘客簇数量与路段旅行时间和乘客最长等待时间的内部关联，随机选取100名乘客的出行OD为分析对象。图9-11描述了路段旅行时间与最小乘客簇数量之间的对应关系，其中，旅行时间与最小乘客簇数量整体呈正向相关，而等待时间与最小乘客簇数量的变化趋势相反。在5×5的交通网络内，当乘客的最长等待时间小于9min时，延长路段旅行时间使得最小乘客簇数量增至100（此时任意OD之间的最短旅行时间已经超出相应的时间窗约束）；最长等待时间增加到11min时，最小乘客簇数量随旅行时间变化的波动幅度较小。可以看出，如果乘客容许的最长等待时间较小，路段旅行时间增多容易引起出行延误、延长乘客的在途从而使得车辆调度系统的服务水平下降。这也表明，交通拥堵时段车辆调度系统为了满足乘客的时间窗约束，可能拒绝服务旅行时间较长区域的乘客，导致乘客订单丢失率增加。

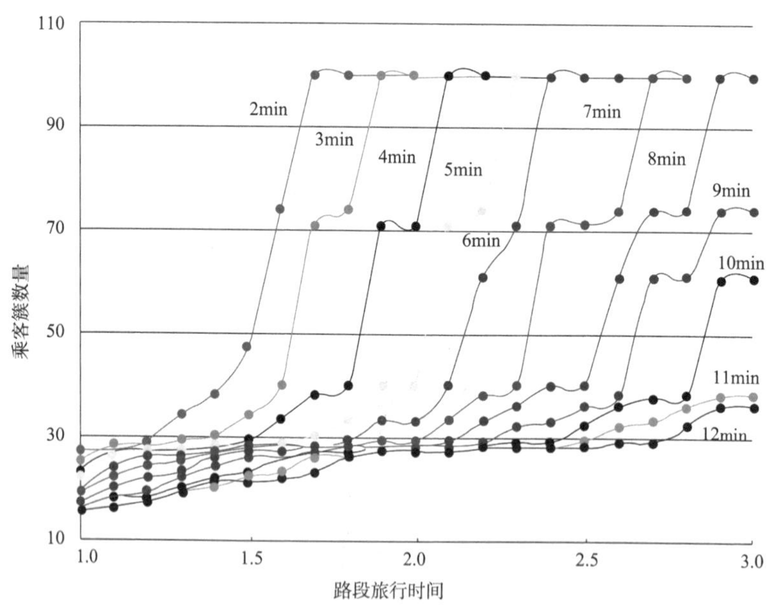

图9-11　乘客簇数量与旅行时间变化曲线

本章针对动态交通背景下的车辆动态调度问题展开了研究，以多阶段车辆静态调度模型为基础，引入可变旅行时间分析车辆行驶任务的有效性，建立基于乘客服务优先等级的车辆行驶任务规划模型，实现车辆行驶任务动态调整的目标。可以看出，动态调度方法能够从全局角度规划车辆的行驶任务，除了有利于充分利用在途车辆资源、节省车辆调度成本外，与动态交通相比，静态交通下的车辆调度方法过高地估计了车辆的服务能力。

CHAPTER 10

第10章 数据驱动的共享网联电动汽车智能调度方法

近年来，随着移动互联网技术和新能源汽车的推广应用，我国多地相继出台新能源汽车分时租赁相关支持政策，鼓励新能源汽车租赁行业的发展。共享汽车通过车辆使用权的租赁，提高了汽车使用效率，有效缓解了交通拥堵，保护了环境，节约了资源。当前电动汽车租赁业务作为一种更加环保的商业模式，面临新的发展机遇。处于可租赁状态的共享汽车与租车客户需求在时空分布上的不匹配，是共享汽车运营商日常运营中面临的核心焦点问题。针对共享电动汽车，由于蓄电池续驶里程较传统燃油车一箱油可行驶里程小，租车客户存在里程焦虑问题；且每日运营中需要预留小时级的充电补给时间，挤占共享汽车可提供服务的时间。这些极大程度地影响了共享汽车运营商的收益与租车客户的满意度。因此，伴随共享电动汽车的发展，共享电动汽车的优化调配问题研究面临更加严峻的挑战。鉴于此，本章根据一家真实的共享电动汽车租赁公司数据，探讨电动汽车优化调度问题。

10.1 电动汽车共享数据研究

在介绍提出的共享电动汽车系统（Electric Carsharing System，ECS）优化调度模型[69]之前，本章首先给出的是一些从某共享电动汽车租赁公司得到的统计数据。本章的目标在于充分利用这些高质量且规模庞大的数据，来理解有关租车客户出行的行为模式。其分析结果将有助于制定优化模型。

本章使用了位于北京的30座租车站点的部分数据，如图10-1所示。在研究租车用户的行为时使用了从2016年4月18日到2017年3月31日近一年的数据。数据中提供了每一个订单的信息，包括订单ID、用户ID、电动汽车ID、租车时间、还车时间、车辆使用费用、行程里程、租车站点ID、还车站点ID以及GPS行程数据，如图10-2所示。

以下为从数据中得到的一些发现：

（1）行程轨迹及各站点分布：行程轨迹可以使用车辆的GPS来重建。图10-3a）是其中一笔订单的行程轨迹。图10-3b）清楚显示了一天内的所有订单行程轨迹，其覆盖了大部分北京北部和西部区域内的城市交通主干道。此外，图10-4展示了30座站点的日均订单数量（11.16）、订单平均收入（约64元）、订单平均时长（4.62h）以及订单平均行驶里程（38.29km）。通过图表可以看到站点1拥有最高的日均订单数量；站点8产生的订单平均费用最高；站点2订单平均时长最长，而站点15拥有最长的订单评价行驶里程。这些信息对于分析用户出行行为很有用处。

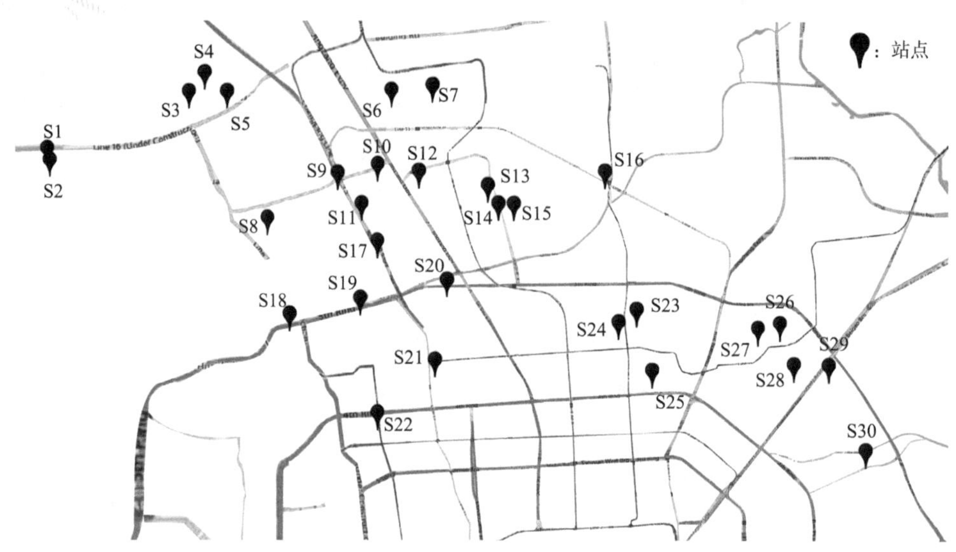

图 10-1　站点数据

订单编号	用户编号	车辆编号	状态	取车时间	还车时间	取车站点	订单金额（×6.8 元）	订单时长（h）	里程
1	1	77	完成	2016/4/18 12:59	2016/4/18 17:47	9	12.76	4.8	58
2	2	138	完成	2016/4/18 16:44	2016/4/18 16:44	10	10.27	4.22	44.5
3	3	185	完成	2016/4/18 14:46	2016/4/18 18:24	9	7.78	3.64	31
4	4	111	完成	2016/4/18 14:46	2016/4/19 9:08	9	14.29	8.02	32
5	5	61	完成	2016/4/18 14:57	2016/4/18 18:50	9	11.96	3.88	58
6	6	99	完成	2016/4/18 16:09	2016/4/18 17:36	10	4.07	2.01	19
7	7	60	完成	2016/4/18 16:21	2016/4/18 16:21	9	2.04	1.01	9.5
8	8	27	完成	2016/4/18 16:22	2016/4/18 16:23	9	22.34	10.21	44.5
9	9	27	完成	2016/4/18 16:27	2016/4/18 16:29	9	27.26	11.27	44.5
10	10	27	完成	2016/4/18 16:29	2016/4/18 16:29	9	21.4	9.97	58
11	11	27	完成	2016/4/18 16:35	2016/4/18 16:37	9	11.3	6.27	19
12	12	74	完成	2016/4/18 16:52	2016/4/18 16:53	161	12.3	7.27	10
13	13	60	完成	2016/4/18 17:35	2016/4/18 17:39	9	21.1	10.27	19
14	14	82	完成	2016/4/18 17:42	2016/4/18 20:25	156	6.82	2.73	30
15	15	72	完成	2016/4/18 18:01	2016/4/19 8:50	10	12.06	7.98	81
16	16	27	完成	2016/4/18 17:46	2016/4/19 8:40	9	7.69	8.12	12
17	17	99	完成	2016/4/18 18:05	2016/4/19 9:19	10	8.38	9.36	76
18	18	76	完成	2016/4/18 17:53	2016/4/18 17:53	5	27.9	11.7	52
19	19	50	完成	2016/4/18 17:55	2016/4/19 8:04	5	27.43	10.65	46
20	20	138	完成	2016/4/18 18:16	2016/4/19 8:57	10	27.21	11.54	49
……	21	74	完成	2016/4/18 18:11	2016/4/18 19:25	161	21.51	4.22	23

图 10-2　数据样本

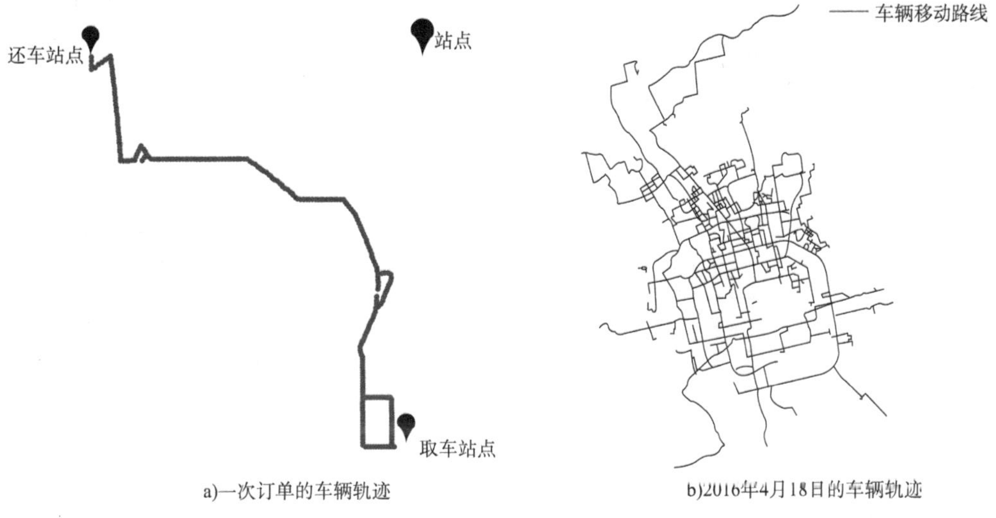

图 10-3 样本数据中的订单轨迹

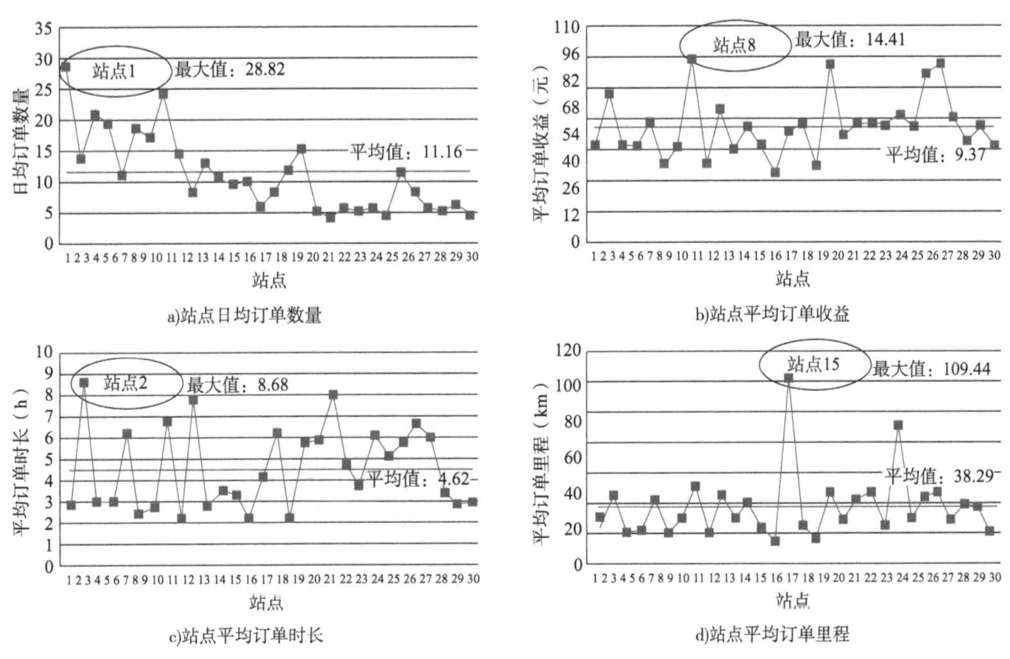

图 10-4 30 座站点订单详情

（2）订单的时间特征：通过统计不同时间段订单量分布来分析其时间特征。图 10-5a）和图 10-5b）为以 30 座站点近一年的数据为基础得出的租车和还车行为产生的时间分布。可以发现，租车和还车行为产生的最高峰时间分别为 18：00 和 8：00。当将取车和还车数据统一来看［图 10-5c）］，可以得出四个不同模式的时间阶段：

阶段 1（0：00—5：00）：非高峰午夜时间，订单少，大部分车辆闲置。

这一阶段相当于租车服务的不活跃时间段。

阶段 2（5：00—10：00）：早晨时的车辆归还高峰期。似乎用户倾向于在早晨归还车辆。这一观察与用户的日常活动一致,因为大部分用户通常晚上租车回家,而早上将车送还至工作区域附近的站点并去上班。另外,这一阶段中,租车量呈现稳步上升的趋势,这显示这一时间段内的租车需求增加。

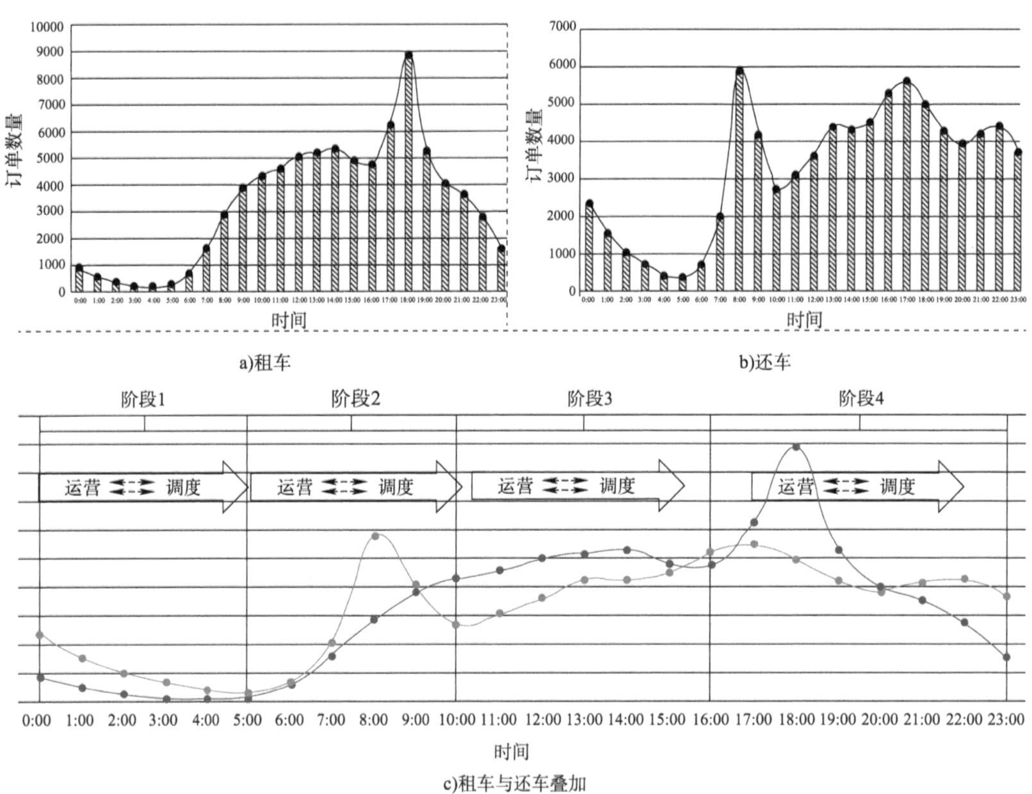

a)租车　b)还车

c)租车与还车叠加

图 10-5　订单的时间特性

阶段 3(10:00—16:00):中午时还车和租车的准高峰时段。本章将其称为“准高峰时段”,是因为这一时间内还车和租车呈现出稳定的模式。这一阶段可以被解读为另一个还车和租车行为频繁产生的高峰时段。

阶段 4(16:00—0:00):夜晚时的租车高峰。大约 18:00 时会迎来租车数量的激增,随后快速下降,同时归还量随时间波动较小,数量保持平稳。这一高峰期的产生与人们下班后出行需求相关,如回家、外出聚餐以及其他社交活动。

虽然这四个时间阶段不能对应交通的高峰/非高峰时间段,其中仍不乏一些相似之处。这意味着,租车和还车时间特征动态反映出汽车共享服务的需求情况,并与人们的日常通勤相关。数据还显示,订单的平均时长约为 4.62h。考虑到共享电动汽车需要充电或维护,本书假设在每个阶段内租赁的车辆只能完成一次订单的出行需求。本书希望运营商将在每个阶段的开始为每个站点制定最佳的车辆调度方案,为各站点配置最佳的电动汽车数量。

(3) 共享电动汽车的电量:由于本章的问题与电动汽车有关,因此分析共享电动汽车的电量特征至关重要,因为共享电动汽车的剩余电量对于确定是否可以为下一订单提供服务非常重要。从技术上讲,可以直接从车辆 OBD(On Board Diagnostics,车载诊断)系统或 BMS 获得电量数据。但是,本章的数据没有提供电量信息,仅提供了里程信息。本章假设电动汽车的剩余电量与行驶里程呈线性关系,从而根据里程数据得出电量信息。尽管这是一个简化的假设,但考虑到本书的目的来讲是合理且充分的。

然后,使用历史数据,将从每个站点导出的共享电动汽车的电量信息用于分析站点内所有车辆电量水平的分布(以百分比为单位)。特别是本章推导了每个站点和每个阶段初的共享电动汽车剩余电量水平的累积概率函数,此类信息将用于确定可以调度到其他站点服务用户订单的车辆数量。图 10-6 为站点 1 的一个月数据(2017 年 3 月)的示例。如图 10-6a)所示,在阶段 1 站点 1 中,有 14% 的电动汽车电量不足 20% ,29% 的电动汽车电量在 20% ~40% 之间;14% 的电动汽车电量在 40% ~60% 之间;14% 的电动汽车电量在 60% ~80% 之间;剩余 29% 的电动汽车的电量在 80% ~100% 之间。从这些数据中,可以推导出满足电量要求的电动汽车的数量。此类信息将用于确定这些电动汽车是否具有足够的电量用于调度以及应对后续订单。调度和应对后续订单所需的电量可以使用本章提出的模型进行估算。

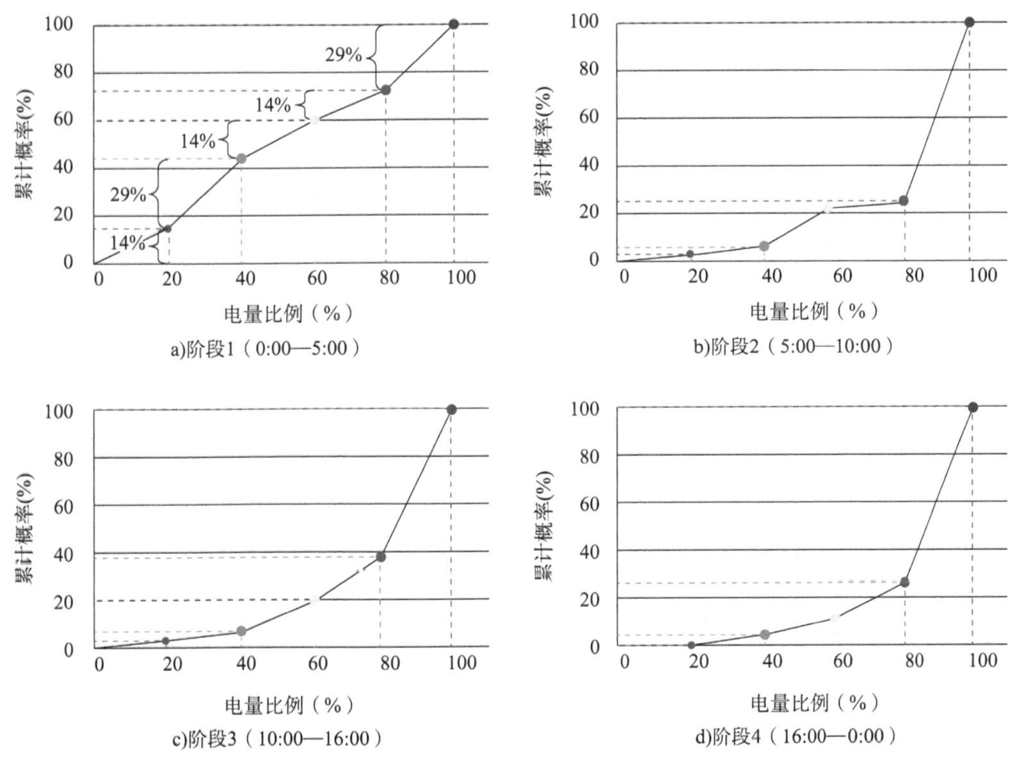

a)阶段1(0:00—5:00) b)阶段2(5:00—10:00) c)阶段3(10:00—16:00) d)阶段4(16:00—0:00)

图 10-6 2017 年 3 月站点 1 电动汽车电量累积概率

(4) 每个站点每日租车订单量的分布特征:每个站点的每日租车订单量的特征也很重要。为此,本章收集了不同日期(从 2016 年 4 月 1 日到 2017 年 3 月 31 日)的所有站点的租车订单数量,并且研究了其分布特征。图 10-7 为随机挑选的四个站点的数据。这些站点的订单量累计概率图表明其泊松分布的特征。本章进一步使用 Kolmogorov-Smirnov

(K-S)检验来验证这种泊松分布的观察结果。统计人员通常将 p 值(由 SPSS 计算)等于或小于0.05 视为否定数据呈现泊松分布。30 座站点的单日订单量数据的分析结果见表 10-1,结果表明本章无法拒绝数据是泊松分布的假设。因此,可以说共享电动汽车的租车需求呈现泊松分布。这一分析结果将会被应用于建立本章的模型。

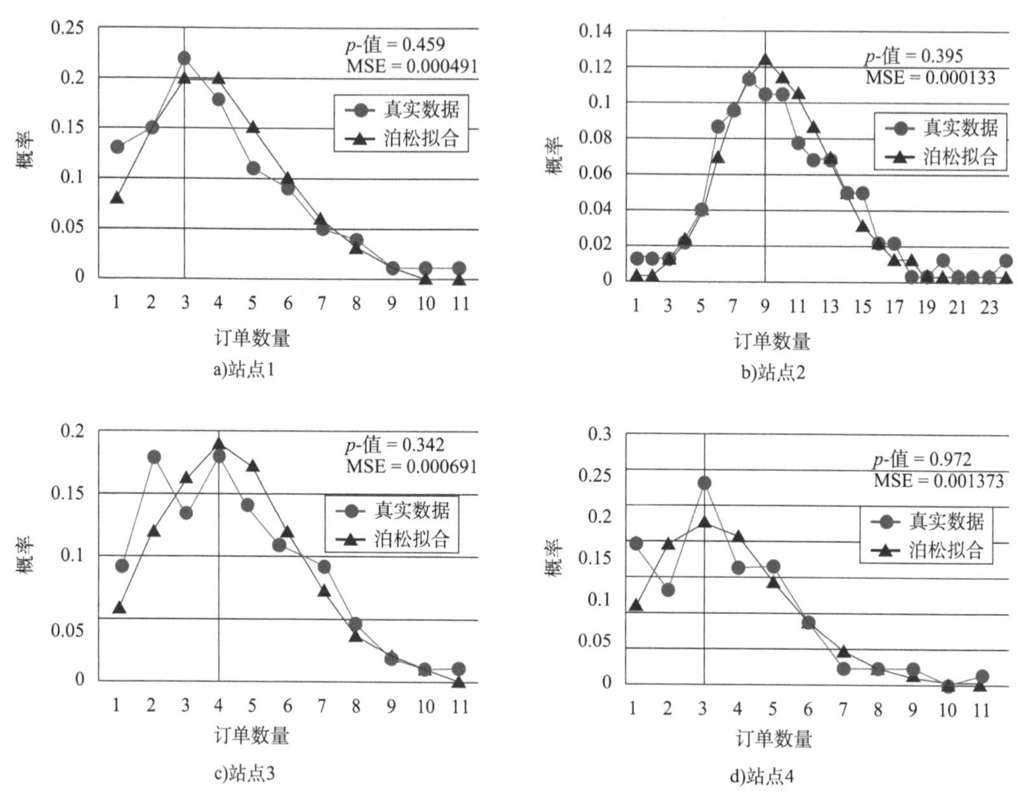

图 10-7　每日订单数量概率分布

上车订单泊松分布的 Kolmogorov-Smirnov (K-S) 测试结果　　表 10-1

站点	平均值	p-值	泊松分布	站点	平均值	p-值	泊松分布
1	3	0.459	√	10	3	0.114	√
2	8	0.395	√	11	3	0.236	√
3	4	0.342	√	12	2	0.434	√
4	3	0.972	√	13	2	0.063	√
5	5	0.284	√	14	3	0.232	√
6	4	0.237	√	15	2	0.325	√
7	6	0.173	√	16	2	0.661	√
8	4	0.352	√	17	3	0.217	√
9	2	0.074	√	18	4	0.320	√

续上表

站点	平均值	p-值	泊松分布	站点	平均值	p-值	泊松分布
19	1	0.115	√	25	3	0.204	√
20	2	0.204	√	26	2	0.106	√
21	2	0.372	√	27	2	0.068	√
22	1	0.564	√	28	1	0.073	√
23	2	0.093	√	29	2	0.101	√
24	1	0.286	√	30	3	0.116	√

注:√-满足泊松分布。

10.2 共享电动汽车调度模型

调度模型实质上是在每个阶段内为所有站点重新分配所有的可租赁电动汽车,以最大程度地提高运营商的预期利润。本书的目标是设计一个单阶段线性优化模型,该模型可以尽量平衡所有站点的订单需求量和可租赁车辆配置量,从而使运营商的总预期利润最大。利润等于租车收入减去运营成本,其中运营成本包括当分配的车辆数量对于实际订单而言过多时发生的车辆闲置成本,订单数量过多为分配的车辆数量不足时发生的订单损失成本以及来自重新分配车辆各站点间车辆的调度成本。一大亮点是,本书提出的模型将会是“数据驱动”和“单阶段”的,即输入模型的各站点数据信息将在每个阶段开始时直接从历史数据中获得,并且上一个阶段的最优结果不会对当前阶段产生直接影响。这样设置是因为每个阶段可用的数据中无法提供具体的车辆个体的实时信息。

10.2.1 假设和模型参数

首先在表10-2中列出模型需要的参数,并且给出了模型中的一些假设:

(1) 每个阶段的需求量遵循泊松分布;

(2) 有足够的员工进行车辆的调度工作;

(3) 在每个阶段开始运营前就可以完成车辆的调度工作。

最优分配模型注释表 表10-2

参数	说明
I	站点集合
T	阶段集合
$O_{i,t}$	分配开始前,t 阶段开始时 i 站点的电动汽车数量
$N_{i,t}$	t 阶段开始时 i 站点的电动汽车集合,$N_{i,t}=(1,2,\cdots,O_{i,t})$

续上表

参数	说明
$\xi_{i,t}$	t 阶段时 i 站点的电动汽车的需求量
$\xi_{i,t}^{\max}$	t 阶段时 i 站点的电动汽车的最大需求量
$f(\xi_{i,t})$	t 阶段时 i 站点的用户需求为 $\xi_{i,t}$ 的概率
b	电动汽车的每公里的调度费用
$s_{i,j}$	i 站点 j 站点和之间的行程距离
$\omega_{i,t}$	t 阶段时 i 站点的每单平均租金收入
$q_{i,t}$	t 阶段时 i 站点的每辆车平均闲置成本
$l_{i,t}$	t 阶段时 i 站点的每单平均损失成本
k_i	i 站点的可用停车位数量
$P_i^{t,\tau}$	在 t 阶段开始时 i 站点的第 τ 辆电动汽车的剩余电量
θ_i^t	i 站点的每单的平均行驶里程
α	每公里的电动汽车平均电量消耗
$\varepsilon_{i,j}^t$	在 t 阶段开始时从站点 i 向站点 j 调度电动汽车所需要的电量
$\mu_{\xi_{i,t}}$	t 阶段时需求量为 $\xi_{i,t}$ 时 i 站点的电动汽车数量是否满足，由一个二进制数表示
M	一个极大数
$Y_{i,t}$	t 阶段时 i 站点的预期收入
$z_{\xi_{i,t}}$	当电动汽车需求量为 $\xi_{i,t}$，t 阶段时 i 站点的收入
$R_{\xi_{i,t}}$	当电动汽车需求量为 $\xi_{i,t}$，t 阶段时 i 站点的租车收入
$Q_{\xi_{i,t}}$	当电动汽车需求量为 $\xi_{i,t}$，t 阶段时 i 站点的车辆闲置成本
$L_{\xi_{i,t}}$	当电动汽车需求量为 $\xi_{i,t}$，t 阶段时 i 站点的订单的惩罚损失
$D_{i,t}$	t 阶段时 i 站点的调度成本
$c_{i,j}^{t,\tau}$	在 t 阶段开始时，第 τ 辆电动汽车是否由站点 i 调度至站点 j，由一个二进制数表示
$x_{i,t}$	整数变量，表示 t 阶段开始时分配到 i 站点的电动汽车数量
$v_{i,j}^t$	整数变量，表示 t 阶段开始时从 i 站点调配至 j 站点的电动汽车数量

10.2.2 共享电动汽车调度模型

基于以上说明和假设，本章将共享电动汽车调度问题表述为以下模型：

目标函数

$$\max \sum_{t} \sum_{i} (Y_{i,t} - D_{i,t}), \quad i \in I, t \in T \tag{10-1}$$

受限于：

$$Y_{i,t}=\sum_{\xi_{i,t}=0}^{\xi_{i,t}^{\max}}(z_{\xi_{i,t}}\cdot f(\xi_{i,t})),\quad i\in I,t\in T \tag{10-2}$$

$$z_{\xi_{i,t}}=\begin{cases}R_{\xi_{i,t}}-Q_{\xi_{i,t}}, & \xi_{i,t}\leqslant x_{i,t}\\ R_{\xi_{i,t}}-L_{\xi_{i,t}}, & \xi_{i,t}>x_{i,t}\end{cases},\quad i\in I,t\in T \tag{10-3}$$

$$R_{\xi_{i,t}}=\begin{cases}\omega_{i,t}\cdot\xi_{i,t}, & \xi_{i,t}<x_{i,t}\\ \omega_{i,t}\cdot x_{i,t}, & \xi_{i,t}\geqslant x_{i,t}\end{cases},\quad i\in I,t\in T \tag{10-4}$$

$$Q_{\xi_{i,t}}=q_{i,t}\cdot(x_{i,t}-\xi_{i,t}),\quad i\in I,t\in T \tag{10-5}$$

$$L_{\xi_{i,t}}=l_{i,t}\cdot(\xi_{i,t}-x_{i,t}),\quad i\in I,t\in T \tag{10-6}$$

$$D_{i,t}=\sum_{j}(b\cdot s_{l,j}\cdot v_{i,j}^{t}),\quad i\in I,t\in T \tag{10-7}$$

$$0\leqslant x_{i,t}\leqslant k_{i},\quad i,j\in I,t\in T \tag{10-8}$$

$$\sum_{j}c_{i,j}^{t,\tau}\leqslant 1,\quad i,j\in I,t\in T,\tau\in N_{i,t} \tag{10-9}$$

$$P_{i}^{t,\tau}\geqslant c_{i,j}^{t,\tau}\cdot\varepsilon_{i,j}^{t};\quad i,j\in I,t\in T,\tau\in N_{i,t} \tag{10-10}$$

$$c_{i,j}^{t,\tau}\in\{0,1\},\quad i,j\in I,t\in T,\tau\in N_{i,t} \tag{10-11}$$

$$v_{i,j}^{t}=\sum_{\tau=1}^{o_{i,t}}(c_{i,j}^{t,\tau}),\quad i,j\in I,t\in T,\tau\in N_{i,t} \tag{10-12}$$

$$x_{i,t}=\sum_{j\in I}\sum_{\tau=1}^{o_{j,t}}(c_{j,i}^{t,\tau}),\quad i,j\in I,t\in T,\tau\in N_{i,t} \tag{10-13}$$

$$x_{i,t},v_{i,j}^{t}\in N^{+} \tag{10-14}$$

具体而言，该模型包括：

目标函数。

目标函数式(10-1)是为让整体预期利润最大化，其中包括两个部分：

(1) 预期收入：如式(10-2)所述，在阶段 t 的站点 i 的预期收入计算考虑了所有可能的用户需求。“预期收入”的重要概念是解决需求不确定性的创新方法。从本质上讲，可以通过将收入 $Z_{\zeta_{i,t}}$ 乘以相应概率 $f(\zeta_{i,t})$ 来获得某个需求 $\zeta_{i,t}$ 的收入期望。在这里，如式(10-3)中所述，在阶段 t 的站点 i 的具有用户需求 $\zeta_{i,t}$ 的收入 $Z_{\zeta_{i,t}}$ 等于租车收入 $R_{\zeta_{i,t}}$ 减去车辆闲置成本 $Q_{\zeta_{i,t}}$ 或订单惩罚成本 $L_{\zeta_{i,t}}$，其中，闲置成本与未使用的电动汽车相关，惩罚成本由未服务的用户数量反映。根据需求和供应量，如果站点车辆的供应量大于需求量（即供过于求 $\zeta_{i,t}<X_{i,t}$），则收入为 $(R_{\zeta_{i,t}}-Q_{\zeta_{i,t}})$，而车辆的供不应求时（即 $\zeta_{i,t}\geqslant X_{i,t}$），收入则为 $(R_{\zeta_{i,t}}-L_{\zeta_{i,t}})$。假设需求量遵循泊松分布[图 10-8a)]，则电动汽车的租车过程可以视为离散随机过程，它直接为每个离散值提供概率值[图 10-8b)]。因此，预期收入的详细计算过程可以在图 10-8c)中解释。

另外，式(10-4)解释了如何计算租金收入。如果本章将 $\omega_{i,t}$ 定义为阶段 t 站点 i 的每笔订单的平均租车收入，则该站点在供过于求的状态 $\zeta_{i,t}<X_{i,t}$ 时，其租车收入 $R_{\zeta_{i,t}}$ 将为 $(\omega_{i,t}\cdot\zeta_{i,t})$，或在 $\zeta_{i,t}\geqslant X_{i,t}$ 供不应求时，租车收入将为 $(\omega_{i,t}\cdot x_{i,t})$。式(10-5)解释了如何

计算闲置成本 $Q_{\zeta_{i,t}}$，当分配的车辆 $X_{i,t}$ 超过用户需求 $\zeta_{i,t}$，即 $\zeta_{i,t} < X_{i,t}$ 时，会出现这种情况。这种情况下，在阶段 t 期间，闲置车辆（$X_{i,t} - \zeta_{i,t}$）处于闲置状态（即未被租用），并产生了闲置成本 $Q_{\zeta_{i,t}}$。

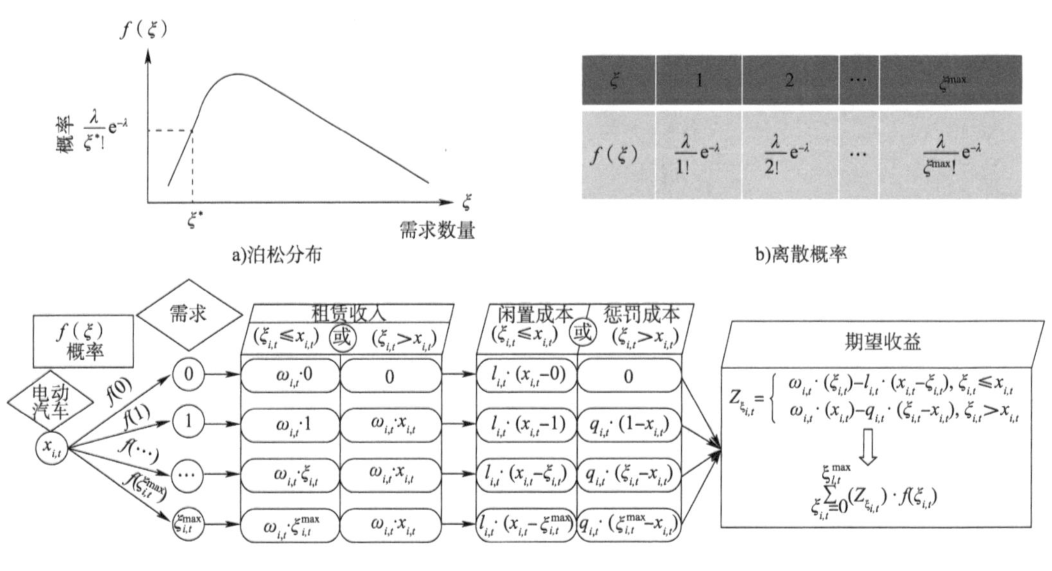

图 10-8　预期收入计算框架

式（10-6）解释了如何计算订单惩罚成本 $L_{\zeta_{i,t}}$，当站点的订单过多而配置车辆数量不足时会发生这种情况，即 $\zeta_{i,t} \geqslant X_{i,t}$。在这种情况下，由于车辆不足，一些订单将无法执行。车辆不足以满足需求会形成潜在的“损失成本”。成本 $L_{\zeta_{i,t}}$ 与不能服务的订单数量（$\zeta_{i,t} - X_{i,t}$）有关。因此，本书引入“损失成本”，以更好地研究配置的车辆不足时的经济损失。该成本主要包括事前亏损和影响未来订单的经济损失。本章结合历史数据和员工的调查结果，确定每笔订单的平均损失成本，以得出合理的平均每单的惩罚成本值 $l_{i,t}$。该优化模型旨在减少损失成本 $L_{\zeta_{i,t}}$，这将让车辆调度规划具有成本效益的平衡。

（2）调度成本：式（10-1）的第二项，即调度成本 $D_{i,t}$，来自站点之间调度的车辆。总的调度成本由调度的车辆数量 $v_{i,j}^{t}$、行驶距离 $S_{i,j}$ 和每公里单位调度成本 b 决定，如式（10-7）所述。车辆每公里的调度成本主要由调度期间每公里的能量消耗和人员成本产生。

约束。

已应用四组约束：

（1）停车位数量约束：式（10-8）引入了停车位数量约束，以确保在阶段 t 开始时，第 i 站的车辆数量应小于或等于第 i 站停车位的数量 k_i。

（2）分配约束：式（10-9）是确保一辆电动汽车每次最多只能调度到一个站。调度完成后，每辆电动汽车将在当前站点（即 $\sum\limits_{j} c_{i,j}^{t,\tau} = 0$）或在其他站点之一（即 $\sum\limits_{j} c_{i,j}^{t,\tau} = 1$）提供租用服务。

（3）电动汽车的电量约束：式（10-10）是电量约束，即行驶里程约束。由于本章的模型是为共享电动汽车系统设计的,因此,在将车辆重新分配到新站点时必须考虑行驶距离。调度车辆不仅应具有足够的电量以从当前站点行驶到指定站点,而且这些车辆还需要足够电量以至少服务于到下一个订单。如式(10-10)所示,$c_{i,j}^{t,\tau}$是一个决策变量,它指示在阶段 t 的开始阶段第 τ 个电动汽车是否从站点 i 向站点 j 调度。$P_i^{t,\tau}$ 代表阶段 t 开始时第 i 个站点第 τ 个车辆的剩余电量,$\varepsilon_{i,j}^t$是指阶段 t 开始从第 i 个站点向第 j 站点调度的电动汽车预期消耗的电量。$N_{i,t}$是阶段 t 开始时第 i 站的电动汽车集合。本书中的电力需求 $\varepsilon_{i,j}^t$通过每公里的能耗和行驶距离来估算:

$$\varepsilon_{i,j}^t = \propto (S_{i,j} + \theta_i^t) \tag{10-15}$$

式中,$\propto$为每公里平均能耗;$S_{i,j}$为第 i 站与第 j 站之间的行驶距离;θ_j^t 为第 t 阶段第 j 站的每个订单的预期平均里程。$\propto$、$S_{i,j}$ 和 θ_j^t 是从历史数据得出的。这些参数已根据UrCar工程师的反馈进行仔细校准,以确保估算的准确性。另外,$P_i^{t,\tau}$ 表示在阶段 t 开始时第 i 个站点中第 τ 个电动汽车的剩余电量,它是一个模型预先输入参数。这是因为本章的模型是“数据驱动”的“单阶段”模型,这意味着在每个阶段的开始,所有参数输入均来自历史数据,而不是先前阶段的结果。

变量约束。

如式(10-12)所示,在 t 阶段从第 i 站到第 j 站调度的电动汽车数量为 $v_{i,j}^t = \sum_{\tau=1}^{O_{i,t}} (c_{i,j}^{t,\tau})$。根据式(10-12),可以计算出在 t 阶段第 i 站上配置的电动汽车总数,如式(10-13)所示,即 $x_{i,t} = \sum_{j\in I} \sum_{\tau=1}^{O_{j,t}} (c_{j,i}^{t,\tau})$。请注意,配置的车辆数量(即 $x_{i,j}$)和在站点之间调度的车辆数(即 $v_{i,j}^t$)包括站点的闲置车辆或客户还车的车辆。对于闲置车辆(例如第 τ 辆车),即 $c_{i,j}^{t,\tau}=1$,调度成本为0。对于上一阶段客户还车的车辆,这些车辆将在 t 阶段开始时成为现有车辆的一部分,即 $O_{i,t}$的一部分。对于在每个阶段客户还车的车辆,本章假设直到下一个阶段才将它们用于下一趟行程。

最后,式(10-14)解释 $x_{i,t}$和 $v_{i,j}^t$是非负整数决策变量。

10.2.3 线性化

由于该模型的不连续性[例如式(10-3)],本章必须应用启发式方法(例如基于粒子群优化(PSO)的方法)来求解所提出的方法,该方法只能提供局部最优值。为寻找全局最优,首先应线性化该模型。

本质上,需要消除式(10-3)和式(10-4)中的条件函数。因此,本章引入了一个极大数 M 和一个二进制变量 $\mu_{\zeta_{i,t}}$,其中,当站点供过于求时,$\mu_{\zeta_{i,t}}=1$;相反时,则 $\mu_{\zeta_{i,t}}=0$。有了这个二进制变量,式(10-3)和式(10-4)可以线性化为方程式:

$$z_{\xi_{i,t}} \leqslant [\omega_{i,t} \cdot \xi_{i,t} - l_{i,t} \cdot (x_{i,t} - \xi_{i,t})], \quad i \in I, t \in T \tag{10-16}$$

$$z_{\xi_{i,t}} \leqslant [\omega_{i,t} \cdot x_{i,t} - q_{i,t} \cdot (\xi_{i,t} - x_{i,t})], \quad i \in I, t \in T \tag{10-17}$$

$$z_{\xi_{i,t}} \geqslant [\omega_{i,t} \cdot \xi_{i,t} - l_{i,t} \cdot (x_{i,t} - \xi_{i,t})] - (\mu_{\xi_{i,t}} \cdot M), \quad i \in I, t \in T \tag{10-18}$$

$$z_{\xi_{i,t}} \geqslant [\omega_{i,t} \cdot x_{i,t} - q_{i,t} \cdot (\xi_{i,t} - x_{i,t})] - (1 - \mu_{\xi_{i,t}}) \cdot M, \quad i \in I, t \in T \tag{10-19}$$

利用上述线性化方程式,该模型变为线性模型:

目标函数:式(10-1)。

约束条件:式(10-2)、式(10-7)~式(10-14)、式(10-16)~式(10-19)。

新模型可以通过一些线性处理软件轻松求解,例如 CPLEX[70],以找到全局最优解。

为全面考虑电力约束,本章引入了中间变量 $c_{i,j}^{i,\tau}$,它是个体车辆级的决策变量。有了这一变量,该模型实质上可提供详细的车辆部署策略。但是,由于目标函数仅使总利润最大化,因此,可能会找到多个具有同样最大利润的最优解决方案(即调度策略)。在这里,本章提供一个示例来帮助阐明此问题(图 10-9)。对于只有两个站点(A 和 B)的简化共享电动汽车系统,站点 A 有三个电动汽车(1 号、2 号和 3 号),其电量水平分别为 25%、65% 和 85%;B 站只有一个电动汽车(4 号),电量为 50%。将电动汽车从 A 站调度到 B 站需要 30% 的电力。应用该模型并使用运营历史数据作为输入[图 10-9a)]后,最大利润为 60 元。通过调度规划模型的计算,可以找到两种可能的调度策略。第一种策略是将 2 号电动汽车从站点 A 调度到站点 B,即 $c_{1,2}^{1,2}=1$,$c_{1,2}^{1,3}=0$;第二种策略是将 3 号电动汽车从站点 A 调度到站点 B,即 $c_{1,2}^{1,2}=0$,$c_{1,2}^{1,3}=1$。这两种策略都实现了相同的最佳利润。图 10-9 展示了整个过程。

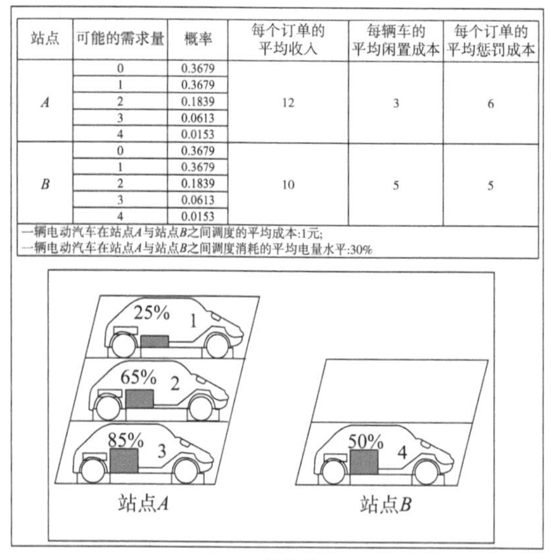

站点	可能的需求量	概率	每个订单的平均收入	每辆车的平均闲置成本	每个订单的平均惩罚成本
A	0	0.3679	12	3	6
	1	0.3679			
	2	0.1839			
	3	0.0613			
	4	0.0153			
B	0	0.3679	10	5	5
	1	0.3679			
	2	0.1839			
	3	0.0613			
	4	0.0153			

一辆电动汽车在站点A与站点B之间调度的平均成本:1元;
一辆电动汽车在站点A与站点B之间调度消耗的平均电量水平:30%

a)优化前

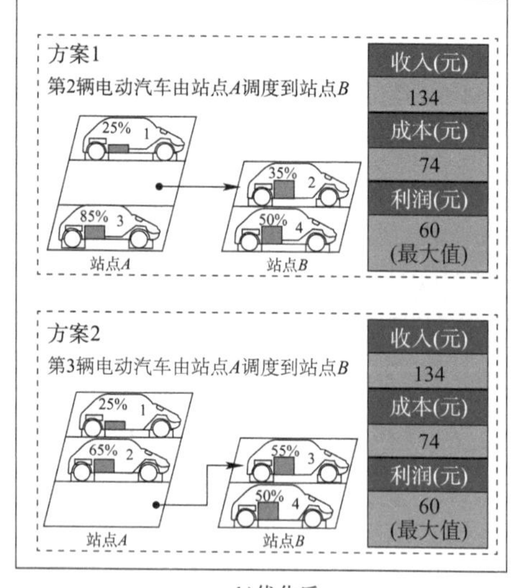

b)优化后

图 10-9　不同的最优解以实现模型的最优解

要再次指出的是,该模型是一种“单阶段”和“数据驱动”的方法。因此,每个阶段的运行都不依赖于上一个阶段的结果;相反,许多参数值是在运行模型之前根据历史数据得出的。由于本章的模型是“数据驱动”的,因此数据输入对于本章的模型至关重要。为了获得动态数据输入,本章采用了滚动输入法来动态更新该模型的数据。如图 10-10 所示,首先使用一组历史数据来导出模型输入所需的所有统计信息,例如历史订单分布、每笔订单的收入、每笔订单的闲置成本、每笔订单的损失成本等。有了这些输入,该模型将探索最佳的调度策略,并且最佳的调度策略将用于下一阶段的共享电动汽车的运营。然后,来自当前阶段的新数据将加入历史数据集,并且将使用最接近的数据集来得出新的统计信息,这将成为该模型的新输入,以探索下一阶段的新的最佳调度策略。滚动输入法试图帮助本章获得更准确的参数值,这些参数值将作为本章模型的输入。但是这种方法无法为本章带来实时的需求信息。整个过程作为滚动数据输入执行。

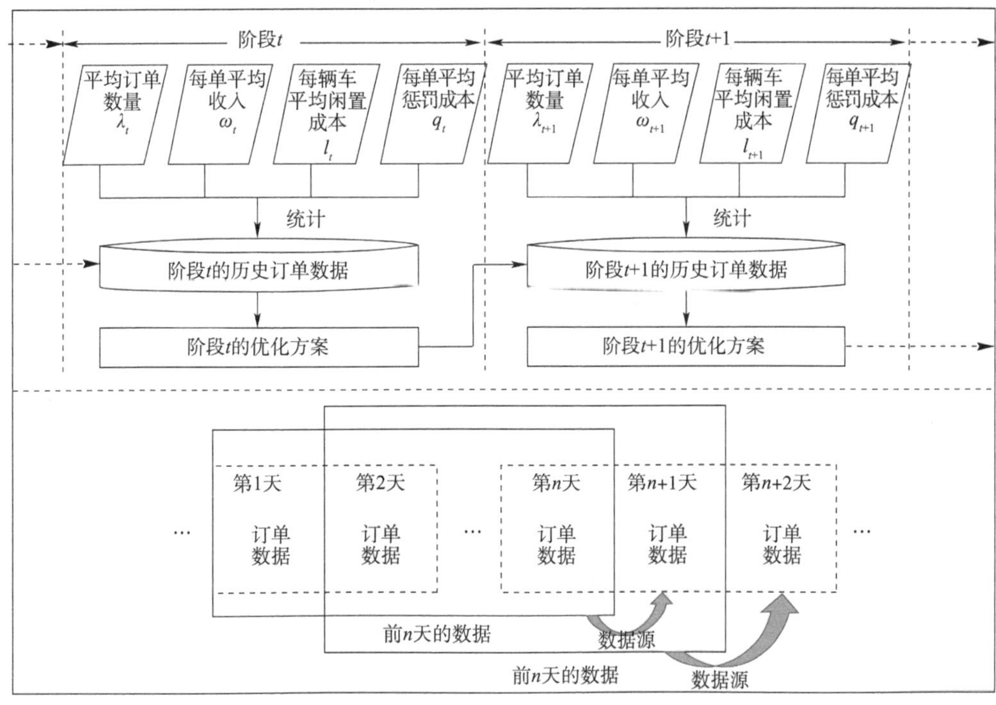

图 10-10 采用滚动平面法以动态更新电动汽车共享数据

10.3 案例研究

10.3.1 测试场景

为了证明该调度模型的效果,本章进行了一项案例研究。基于连续 14 大 30 个站点的数据(2017 年 3 月 1—14 日)搜索最佳调度策略,如图 10-11 所示。为计算所有站点的收入、订单的平均损失成本和车辆的平均闲置成本的参数,根据站点位置,本章估计站点之间的行程距离,然后得出单位调度成本和电量消耗,图 10-12 所示为该模型的输入。电动汽车的电量信息对于本章的模型至关重要。因此,本章根据历史数据得出每个阶段每个站点的共享电动汽车的剩余电量分布情况。该信息实质上基于该车辆具有的剩余电量来表明哪些电动汽车可用于下一个订单(包括调度)。下面以图 10-13 作为演示,该图基于 2017 年 3 月 1 日第 4 阶段收集的数据显示了站点所有电动汽车的剩余电量。图 10-14 进一步显示了根据 2017 年 3 月 1 日第 4 阶段 30 个站点所有的历史数据估算的下一个订单的平均电量消耗。

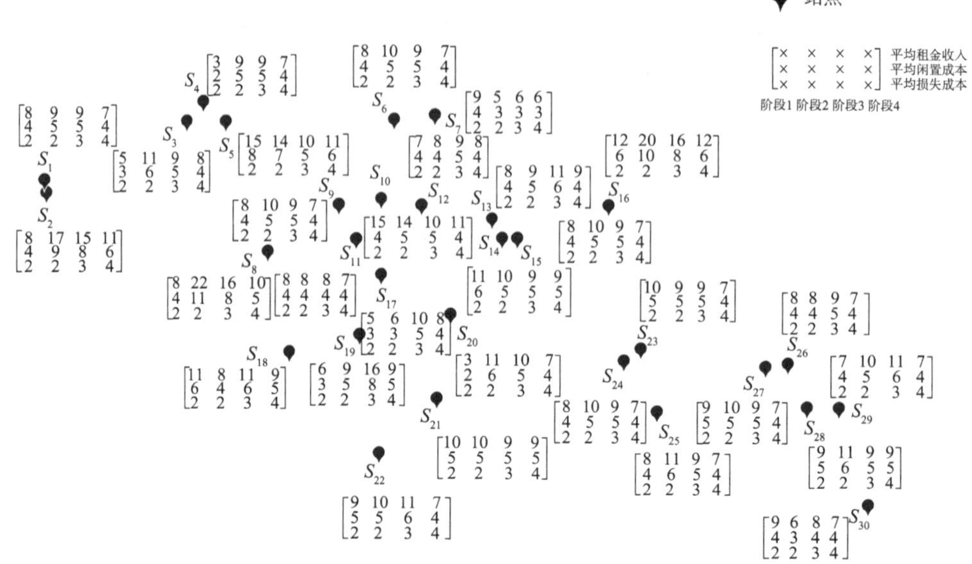

图 10-11　初始参数(收入、闲置成本和损失成本)

	S1	S2	S3	S4	S5	S6	S7	S8	S9	S10	S11	S12	S13	S14	S15	S16	S17	S18	S19	S20	S21	S22	S23	S24	S25	S26	S27	S28	S29	S30
S1	0	2.08	0.08	4.58	4.5	0.08	2.33	4.5	3.08	2.5	2.75	1.75	4.5	4.17	4.75	4.42	4.33	2.5	2.17	5.67	2	2.25	2.08	2.25	1.58	4.58	4.5	5	2.33	4.92
S2	5	0	2.17	4	4.08	2	1.75	4	1.33	1.58	2.92	2.08	4.08	3.67	4.42	3.33	3.92	2.42	0.17	6.92	1.58	1.67	1.75	0.25	1.58	4.08	4.17	4.83	0.42	4.58
S3	0.2	5.2	0	4.5	4.42	0.17	2.33	4.5	3.25	2.5	2.67	1.67	4.42	4.17	4.67	4.33	4.25	2.5	2.25	5.75	2	2.25	2.08	2.25	1.58	4.67	4.58	5.08	2.42	5
S4	11	9.6	10.8	0	0.33	4.5	2.42	0.08	5.17	2.42	1.92	2.83	0.33	0.33	0.5	1.25	0.33	2	4.17	10.25	2.67	2.5	2.5	3.83	3	8.08	8.17	8.83	3.75	8.58
S5	10.8	9.8	10.6	0.8	0	4.42	2.42	0.25	5.25	2.5	1.75	2.75	0.08	0.42	0.33	1.5	0.17	1.92	4.25	10.08	2.67	2.5	2.5	3.92	2.92	8.17	8.25	8.83	3.83	8.67
S6	0.2	4.8	0.4	10.8	10.6	0	2.25	4.42	3.08	2.42	2.67	1.67	4.42	4.17	4.67	4.33	4.25	2.42	2.08	5.75	1.92	2.17	2	2.17	1.58	4.58	4.5	5	2.25	4.92
S7	5.6	4.2	5.6	5.8	5.8	5.4	0	2.33	3.08	0.33	1.17	0.92	2.42	2	2.75	2.08	2.25	0.67	2	7.92	0.33	0.08	0.17	1.67	0.67	5.83	5.83	6.5	1.58	6.25
S8	10.8	9.6	10.8	0.2	0.6	10.6	5.6	0	5.17	2.5	1.83	2.83	0.25	0.33	0.5	1.33	0.25	2	4.25	10.17	2.67	2.5	2.5	3.83	3	8.17	8.17	8.83	3.75	8.58
S9	7.4	3.2	7.8	12.4	12.6	7.4	7.4	12.4	0	2.83	4.25	3.5	5.33	4.83	5.58	4.25	5.08	3.67	1.17	6.92	2.92	3	3.08	1.42	2.92	3.17	3.33	4	1.5	3.67
S10	6	3.8	6	5.8	6	5.8	0.8	6	6.8	0	1.5	1.25	2.58	2.08	2.83	1.92	2.33	1	1.75	8	0.5	0.33	0.5	1.42	0.92	5.67	5.75	6.42	1.33	6.17
S11	6.6	7	6.4	4.6	4.2	6.4	2.8	4.4	10.2	3.6	0	1.08	1.83	1.58	2	2.25	1.58	0.58	3.08	8.33	1.33	1.25	1.17	2.83	1.42	6.83	6.83	7.42	2.75	7.25
S12	4.2	5	4	6.8	6.6	4	2.2	6.8	8.4	3	2.6	0	2.75	2.5	3.08	2.83	2.58	0.83	2.33	7.33	0.75	0.92	0.75	2.08	0.58	5.83	5.83	6.42	2.17	6.25
S13	10.8	9.8	10.6	0.8	0.2	10.6	5.8	0.6	12.8	6.2	4.4	6.6	0	0.5	0.33	1.58	0.17	2	4.33	10.17	2.75	2.5	2.58	4	3	8.25	8.25	8.92	3.83	8.67
S14	10	8.8	10	0.8	1	10	4.8	0.8	11.6	5	3.8	6	1.2	0	0.75	1.17	0.33	1.67	3.83	9.83	2.33	2.17	2.17	3.5	2.67	7.75	7.83	8.5	3.42	8.25
S15	11.4	10.6	11.2	1.2	0.8	11.2	6.6	1.2	13.4	6.8	4.8	7.4	0.8	1.8	0	1.75	0.5	2.25	4.58	10.42	3	2.83	2.83	4.25	3.25	8.5	8.58	9.25	4.17	9
S16	10.6	8	10.4	3	3.6	10.4	5	3.2	10.2	4.6	5.4	6.8	3.8	2.8	4.2	0	1.5	2.08	3.5	10	2.33	2.17	2.25	3.08	2.75	7.33	7.42	8.08	3	7.83
S17	10.4	9.4	10.2	0.8	0.4	10.2	5.4	0.6	12.2	5.6	3.8	6.2	0.4	0.8	1.2	3.6	0	1.83	4.08	9.92	2.5	2.33	2.33	3.75	2.75	8	8.08	8.67	3.67	8.5
S18	6	5.8	6	4.8	4.6	5.8	1.6	4.8	8.8	2.4	1.4	2	4.8	4	5.4	5	4.4	0	2.58	8.17	0.83	0.75	0.67	2.25	1	6.33	6.42	7	2.25	6.83
S19	5.2	0.4	5.4	10	10.2	5	4.8	10.2	2.8	4.2	7.4	5.6	10.4	9.2	11	8.4	9.8	6.2	0	6.83	1.75	1.83	1.92	0.33	1.75	3.92	4	4.67	0.5	4.42
S20	13.6	16.6	13.8	24.6	24.2	13.8	19	24.4	16.6	19.2	20	17.6	24.4	23.6	25	24	23.8	19.6	16.4	0	7.67	7.83	7.75	7.17	7.25	4.92	4.58	4.17	7.33	4.67
S21	4.8	3.8	4.8	6.4	6.4	4.6	0.8	6.4	7	1.2	3.2	1.8	6.6	5.6	7.2	5.6	6	2	4.2	18.4	0	0.25	0.17	1.5	0.42	5.58	5.58	6.25	1.5	6
S22	5.4	4	5.4	6	6	5.2	0.2	6	7.2	0.8	3	2.2	6	5.2	6.8	5.2	5.6	1.8	4.4	18.8	0.6	0	0.17	1.58	0.67	5.75	5.75	6.42	1.5	6.17
S23	5	4.2	5	6	6	4.8	0.4	6	7.4	1.2	2.8	1.8	6.2	5.2	6.8	5.4	5.6	1.6	4.6	18.6	0.4	0.4	0	1.67	0.5	5.75	5.75	6.33	1.58	6.17
S24	5.4	0.6	5.4	9.2	9.4	5.2	4	9.2	3.4	3.4	6.8	5	9.6	8.4	10.2	7.4	9	5.4	0.8	17.2	3.6	3.8	4	0	1.58	4.25	4.33	5	0.17	4.75
S25	3.8	3.8	3.8	7.2	7	3.8	1.6	7.2	7	2.2	3.4	1.4	7.2	6.4	7.8	6.6	6.6	2.4	4.2	17.4	1	1.6	1.2	3.8	0	5.42	5.42	6	1.58	5.83
S26	11	9.8	11.2	19.4	19.6	11	14	19.6	7.6	13.6	16.4	14	19.8	18.6	20.4	17.6	19.2	15.2	9.4	11.8	13.4	13.8	13.8	10.2	13	0	0.33	0.92	4.42	0.5
S27	10.8	10	11	19.6	19.8	10.8	14	19.6	8	13.8	16.4	14	19.8	18.8	20.6	17.8	19.4	15.4	9.6	11	13.4	13.8	13.8	10.4	13	0.8	0	0.67	4.5	0.42
S28	12	11.6	12.2	21.2	21.2	12	15.6	21.2	9.6	15.4	17.8	15.4	21.4	20.4	22.2	19.4	20.8	16.8	11.2	10	15	15.4	15.2	12	14.4	2.2	1.6	0	5.17	0.5
S29	5.6	1	5.8	9	9.2	5.4	3.8	9	3.6	3.2	6.6	5.2	9.2	8.2	10	7.2	8.8	5.4	1.2	17.6	3.6	3.6	3.8	0.4	3.8	10.6	10.8	12.4	0	4.83
S30	11.8	11	12	20.6	20.8	11.8	15	20.6	8.8	14.8	17.4	15	20.8	19.8	21.6	18.8	20.4	16.4	10.6	11.2	14.4	14.8	14.8	11.4	14	1.2	1	1.2	11.6	0

图 10-12　站点之间的用电量(kW · h)和单位调度成本(×6.8 元)

注:深色代表单位电量消耗,浅色代表单位调度成本。

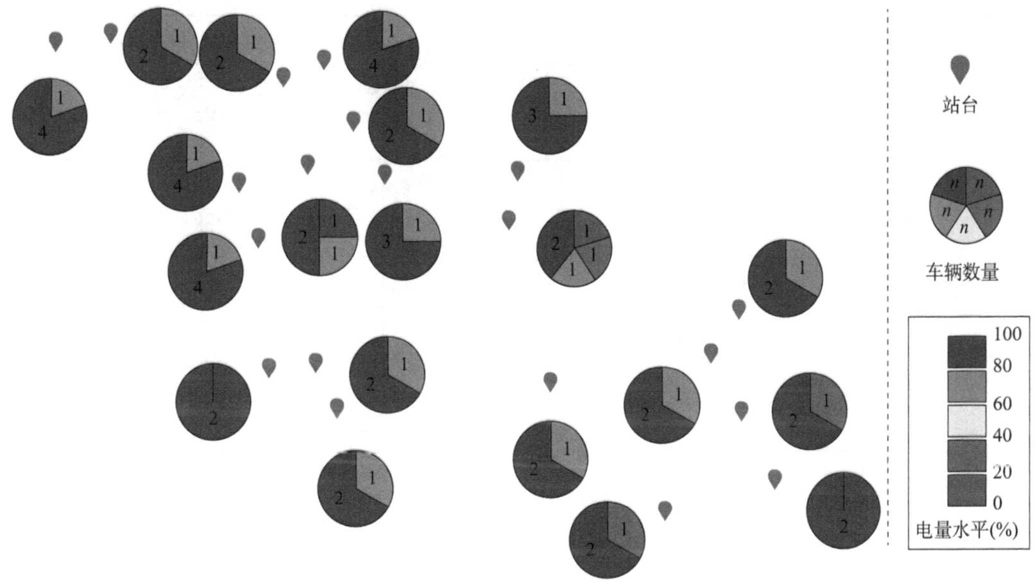

图 10-13 2017 年 3 月 1 日第 4 阶段基于电量的电动汽车分配

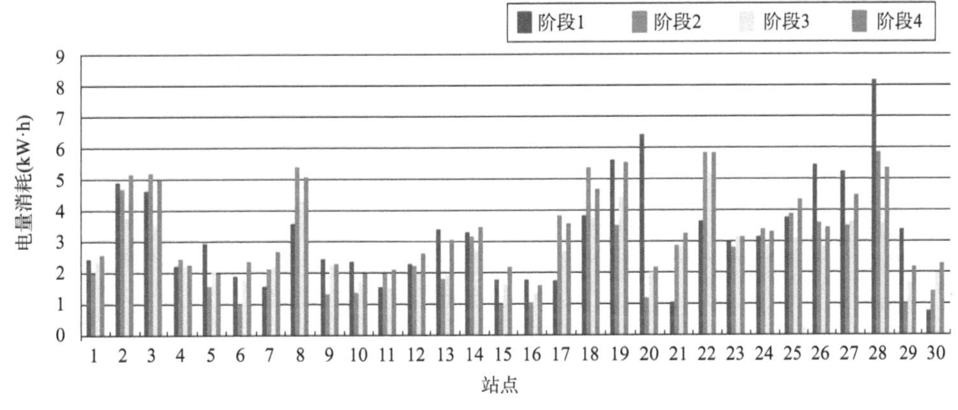

图 10-14 2017 年 3 月 1 日所有 30 个站点的平均用电量

为预测各站点客户需求量的到达率，本章使用近两个月的历史数据得出泊松分布的参数 λ（即平均需求量），并且每天每个阶段的 λ 进行动态更新。平均需求量是车站最佳车辆数量配置规划的重要因素。但是，应该注意的是，一个车站的最佳车辆数量配置规划还受到其他多个因素的影响，包括各站点订单的预期收入、订单的平均损失成本和车辆的闲置成本、每个车站租车数量的分布、车辆总数、车站的停车位、电动汽车的行驶范围等。因此，仅搜索平均需求的邻域是不够的，并且这会忽略其他因素的共同影响。本章提出的模型旨在根据其复杂性找到最佳值。表 10-3 显示了 2017 年 3 月 1 日所有 30 个站点的每个阶段的 λ 和重新分配前剩余的车辆数量。请注意，由于运营过程分为四个阶段，因此，在这些阶段开始时更新状态并直接进行车辆的调度。

2017 年 3 月 1 日所有 30 个站点的每个阶段和初始电动汽车数量　　表 10-3

站点	平均订单量				现有电动汽车数量			
	阶段 1	阶段 2	阶段 3	阶段 4	阶段 1	阶段 2	阶段 3	阶段 4
S_1	1	2	4	7	1	2	4	5
S_2	1	1	3	4	1	1	1	1
S_3	1	1	3	3	0	2	1	1
S_4	1	1	4	4	1	4	3	5
S_5	1	1	4	4	1	2	5	5
S_6	1	2	3	4	2	3	4	5
S_7	1	1	3	4	1	2	3	4
S_8	1	1	2	2	1	1	1	1
S_9	1	1	2	3	2	1	6	4
S_{10}	1	2	2	3	1	4	2	4
S_{11}	1	2	2	2	1	1	1	3
S_{12}	1	1	2	2	1	2	3	2
S_{13}	1	1	2	2	1	1	2	3
S_{14}	1	2	1	1	1	1	1	1
S_{15}	1	2	2	3	1	3	1	1
S_{16}	1	1	2	2	1	1	2	1
S_{17}	1	1	1	1	1	1	1	1
S_{18}	1	1	2	2	1	1	4	3
S_{19}	1	1	1	1	1	1	1	2
S_{20}	1	1	2	1	1	1	1	3
S_{21}	1	1	1	1	1	1	1	1
S_{22}	1	1	1	1	0	1	1	1
S_{23}	1	1	1	1	1	1	1	3
S_{24}	1	1	1	1	1	1	1	1
S_{25}	1	1	1	1	1	1	2	1
S_{26}	1	1	1	1	1	1	1	2
S_{27}	1	1	2	1	1	1	4	1
S_{28}	1	1	1	1	1	1	1	1
S_{29}	1	1	1	1	1	1	1	1
S_{30}	1	1	1	1	1	2	2	2

10.3.2 测试分析

本章使用了一台装备 i7@3.4 GHz 的处理器、64 位 Windows 10 操作系统、32.00GB 内存的计算机来运行算法。使用了 IBM CPLEX Optimization Studio V12.8 来计算共享电动汽车调度模型的线性优化结果。请注意，本章在 MATLAB 中编写了所有代码，并在 MATLAB R2015b 中应用了 CPLEX 包。本节介绍了所有 30 个站点 14 天的结果。

(1) 站点间车辆的最佳配置数量：该模型规划了 14 天每个阶段的所有站点的车辆配置数量。如图 10-15 所示，随机选择了 3 个站点在每个阶段的共享电动汽车的最佳配置数量，以显示出周期性波动。显然，这些站点在一天的第 1 阶段或第 2 阶段需要较少的电动汽车，而在一天的第 3 阶段或第 4 阶段需要更多的电动汽车，这表明一天结束时会有更高的客户需求。图 10-16 进一步显示了 2017 年 3 月 14 日第 4 阶段的详细调度分配。从图中可以看出，该模型主要是建议一些附近的站点进行调度，以最大限度地降低调度成本。请注意，本章不能强迫客户在指定站点租车，也不能强迫客户在指定站点还车。本章只能根据上一时期末每个站点当前已知的共享电动汽车车辆数量以及该时期开始时从本章的算法中获得的电动汽车最佳的配置数量来制定调度策略。最终结果显示，在此阶段需要调度的车辆总数仅为 10 辆。

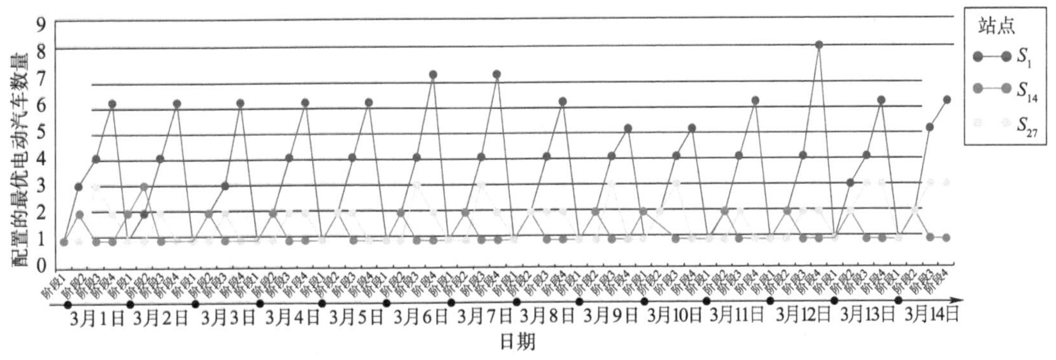

图 10-15　各站点最优电动汽车配置数量

此外，在该模型中也考虑了电量的约束。如前所述，该解决方案是最佳解决方案，但可能不是唯一的解决方案，而只会显示最佳结果之一。

(2) 每阶段的利润和调度成本：图 10-17 展示了 30 个站点的利润和调度成本的阶段变化。有趣的是，该图显示了利润和调度成本明细的周期性特征。如图 10-17 所示，利润和调度成本通常在第 4 阶段即一天结束时达到峰值，这表明许多站点在一天结束时有更多的租车订单。此外，调度成本从早上到晚上一直在增加，这表明车辆需要更多的调度才能获得更多的利润；还表明与利润相比，调度成本只是一小部分。

(3) 利润统计及利润增长率：本章还列出了优化后每个阶段所有站点的总租车收入以及优化前后的利润，以查看利润增幅。表 10-4 汇总了 2017 年 3 月 1—14 日各个阶段的结果。原始运营计划(未调度优化前)的每个阶段的平均利润为 849 元，最大值为 1231.57 元(3 月 12 日第 4 阶段)，最小值为 602 元(3 月 5 日第 1 阶段)。采纳本章的调度模型后，每个阶段的平均利润为934元，最大值为1368.36元(3月12日第4阶段)，最小值为636.81元(3月5日第1阶段)。优化前后每个阶段的平均利润增长为9.48%，最大值为32.27%，最小值为0.23%。图10-18进一步显示了来自所有30个站的平均值的阶段变化。

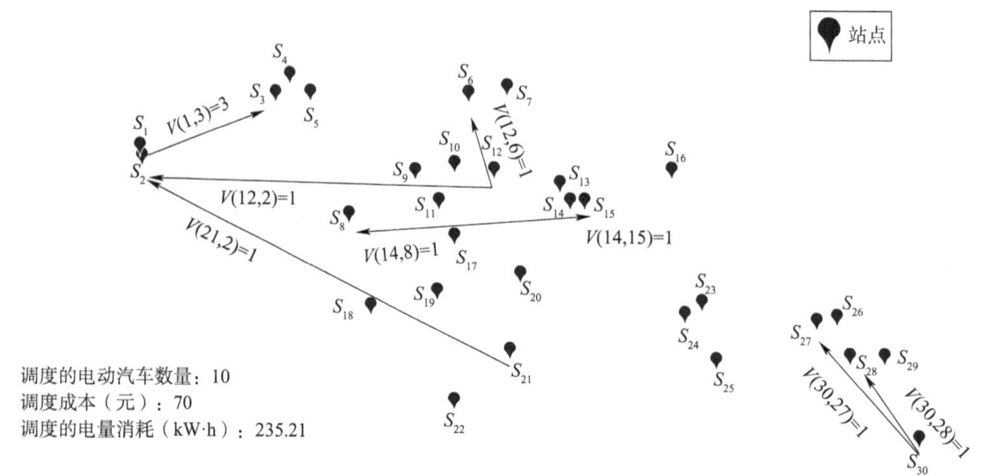

图10-16　各站点派遣电动汽车数量

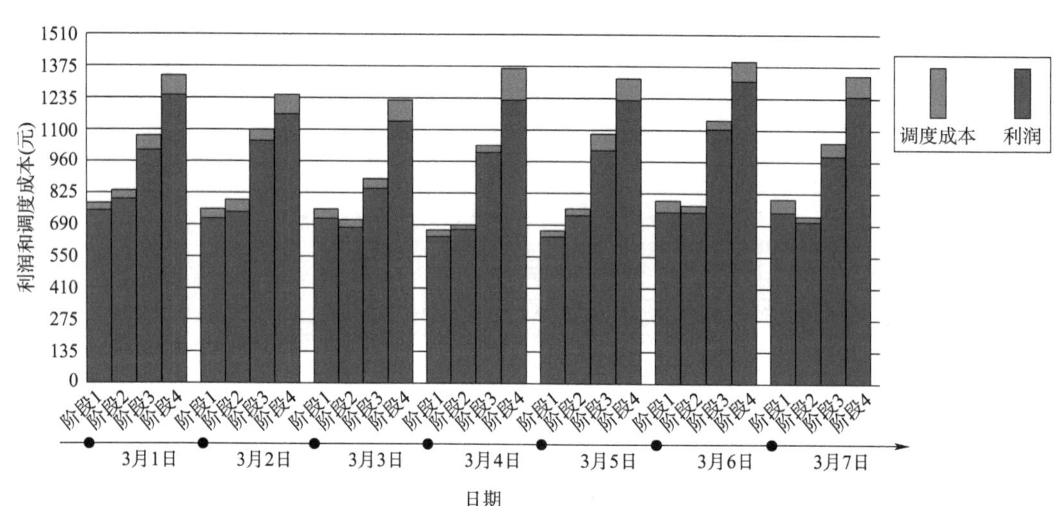

图10-17　30座站点的利润和派遣成本

每个阶段的平均租车收入、利润、派遣成本和利润增长率　　表10-4

日期	阶段	租车收入（×6.8元）	派遣成本（×6.8元）	原始利润（×6.8元）	优化后利润（×6.8元）	利润增长率（%）
3月1日	阶段1	112.68	3.75	101.99	108.93	6.81
	阶段2	120.44	4	116.17	116.44	0.23
	阶段3	155.92	9.08	137.51	146.84	6.79
	阶段4	193.78	11.42	154.35	182.36	18.14

续上表

日期	阶段	租车收入（×6.8元）	派遣成本（×6.8元）	原始利润（×6.8元）	优化后利润（×6.8元）	利润增长率（%）
3月2日	阶段1	109.07	5.5	100.75	103.57	2.8
	阶段2	114.98	6.92	96.88	108.06	11.54
	阶段3	159.78	6.33	140.25	153.45	9.41
	阶段4	181.71	11.33	134.48	170.38	26.7
3月3日	阶段1	108.91	4.83	101.39	104.08	2.66
	阶段2	103.03	4.17	98.21	98.86	0.67
	阶段3	128.76	5.17	122.26	123.59	1.09
	阶段4	178.45	11.83	140.8	166.62	18.34
3月4日	阶段1	96.19	3.5	87.61	92.69	5.8
	阶段2	100.1	2.58	93.44	97.52	4.36
	阶段3	150.09	3.75	144.65	146.34	1.16
	阶段4	199.04	19.5	135.74	179.54	32.27
3月5日	阶段1	96.19	3.5	87.61	92.69	5.8
	阶段2	110.31	3.08	105.36	107.23	1.78
	阶段3	157.48	9.42	138.92	148.06	6.57
	阶段4	192.74	13	173.83	179.74	3.4
3月6日	阶段1	115.2	6.08	102.66	109.12	6.29
	阶段2	112.13	3.42	107.76	108.71	0.88
	阶段3	166.66	5.17	148.02	161.49	9.09
	阶段4	203.49	12.17	171.93	191.32	11.28
3月7日	阶段1	117.51	8.83	102.68	108.68	5.85
	阶段2	105.95	2.83	99.44	103.12	3.69
	阶段3	152.33	7.58	109.69	144.75	31.96
	阶段4	195.82	13.42	140.89	182.4	29.47
3月8日	阶段1	111.86	4.33	100.69	107.53	6.79
	阶段2	115.76	4.67	110.71	111.09	0.34
	阶段3	157.68	2.92	142.53	154.76	8.58
	阶段4	198.66	10	147.34	188.66	28.04

续上表

日期	阶段	租车收入（×6.8 元）	派遣成本（×6.8 元）	原始利润（×6.8 元）	优化后利润（×6.8 元）	利润增长率（%）
3 月 9 日	阶段 1	108.19	4.33	99.23	103.86	4.66
	阶段 2	108.59	4.67	101.4	103.92	2.48
	阶段 3	159.66	2.83	144.76	156.83	8.34
	阶段 4	161.21	10.83	133.4	150.38	12.73
3 月 10 日	阶段 1	117.38	5.17	102.95	112.21	8.99
	阶段 2	120.61	3.83	113.71	116.78	2.7
	阶段 3	159.86	3.58	131.95	156.28	18.44
	阶段 4	166.39	17.5	125.1	148.89	19.02
3 月 11 日	阶段 1	114.62	6	100.95	108.62	7.6
	阶段 2	118.39	4	107.98	114.39	5.94
	阶段 3	155.54	10	143.78	145.54	1.23
	阶段 4	188.52	18.58	132.9	169.94	27.88
3 月 12 日	阶段 1	106.81	4.33	98.99	102.48	3.53
	阶段 2	101.6	1.17	93.66	100.43	7.24
	阶段 3	169.78	6.58	161.62	163.2	0.98
	阶段 4	205.5	6.33	179.26	199.17	11.11
3 月 13 日	阶段 1	115.82	7.25	101.38	108.57	7.1
	阶段 2	118.82	2.83	110.38	115.99	5.08
	阶段 3	171.42	9.25	129.03	162.17	25.68
	阶段 4	210.36	20.67	163.07	189.69	16.33
3 月 14 日	阶段 1	111.18	4.33	103.59	106.85	3.15
	阶段 2	119.06	3.17	111.48	115.89	3.95
	阶段 3	170.13	4.5	159.45	165.63	3.88
	阶段 4	206.77	10.17	172.21	196.6	14.17
平均		143.02	7.07	123.55	135.95	9.48
最大		210.36	20.67	179.26	199.17	32.27
最小		96.19	1.17	87.61	92.69	0.23
中位数		124.69	5.17	114.94	120.19	6.68

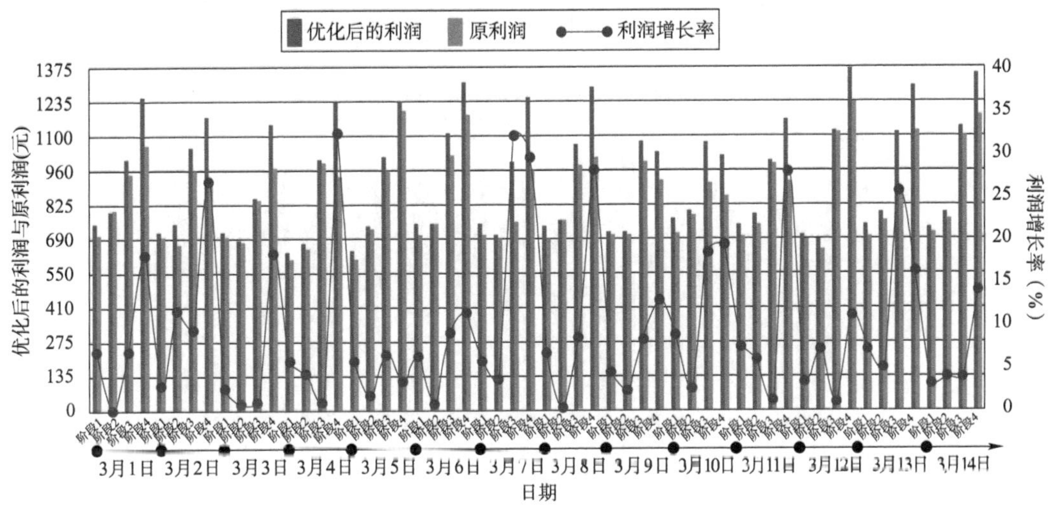

图 10-18 利润和利润增长率

本章在平均每日收入(×6.8 元)、利润(×6.8 元)、成本(×6.8 元)和利润增长率(%)表中进一步列出了一些每日平均值,优化前后每个阶段的平均每日利润增长为10.16%,最大值为19.05%,最小值为4.35%(表10-5)。

平均每日收入、利润、成本和利润增长率　　表 10-5

统计数据	收入(×6.8 元)	优化后利润(×6.8 元)	派遣成本(×6.8 元)	原始利润(×6.8 元)	利润增长率(%)
平均	572.07	543.78	28.28	494.2	10.16
最大	616.42	584.97	40	546.73	19.05
最小	519.15	493.15	18.41	452.7	4.35
中位数	574.34	538.72	28.625	493.44	9.81

10.3.3 阶段数量的影响

本章给出了1个阶段、4个阶段、6个阶段的总体利润,如图10-19所示。根据14天的数据得出的结果,1个阶段、4个阶段和6个阶段的平均利润分别为3617元、3736元和2885元。结果表明,将一天分成多个阶段可以带来更多的利润,但是过于多的阶段最终可能会导致利润损失。

本章旨在解决共享电动汽车系统的调度问题,以最大程度地提高系统总利润。首先,根据大量的历史数据,本章发现用户租车数量遵循泊松分布,这与其他文献中提出的假设是一致的。鉴于此,本章采用离散随机概率来表示下一阶段的订单不确定性。通过这种方式,本章综合考虑了所有用户需求,以解决共享电动汽车系统的车辆配置问题。因此,最优配置数量模型的目标函数以期望利润公式表示。调度计划的基本思想是确定可行的车辆在站点之间的移动方案,这可以表述为整数规划问题。进一步考虑电动汽车不同成本和行驶里程限制的约束，将研究问题转化为线性优化模型，其可以通过 Cplex 解决。测试结果表明，与原来的分配方案相比，本书提出的调度策略能够提高总收益。

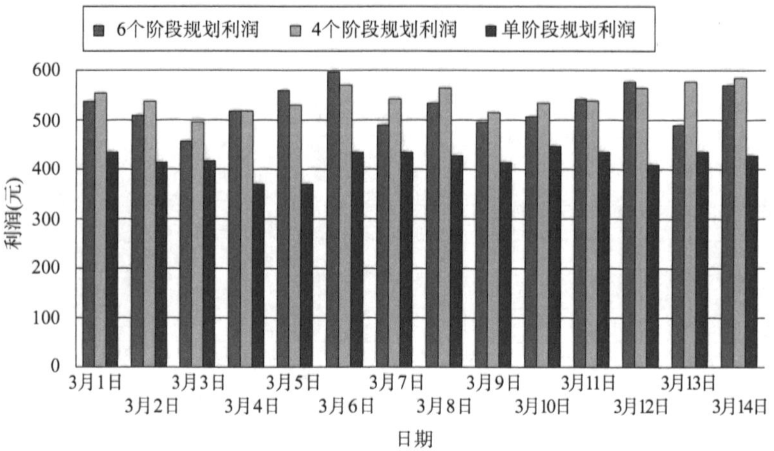

图 10-19　6 个阶段、4 个阶段、单阶段规划利润

本章分析了大量此类研究所特有的共享电动汽车系统数据，基于数据分析的结果，构建模型来模拟从数据中观察到的动态，并通过更现实的方式来帮助解决复杂的共享电动汽车系统调度问题。特别是在这种数据驱动的方法中，本章引入了“预期收入”的概念，该概念是通过获取所有可能的需求数量和配置的电动汽车数量来估算的。以前的许多研究都考虑了收入，但是与其他研究不同，本章使用“预期收入”来计算所有可能的收入。此外，在利润计算中增加订单的损失成本（包括事先的损失和影响未来利益的经济损失），可以更好地研究经济损失，而这在大多数现有研究中都被忽略了。

CHAPTER 11

第11章 面向能耗优化的电动公共交通运行及政策分析

随着城市化的快速发展,全球主要大城市都出现了交通与环境之间的各种冲突。作为能源消耗的主要因素,与交通有关的活动占二氧化碳排放量的34%。机动车主要燃烧石油并排放大量温室气体。燃油动力公交车转换为电动公交车已成为全球趋势,2009年,中国政府启动了一项长期战略计划,即"十城千辆",以补贴新能源汽车的发展。该计划旨在3年内每年为中国10个主要城市推广约1000辆新能源汽车。以北京为例,从2009年到2014年,北京共部署了近9000辆新能源汽车,其中50%以上的新能源汽车均面向公众使用,如公共交通、出租汽车和环卫车辆。这是因为在新能源汽车的早期示范期间,公共服务车队是由公共机构管理,因此比私家车更易于监控。但是,现有的方法依靠行驶工况或燃油经济性数据只能计算有限数量公交车上的能源消耗,因此,将其扩展到城市级公交车辆依然是一项挑战。本章使用高分辨率GPS和智能卡交易数据来生成大型公交网络中每辆公交车的行驶轨迹和质量动态,利用北京630条公交线路的现场数据,对燃油公交车和电动公交车采用了两种基于车辆活动的能耗模型,并对其进行了校准,提出一种梯度提升回归树算法[71],以检测并排序影响燃油公交车和电动公交车能耗的不同影响因素。

11.1 公交车数据处理

2017年,北京市公共交通控股(集团)有限公司共有27083辆公交车运行在14158个站点和965条路线上。这些公共汽车的年行驶里程为12.62亿km。这些公交车中,电动公交汽车占18.36%,燃油公交汽车占39.57%。

每辆公交车上都装有GPS设备,用于公交车队的管理,并以1~3s的间隔发送纬度、经度和海拔高度的公交车位置信息。自动收费(Automatic Fare Collection,AFC)系统于2003年在北京引入,2014年12月使用了基于距离的票价系统,乘客在上下车时必须刷智能卡。因此,可以通过安装在公交车上的智能卡记录各个出发地和目的地信息,通过匹配公交车轨迹数据来提取每个停靠站上的载客量信息,该数据用于估算每条路线上的公交车质量。

车载GPS数据的关键信息包括路线号、车辆ID(Identity Docament,身份识别号)、时间戳、经度、纬度、海拔、速度和方向,而每个智能卡交易记录均由卡ID、交易时间(即下车时间)、上车时间、路线号、车辆ID和上下车站ID组成。本节可以通过匹配GPS和智能卡数据集里的路线号、车辆ID和时间戳来测量停靠时上下车乘客人数。在本章中,我们仅考虑了纯电动公交车和燃油公交车的能耗估算,因此,本节收集了2017年11月1—7日的 603 条路线的 4073 个燃油公交车和 883 个电动公交车的高质量车辆轨迹和智能卡交易数据。表 11-1 归纳了不同日期的电动公交车和燃油公交车的组成。周末运行的公交车总数通常少于工作日的数量,这表明由于乘客不用上下班,所以周末的出行需求不如往常那么强烈。

2017 年 11 月 1—7 日北京公交车组成情况 表 11-1

日期	电动公交车数量(辆)	燃油公交车数量(辆)
2017 年 11 月 1 日	717	3393
2017 年 11 月 2 日	727	3344
2017 年 11 月 3 日	717	3283
2017 年 11 月 4 日	496	2829
2017 年 11 月 5 日	489	2763
2017 年 11 月 6 日	732	3239
2017 年 11 月 7 日	725	3267

通过如下公式计算基于两个连续 GPS 点的时间步长 t 处的瞬时加速度 $a(t)$:

$$a(t) = \frac{v(t+\Delta t) - v(t)}{\Delta t} \tag{11-1}$$

式中,$v(t)$表示公交车在时间步 t 处的瞬时速度;Δt 是连续 GPS 点之间的时间差,该值在 1 ~3s 之间。

瞬时坡度 $\alpha(t)$可用于测量道路高度,其定义为:

$$\alpha(t) = \arctan\left(\frac{h(t+\Delta t) - h(t)}{d(t+\Delta t)}\right) \tag{11-2}$$

式中,$h(t)$代表在时间步 t 处的 GPS 高度;$d(t+\Delta t)$表示时间步长 t 和 $t+\Delta t$ 之间的网络距离。

每辆公交车在其行驶周期内的总质量可计算为:

$$M(t) = n(t) \times M_P + M_0 \tag{11-3}$$

式中,$M(t)$是在时间 t 时的公交车总质量;M_P 代表每位乘客的平均质量;M_0 是每辆公共汽车的空载质量;$n(t)$是时间步 t 上的车载乘客数量,它在连续的站点之间保持不变,且在乘客每次从站点上下车时发生变化。

11.2 公交车能耗估算

11.2.1 电动汽车能耗模型

本章采用 Wu 等人开发的电动汽车纵向动态模型,该模型首先根据牵引力估算电动公交车的瞬时能耗,然后对其进行积分以获得电动公交车的总能耗。电动公交车的能耗可分为两个部分：大部分能源用于提供车辆行驶所需的牵引力，其余能源则由辅助设施（如自动开关门、空调、前照灯和车载电视）消耗。因此，电动公交车的瞬时能耗$P_e(t)$是牵引能耗$P_{tr}(t)$与辅助系统能耗$P_{aux}(t)$的总和：

$$P_e(t) = P_{tr}(t) + P_{aux}(t) \tag{11-4}$$

假设在驾驶期间和停留时间内空调和其他服务使用恒定辅助功率，因此，只需要估算牵引力$F_{tr}(t)$和能源损失系数因素η。牵引力$F_{tr}(t)$可以分为四个组成部分，分别为$F_d(t)$、$F_r(t)$、$F_g(t)$和$F_i(t)$，如式（11-5）所示。它们分别代表克服空气阻力、滚动阻力、坡度阻力和惯性力的不同力，这些阻力是由存储动能的波动引起的。

$$F_{tr}(t) = F_d(t) + F_r(t) + F_g(t) + F_i(t) \tag{11-5}$$

式中，$F_d(t) = A\rho C_d C_b v(t)^2 = 25.92$；$F_r(t) = \dfrac{M(t)gC_r(c_1 v(t) + c_2)}{1000F_g(t)} = M(t)g\sin\alpha(t)$；$F_i(t) = \delta M(t)a(t)$；$A$代表车辆的迎风面积；$\rho$表示在海平面和温度为15℃时的空气质量密度系数；$C_d$代表阻力系数；$C_b$表示海拔校正因子；$g$代表重力加速度；$C_r$、$c_1$和$c_2$表示滚动阻力参数；$\alpha$代表道路坡度；$v(t)$、$\alpha(t)$、$a(t)$和$M(t)$分别是在时间步长$t$处的瞬时速度、加速度、道路坡度和车辆质量。

当车辆的牵引力为负（制动或沿足够陡峭的下坡行驶）时，该系统将部分动能转换为电能，以存储在蓄电池中。因此，当牵引力为正或为负时，能量损耗系数η会发生变化：

$$\eta = \begin{cases} \dfrac{1}{e_{all}}, & F_{tr}(t) > 0 \\ r_{reg}e_{all}, & F_{tr}(t) < 0 \end{cases} \tag{11-6}$$

式中，e_{all}代表考虑变速器、传动系统、逆变器和电动机效率因子；r_{reg}是再生系数，当车辆的动能转换为电能时，它测量再生制动系统中的动能损失。根据式（11-5）和式（11-6），瞬时车辆功率为：

$$P_{tr}(t) = \eta F_{tr}(t)v(t) \tag{11-7}$$

在行驶持续时间T内的总能耗E_{total}可以计算为：

$$E_{total} = \int_0^T P_e(t)\,dt = \int_0^T (\eta F_{tr}(t)v(t) + P_{aux}(t))\,dt \tag{11-8}$$

11.2.2 燃油公交车能耗模型

本节采用弗吉尼亚理工大学基于功率的燃料消耗模型（Virginia Tech Comprehensive Power-based Fuel Consumption Model，VT-CPFM）来估算能源消耗。VT-CPFM模型可以模拟超过10000辆的燃油公交车，可以满足需求。

与电动公交车能耗模型类似，燃油公交车能耗的瞬时功率$P_d(t)$如下：

$$P_d(t) = \left(\frac{R(t) + (1+\lambda)M(t)a(t)}{3600\eta_d}\right)v(t) \tag{11-9}$$

式中，$R(t)$代表车辆阻力；λ代表质量因子；η_d代表动力传动系统效率；$v(t)$、$a(t)$和$M(t)$分别是时间步长t处的瞬时速度、加速度和车辆质量。

瞬时燃油消耗率 FC(t)表示如下：

$$\mathrm{FC}(t)=\begin{cases}\alpha_0+\alpha_1 P_{\mathrm{d}}(t)+\alpha_2 P_{\mathrm{d}}(t)^2, & \forall P_{\mathrm{d}}(t)\geqslant 0\\ \alpha_0 & \forall P_{\mathrm{d}}(t)<0\end{cases} \tag{11-10}$$

式中，α_0、α_1 和 α_2 是模型校准参数，对于不同类型的燃油公交车具有不同的值。

由于车辆的总油耗是车辆瞬时油耗的积分，因此燃油公交车在时间 T 内的总油耗 F_{total}：

$$F_{\mathrm{total}}=\int_0^T \mathrm{FC}(t)\,\mathrm{d}t \tag{11-11}$$

11.2.3 模型校准

本节提取并处理了北京 2017 年 11 月 1—7 日这 7 天的公交 GPS 和智能卡交易数据集。共有 603 条不同的公交路线，包括 4073 辆燃油公交车和 883 辆电动公交车在使用，总里程超过 3000 万 km。表 11-2 列出了电动公交车和燃油公交车能耗估算所需的参数。车辆行驶曲线（例如速度、加速度和道路坡度）根据 GPS 数据计算得出。通过将智能卡交易与车辆轨迹相关联来更新车辆质量。直接测量不同类型的公交车的迎风面积。其余参数是从与本章研究具有相同或相似设置的现有文献中获得。为了公平比较，电动公交车的能耗单位（kW · h）可以转换为燃油公交车的燃料消耗单位（L/100km）。中国主要能源转换标准表（《中国能源统计年鉴》，2017 年）指出，1L 燃油相当于 10.0776kW · h 的电力。

电动公交车和燃油公交车能耗估算参数 表 11-2

参数	单位	数值
辅助系统能耗 P_{aux}	kW	10
车辆迎风面积 A	m^2	—
空气质量密度系数 ρ	$\mathrm{kg/m}^3$	1.2256
阻力系数 C_{d}	—	0.8
海拔校正因子 C_{b}	—	—
重力加速度 g	$\mathrm{m/s}^2$	9.8066
滚动阻力参数 C_{r}	—	1.25
滚动阻力参数 c_1	—	0.0328
滚动阻力参数 c_2	—	4.575
损耗因子 δ	—	1.1
质量因子 λ	—	0.1
加速度 a	$\mathrm{m/s}^2$	—
速度 v	m/s	—
车辆质量 M	kg	—

续上表

参数	单位	数值
模型校准参数 α_0	—	$1.20715 \times e^{-3}$
模型校准参数 α_1	—	$9.30175 \times e^{-5}$
模型校准参数 α_2	—	$-2.6595 \times e^{-7}$
动力传动系统效率 η_d	—	0.95
效率因子 e_{all}	—	0.838565
再生系数 r_{reg}	—	0.6

11.3 能源消耗的影响因素

本节首先计算电动公交车和燃油公交车路线的平均能耗,并比较服务时间、载客量和速度对不同公交车队能耗估算的影响;然后,将燃油公交车和电动公交车的能耗路线进行排序。

11.3.1 能源消耗数据的统计分析

本节对电动公交车和燃油公交车的总能耗水平和行驶统计数据进行平均求值,见表11-3。

所有电动公交车和燃油公交车的常规能耗和行驶统计信息 表11-3

项目	车辆类型		
	所有	燃油公交车	电动公交车
公交车数量(辆)	4956(100%)	4073(82%)	883(18%)
乘客数量(人)	12736153(100%)	10815644(85%)	1980509(15%)
行驶总距离占比(%)	100	86	14
能耗占比(%)	100	95	5
能耗(L/100km)	—	43.5	14.1

表11-3中,电动公交车的平均能耗为14.1L/100km,标准偏差为3.2L/100km,而燃油公交车的平均能耗达到(43.5 ±9.5)L/100km。

11.3.2 基于梯度提升决策树的回归分析方法

为进一步揭示电动公交车和燃油公交车潜在影响因素与能耗之间的影响机制,本节将不同的影响因素分为四类:路线特征、时间属性、运行条件和客流统计。梯度提升决策树模型(A Gradient Boosting Secision Tree,GBDT)被用于描述电动公交车和燃油公交车的每个因素的相对重要性,然后对两个不同的公交车队进行深入分析。

本节将潜在的影响因素分为四类，见表 11-4。路线特征描述了路线的静态性能指标，这些指标是在公交路线的规划阶段确定的。路线直达性定义为实际路线长度除以两个终点站之间最短路径长度。路线的直达性越高，弯道出现的可能性就越小。路线坡度由特定路线的平均道路坡度值表示。在客流统计中，使用了三个指标，即平均停靠的载客量、平均行程的载客量和行程载客量标准差。出行被定义为公交路线起点和终点之间的行程，并且可以通过车辆 GPS 数据进行识别和确定。可基于带有上下车时间戳和位置信息的公交智能卡交易来计算载客量。运行条件和时间属性表示整条道路的堵塞程度。平均出行速度定义为路线长度与终点站到终点站的出行时间（不包括总停留时间）之比，而平均停靠时间可以通过匹配每个公交车站的公交智能卡和 GPS 数据来获取，算法见文献 74。

自变量描述　　表 11-4

类别	变量	数值设置
道路特征	公交站数量	R +
	公交站平均距离	R +
	路线直达性	R +
	路线坡度	R +
客流统计	平均停靠载客量	R +
	平均行程载客量	R +
	行程旅客负载标准差	R +
时间属性	当日时间	0 ~ 24
	周几	0 = 工作日
		1 = 周末
运行条件	平均行程速度	R +
	平均停靠时间	R +

注：R + 表示正实数。

为量化并排序每个影响因素对公交车能耗的影响，本节应用 GBDT 来计算自变量的相对重要性。GBDT 本质上是一个集成学习模型，它结合了几个弱决策树，并通过搜索其负梯度方向来优化损失函数。与目前流行的人工智能和统计方法相比，GBDT 具有以下优势：①能够处理影响公交车能耗的多种类型的变量（例如连续变量、离散变量和日期）；②处理异常值和丢失数据具有鲁棒性；③可以通过部分依赖关系图来更好地解释模型结果。这些优点适合本章研究内容：

（1）能源消耗的影响因素是不同的，包括连续、离散和日期。

（2）由于数据量很大，因此，数据中存在异常值和缺失值。

(3) 通过部分依赖关系图,GBDT 可以帮助分析各个对不同类型公交车能耗的影响。类似于 GBDT 的方法已在其他领域成功实施,例如交通事故分析、地铁乘车率预测和旅行行为分析。图 11-1 显示了使用 GBDT 进行数据处理和分析的具体过程。图中 BEB 表示电动公交车(Battery Electric Bus),DB 表示燃油公交车(Diesel Buses)。

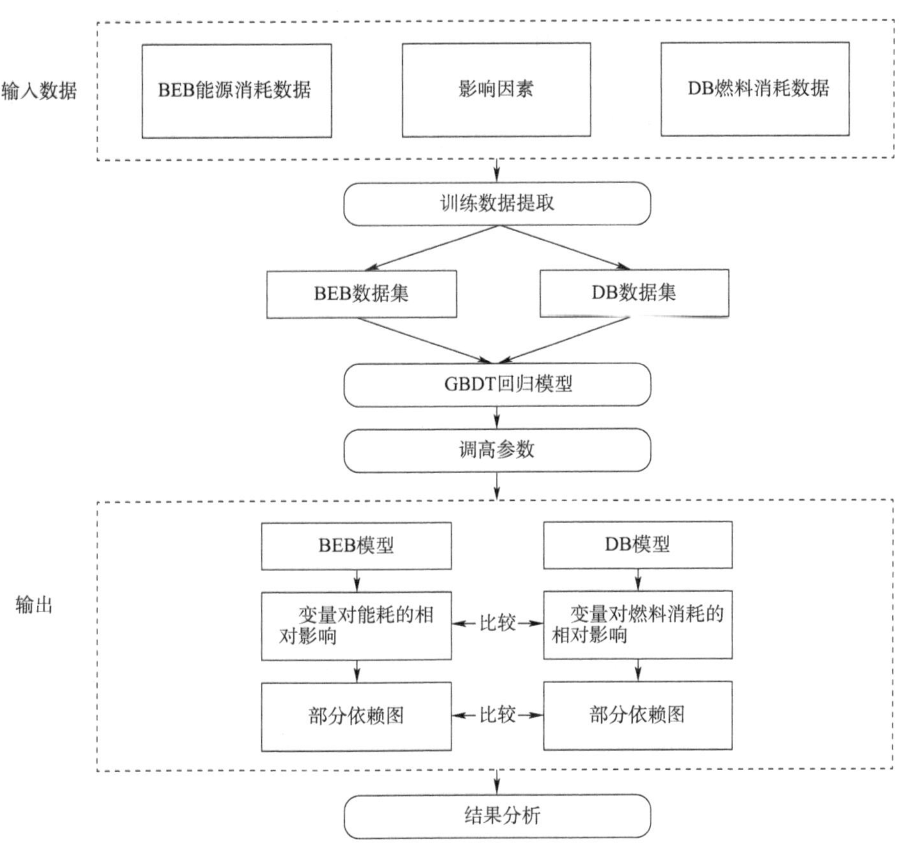

图 11-1 使用 GBDT 进行数据处理和分析的具体过程

本节提取每辆公共汽车的行程能耗数据特征并汇总到 2017 年 11 月 1—7 日的两个大型数据集(燃油公交车和电动公交车)中,总样本量为 32168。

应用五重交叉验证来确定最佳参数设置:收缩率、树的复杂度和树的数量。本节将每个数据集随机分为 50% 的训练数据、25% 的验证数据和 25% 的测试数据。训练数据集用于调整 GBDT 中的参数,而验证数据集用于避免过度拟合。应用了平均绝对百分比误差来验证模型性能,其定义为:

$$\mathrm{MAPE} = \frac{1}{n}\sum_{i=1}^{n}\left|\frac{E_i - \hat{E}_i}{E_i}\right| \tag{11-12}$$

式中,E_i 和 $\hat{E}_i$ 分别表示第 i 次公交行程的实际能耗估算能耗;n 是公交行程的总数。

考虑到样本量较大,最大树数设置为 100000,收缩率范围为 0.001 ~ 0.1,并且树的复杂性在{2,4,6,8,10}中指定。在梯度增强过程中可以自动获得最佳树木数量。表 11-5 和表 11-6 分别显示了燃料公交车和电动公交车能耗估算的最佳参数。根据验证结果,燃料公交车和电动公交车的 GBDT 模型设置最优参数收缩率 = 0.10，树复杂度 = 10。

电动公交车的 GBDT 模型表现 表 11-5

收缩	MAPE 和最佳树数（验证数据集）									
	树复杂性 = 2		4		6		8		10	
	MAPE	树	MAPE	树	MAPE	树	MAPE	树	MAPE	树
0.10	0.0958	1678	0.0907	755	0.0864	532	0.0906	427	0.0845	402
0.05	0.0939	5058	0.0869	2035	0.0878	1325	0.0856	543	0.0868	367
0.01	0.0906	27709	0.0878	10542	0.0861	6486	0.0875	5190	0.0846	3002
0.005	0.0906	29990	0.0884	24365	0.0854	12242	0.0864	6749	0.0886	5207
0.001	0.1005	29993	0.0917	29980	0.0861	29961	0.0859	28891	0.0851	28184

燃油公交车的 GBDT 模型表现 表 11-6

收缩	MAPE 和最佳树数（验证数据集）									
	树复杂性 = 2		4		6		8		10	
	MAPE	树	MAPE	树	MAPE	树	MAPE	树	MAPE	树
0.10	0.0655	12743	0.0625	4831	0.0616	3232	0.0604	2196	0.0584	1702
0.05	0.0647	33058	0.0644	7956	0.0617	6008	0.0619	4581	0.0601	4208
0.01	0.0588	99923	0.0508	50598	0.0499	39435	0.0494	29914	0.0596	25584
0.005	0.0588	99923	0.0508	50598	0.0499	39435	0.0494	29914	0.0596	25584
0.001	0.0712	100000	0.0717	99988	0.0709	99971	0.0721	99999	0.0670	99549

每个公交车能耗影响因素相对重要性都可以通过计算得出并排序，见表 11-7。

变量对公交车能耗的相对影响 表 11-7

类型	变量	电动公交车		燃油公交车	
		排名	相对重要性（%）	排名	相对重要性（%）
路线特征	站点数量	3	18.96	8	1.81
	平均站点距离	4	10.63	5	4.08
	路线直达率	6	4.96	7	2.36
	道路坡度	2	22.57	3	7.07
客流量统计	平均站点旅客人数	8	2.90	10	1.26
	平均行程旅客人数	9	2.25	11	0.99
	行程旅客人数标准差	10	1.33	9	1.76
时间因素	当日时间	7	4.72	4	5.43
	星期几	11	1.15	6	3.38
运行状况	平均行程速度	1	25.27	1	62.94
	平均站点停留时间	5	5.26	2	8.92

有趣的是,在影响公交车能耗的因素方面,电动公交车和燃油公交车之间存在巨大差异。对电动公交车而言,路线特征、客流量、时间因素和运行状况的影响程度分别为57.12%、6.48%、5.87%和30.53%,而对燃油公交车来说则分别是15.32%、4.00%、8.81%和71.85%。

对于电动公交车,路线特征是对其能源消耗影响最大的因素,其中道路坡度占22.57%,其次是停靠点数量(18.96%)和平均停靠距离(10.63%)。

该结果表明,道路坡度对车辆能耗产生的影响最大。设置很多站点,导致站点间距离变短,会增加公交车的能耗。对于燃油公交车,路线特征(15.32%)位居第二,其中道路坡度和平均站点距离分别占7.07%和4.28%。这些统计数据表明,现有公共交通设施很可能会影响电动公交车的能源消耗率。

在影响燃油公交车和电动公交车能耗的所有因素中,客流量分别排名第三(6.48%)和第四(4.00%)。客流量对电动公交车的能源消耗的影响相比对燃油公交车更大。

时间属性(可能是由交通堵塞导致)是影响燃油公交车燃油消耗率第三重要的因素(8.81%),并且是对电动公交车能耗影响最不重要的因素。

运行条件是燃油公交车能耗的主要影响因素,约占72%,但对于电动公交车,这一数字下降到30%,排在路线特征之后。就运行条件来说,平均行程速度是影响燃油公交车和电动公交车能耗的主要因素。鉴于电动汽车再生制动系统的特点,电动公交车可以在制动时将动能转换为电能,因此,其比燃油公交车具有更高的能源效率。站点停留时间在电动公交车能耗中的影响不如对燃油公交车能耗的影响,这或许可以用燃油机的怠速状态来解释,这一状态使得燃油公交车即使停下来让乘客上下车时,也会消耗多余的燃料。

在上述基础上,本章为电动公交车运行提供如下的建议:

(1) 由于高能耗,应选择平均速度低于12km/h的燃油公交车路线进行电动化。

(2) 站点数量少于20个和站点间距大于1km的路线应被给予特别关注,因为将这些线路电动化之后,可以节省大量的能源。

(3) 应当在下坡路段规划换乘路线,以节省能源。

(4) 鉴于有限的资源和预算,占北京公交路线(九条路线)的1.4%由包括燃油公交车和电动公交车组成的混合公交车配置是可行的。燃油公交车应当在非高峰时段运行,电动公交车应当在高峰时段运行,以实现显著的能耗降低。

(5) 考虑到公共汽车电动化的全球趋势,未来的公交网络设计和优化应着重于减少总体站点数量、站点间距和路线直达性以满足乘客的需求。这个目标鼓励公交运营企业开通快车路线,这类似正在出现的"定制公交车"交通服务模式。

11.4 政策建议

11.4.1 调度问题

近年来,电动公交车的应用快速普及,与传统燃油公交车相比,拥有许多优势,包括环境改善、能源安全、更安静的操作和总燃料成本的节约。早在1907年,以车载蓄电池为动力的电动公交车就被引入伦敦,作为马匹的替代品。自20世纪90年代以来,公交运营企业一直在使用它们,例如在加利福尼亚州的圣巴巴拉市和田纳西州的查特怒加市。在北京奥运会和上海世博会上应用了更大规模的电动公交车。最近,在我国天津,超过1000辆电动公交车已经投入使用。在我国家层面,也有许多采用电动公交车的计划,如美国的TIGER计划、英国的绿色公交基金计划和中国的"十城千辆"计划。采用电动公交车需要从多个角度进行全面规划,其中包括充电基础设施的部署和运营策略等[75]。

公交车调度是公共交通运营规划的一个关键步骤,它侧重于如何运营公交车队以完成服务行程的时间表。在一个大规模的公交系统中,为了提高车辆的利用率,公交车经常在不同的线路之间转换,并经常进行换乘旅行。与传统公交车相比,电动公交车的调度问题更为复杂。电动公交车的蓄电池寿命有限,而且蓄电池充电需要很长时间。因此,电动公交车的调度问题不仅需要满足时间表的约束,而且还要考虑蓄电池续驶能力的限制和车辆的充电计划。此外,在实践中,行程时间是随机的,它们往往不符合时间表中估计的时间。这种出行时间的随机性对电动公交系统的运行有深刻的影响。一方面,行程时间的随机性可能导致一些行程的启动延迟,并影响电动公交系统的准点率。另一方面,由于电动公交车的能源消耗可能取决于道路状况,城市交通中的随机性有可能会导致电动公交车在完成一次服务行程前就损耗了蓄电池,从而导致恢复成本较高。

公交车调度问题的主要研究内容为在时刻表给定条件下,为所有车次分配最佳执行车辆,也就是为每辆车安排所需执行的车次链(车次链中可能包含空驶车次),以达到最小化总运营成本的系统目标。根据车场数量,可将公交车车辆调度问题分为单车场车辆调度问题和多车场车辆调度问题,单车场公交车车辆调度问题中只包含一个公交车停靠车场站,所有公交车从该车场站出发承担一系列车次任务并返回该车场站。多车场公交车车辆调度问题涉及多个停车场站,一般情况下为方便公交车调度管理,公交车从不同车场站出发,承担一系列车次任务并返回该车原出发车场。有时为了应对特殊情况,得到更为经济的行车计划,也允许公交车出发和结束停靠的车场站不一致[76]。

单车场车辆调度是最简单的公交车调度问题,该问题的主要研究内容为:在给定时刻表条件下,每辆车次任务特定时间里完成,为所有车次分配最佳执行车辆,每辆车从同一场站出发,承担一系列的车次任务并回到原场站,得到最优的车次链计划。当一个车场不够容纳公交运营所需车辆时,公交车需从不同场站出发,承担所需要完成的车次任务,形成行车计划。公交车从不同车场出发的车辆调度问题为多车场车辆调度问题。当公交车调度问题中涉及电动汽车时,由于电动汽车续驶里程较短和充电时间较长,电动公交车和传统燃油车的技术特征和操作特性是不同的,这些差异导致车辆调度方法的巨大变化。电动公交车调度也因为能源的限制和补充导致问题更加复杂。考虑电动公交车在充电站进行充电,一天可充电多次,而且充电过程中可以选择部分充电或完全充对车辆调度的影响,可建立与之适应的混合整数规划模型。

11.4.2 充电问题

目前市场上主要有三种类型的电动公交车:混合动力电动公交车、插电式混合动力电动公交车和蓄电池电动公交车,它们在设计和操作上有区别。蓄电池电动公交车,也被称为纯电动公交车,完全由电动机驱动,没有车载内燃机。与其他两种类型相比,纯电动公交车的好处是零尾气排放和低噪声运行,因此,有很大的潜力使交通部门摆脱对化石燃料的依赖。但是目前纯电动公交车的运行距离较短,在美国南卡罗来纳州塞内卡市使用的35ft 低地板普罗泰拉品牌的电动公交车,在两次充电之间只能行驶 56km。同样,在美国加州多尼市使用的 6.7m Ebus 品牌电动公交车,两次充电之间只能运行 72km[77]。此外,出于安全考虑和延长蓄电池寿命,应避免蓄电池的深度放电。例如,在北京,最长行驶里程为 200km 的电动公交车在充满电后只能行驶 100km。这种有限的行驶里程意味着电动公交车很难连续运行[78]。

为了确保电动公交车保持较长的运行时间,必须使用快速充电技术或交换蓄电池来快速补充消耗的能量,即在现有蓄电池完全耗尽之前用完全充电的蓄电池来替换。与蓄电池交换模式不同的是,使用快速充电模式充电的能量取决于充电时间和充电效率。因此,在快速充电服务后,蓄电池可能无法完全充电。随着快速充电技术的发展,充电变得越来越快。有报告说,快速充电系统能够在大约 10min 内为一辆续驶里程为 64km 的电动公交车充电。在南卡罗来纳州的塞内卡,电动公交车可以使用自动连接,通过高架系统将公交车连接到高容量的充电器,无须驾驶人参与,如图 11-2 所示。电动公交车可以在短短 6min 内达到至少 92% 的充电状态。

图 11-2 通过高架系统充电的电动公交车

在大多数公共交通网络中,都有连接几条线路的交通中心。对于每辆公交车来说,在交通中心的停留时间通常比其他站点要长,以便让乘客改变路线。例如,加州戴维斯市的公交网络通常在公交中心停留 10 ~ 15min。这种在交通中心的停留使来自不同路线的多辆电动公交车有时间快速充电,并提供更好的充电器站管理。交通中心的充电器位置也便于充电器的维护。本章致力于解决上述挑战,并通过研究电动公交车在随机交通条件下的稳健调度策略,为促进电动公交车的运营作出贡献。

参 考 文 献

[1] 王佳琦,闫承凯,席欧,等.“双碳”目标下交通运输行业的绿色金融发展研究[J].交通节能与环保,2022,18(05):55-59.

[2] 刘宇,羊凌玉,李欣蓓,等.碳中和目标实现下中国转型发展路径研究[J].北京理工大学学报(社会科学版),2022,24(04):27-36.

[3] 田峰,魏帮顶,苏玉来.电动汽车技术进展和发展前景[J].时代汽车,2022,(12):118-119.

[4] 石扬帆,樊鑫虎,王博文,等.全球电动汽车发展现状及未来趋势分析[J].汽车实用技术,2021,46(10):194-195.

[5] 曹镇杭,胡延明,刘洋,等.我国纯电动汽车发展及对策[J].时代汽车,2021,(10):84-86.

[6] 诸葛承祥,邵春福.电动汽车用户行为分析与充电设施布局理论及方法[M].北京:人民交通出版社股份有限公司,2022.

[7] 李淼,黄晓青.电动汽车与智慧车联网[M].北京:中国水利水电出版社,2020.

[8] 翁银燕.新能源汽车技术现状及发展趋势[J].汽车与新动力,2022:17-19.

[9] FRADE I,RIBEIRO A,GONCALVES G,et al. An optimization model for locating electric vehicle charging stations in central urban areas[J]. Transportation Research Record: Journal of the Transportation Research Board,2011,3582:1-19.

[10] IP A,FONG S,LIU E. Optimization for allocating BEV recharging stations in urban areas by using hierarchical clustering[C]. 2010 6th International conference on advanced information management and service (IMS),2010:460-465.

[11] PAN F,BENT R,BERSCHEID A,et al. Locating PHEV exchange stations in V2G[C]. IEEE International Conference on Smart Grid Communications,2010:173-178.

[12] SWEDA T,KLABJAN D. An agent-based decision support system for electric vehicle charging infrastructure deployment[C]. 2011 IEEE Vehicle Power and Propulsion Conference,2011:1-5.

[13] HE F,WU D,YIN Y,et al. Optimal deployment of public charging stations for plug-in hybrid electric vehicles[J]. Transportation Research Part B: Methodological,2013,47:87-101.

[14] HE X,WU Y,ZHANG S,et al. Individual trip chain distributions for passenger cars: Implications for market acceptance of battery electric vehicles and energy consumption by plug-in hybrid electric vehicles[J]. Applied Energy,2016,180:650-660.

[15] JIA D,NGODUY D. Enhanced cooperative car-following traffic model with the combination of V2V and V2I communication[J]. Transportation Research Part B: Methodological,2016,90:172-191.

[16] SCHWARZKOPF A B, LEIPNIK R B. Control of highway vehicles for minimum fuel consumption over varying terrain[J]. Transportation Research, 1977, 11(4): 279-286.

[17] HOOKER J N. Optimal driving for single-vehicle fuel economy[J]. Transportation Research Part A: General, 1988, 22(3): 183-201.

[18] TRAYFORD R S, DOUGHTY B W, WOOLDRIDGE M J. Fuel saving and other benefits of dynamic advisory speeds on a multi-lane arterial road[J]. Transportation Research Part A: General, 1984, 18(5-6): 421-429.

[19] ALMQVIST S, HYDEN C, RISSER R. Use of speed limiters in cars for increased safety and a better environment[J]. Transportation Research Record, 1991(1318): 34-39.

[20] SANCHEZ M, CANO J, KIM D. Predicting traffic lights to improve urban traffic fuel consumption[C]. 2006 6th International Conference on ITS Telecommunications, 2006: 331-336.

[21] IGLESIAS I, ISASI L, LARBURU M, et al. I2V communication driving assistance system: on-board traffic light assistant[C]. 2008 IEEE 68th Vehicular Technology Conference, 2008: 1-5.

[22] MANDAVA S, BORIBOONSOMSIN K, BARTH M. Arterial velocity planning based on traffic signal information under light traffic conditions[C]. 2009 12th International IEEE Conference on Intelligent Transportation Systems, 2009: 1-6.

[23] TIELERT T, KILLAT M, HARTENSTEIN H, et al. The impact of traffic-light-to-vehicle communication on fuel consumption and emissions[C]. 2010 Internet of Things (IOT), 2010: 1-8.

[24] LIU H X, WU X, MA W, et al. Real-time queue length estimation for congested signalized intersections[J]. Transportation Research Part C: Emerging Technologies, 2009, 17(4): 412-427.

[25] HOOKER J N, ROSE A B, ROBERTS G F. Optimal control of automobiles for fuel economy[J]. Transportation Science, 1983, 17(2): 146-167.

[26] WU C, ZHAO G, OU B. A fuel economy optimization system with applications in vehicles with human drivers and autonomous vehicles[J]. Transportation Research Part D: Transport and Environment, 2011, 16(7): 515-524.

[27] XU S, LI S E, ZHANG X, et al. Fuel-optimal cruising strategy for road vehicles with step-gear mechanical transmission[J]. IEEE Transactions on Intelligent Transportation Systems, 2015, 16(6): 3496-3507.

[28] YANG D, JIN P J, PU Y, et al. Stability analysis of the mixed traffic flow of cars and trucks using heterogeneous optimal velocity car-following model[J]. Physica A: Statistical Mechanics and its Applications, 2014, 395: 371-383.

[29] UBIERGO G A, JIN W. Mobility and environment improvement of signalized networks through Vehicle-to-Infrastructure (V2I) communications[J]. Transportation Research

Part C: Emerging Technologies,2016,68: 70-82.

[30] 曹光宇,刘奇,金勇,等. 汽车共享系统调度方法研究综述[J]. 交通与运输(学术版),2016,(02): 89-93.

[31] BOYACI B, ZOGRAFOS K G, GEROLIMINIS N. An optimization framework for the development of efficient one-way car-sharing systems [J]. European Journal of Operational Research,2015,240(3): 718-733.

[32] 梁亚林. 考虑合乘的共享自动驾驶汽车选择行为分析[D]. 大连: 大连理工大学,2019.

[33] MA J, LI X, ZHOU F, et al. Designing optimal autonomous vehicle sharing and reservation systems: A linear programming approach[J]. Transportation Research Part C: Emerging Technologies,2017,84: 124-141.

[34] LEVIN M W. Congestion-aware system optimal route choice for shared autonomous vehicles [J]. Transportation Research Part C: Emerging Technologies, 2017, 82: 229-247.

[35] BONGIOVANNI C, KASPI M, GEROLIMINIS N. The electric autonomous dial-a-ride problem[J]. Transportation Research Part B: Methodological,2019,122: 436-456.

[36] LIU Z, MIWA T, ZENG W, et al. Dynamic shared autonomous taxi system considering on-time arrival reliability [J]. Transportation Research Part C: Emerging Technologies, 2019,103: 281-297.

[37] BRAEKERS K, CARIS A, JANSSENS G K. Exact and meta-heuristic approach for a general heterogeneous dial-a-ride problem with multiple depots [J]. Transportation Research Part B: Methodological,2014,67: 166-186.

[38] SANTOS G, CORREIA G. A MIP model to optimize real time maintenance and relocation operations in one-way carsharing systems[J]. Transportation Research Procedia,2015, 10: 384-392.

[39] NAIR R, MILLER-HOOKS E. Equilibrium network design of shared-vehicle systems[J]. European Journal of Operational Research,2014,235(1): 47-61.

[40] CEPOLINA E M, FARINA A. A new shared vehicle system for urban areas [J]. Transportation Research Part C: Emerging Technologies,2012,21(1): 230-243.

[41] JORGE D, MOLNAR G, DE ALMEIDA CORREIA G H. Trip pricing of one-way station-based carsharing networks with zone and time of day price variations[J]. Transportation Research Part B: Methodological,2015,81: 461-482.

[42] SHEN Y, ZHANG H, ZHAO J. Integrating shared autonomous vehicle in public transportation system: A supply-side simulation of the first-mile service in Singapore[J]. Transportation Research Part A: Policy and Practice,2018,113: 125-136.

[43] WEN J, CHEN Y X, NASSIR N, et al. Transit-oriented autonomous vehicle operation with integrated demand-supply interaction [J]. Transportation Research Part C: Emerging

Technologies,2018,97: 216-234.

[44] BI J, WANG Y, SAI Q, et al. Estimating remaining driving range of battery electric vehicles based on real-world data: A case study of Beijing, China[J]. Energy, 2019, 169: 833-843.

[45] 杨晓东,吕叶林,许可. 基于 GRU-NN 模型的电动汽车实时能耗预测方法[J]. 交通节能与环保,2022,18(04): 59-65.

[46] MODI S, BHATTACHARYA J, BASAK P. Estimation of energy consumption of electric vehicles using Deep Convolutional Neural Network to reduce driver's range anxiety[J]. ISA Transactions,2020,98: 454-470.

[47] 李婷婷. 基于深度学习的纯电动车预测性节能控制研究[D]. 太原: 中北大学,2022.

[48] 王岩庆,周均,丛若晨,等. 区块链技术在电动汽车智能化管理中的研究现状与发展[J]. 南方电网技术,2022: 1-13.

[49] WU X, FREESE D, CABRERA A, et al. Electric vehicles' energy consumption measurement and estimation[J]. Transportation Research Part D: Transport and Environment,2015,34: 52-67.

[50] TANAKA D, ASHIDA T, MINAMI S. An analytical method of EV velocity profile determination from the power consumption of electric vehicles[C]. 2008 IEEE Vehicle Power and Propulsion Conference,2008: 1-3.

[51] WANG G, MAKINO K, HARMANDAYAN A, et al. Eco-driving behaviors of electric vehicle users: A survey study[J]. Transportation Research Part D: Transport and Environment, 2020,78: 102188.

[52] BARKENBUS J N. Eco-driving: An overlooked climate change initiative[J]. Energy Policy,2010,38(2): 762-769.

[53] SIVAK M, SCHOETTLE B. Eco-driving: Strategic, tactical, and operational decisions of the driver that influence vehicle fuel economy[J]. Transport Policy,2012,22: 96-99.

[54] GALVIN R. Energy consumption effects of speed and acceleration in electric vehicles: Laboratory case studies and implications for drivers and policymakers[J]. Transportation Research Part D: Transport and Environment,2017,53: 234-248.

[55] AGRAWAL S, ZHENG H, PEETA S, et al. Routing aspects of electric vehicle drivers and their effects on network performance[J]. Transportation Research Part D: Transport and Environment,2016,46: 246-266.

[56] LI M, WU X, ZHANG Z, et al. A Wireless Charging Facilities Deployment Problem Considering Optimal Traffic Delay and Energy Consumption on Signalized Arterial[J]. IEEE Transactions on Intelligent Transportation Systems,2019,20(12): 4427-4438.

[57] LI M, WU X, HE X, et al. An eco-driving system for electric vehicles with signal control under V2X environment[J]. Transportation Research Part C: Emerging Technologies,

2018,93: 335-350.

[58] TREIBER M, HENNECKE A, HELBING D. Congested traffic states in empirical observations and microscopic simulations [J]. Physical Review E, 2000, 62 (2): 1805-1824.

[59] TREIBER M, KESTING A, HELBING D. Delays, inaccuracies and anticipation in microscopic traffic models[J]. Physica A: Statistical Mechanics and its Applications, 2006,360(1): 71-88.

[60] HE X,WU X. Eco-driving advisory strategies for a platoon of mixed gasoline and electric vehicles in a connected vehicle system[J]. Transportation Research Part D: Transport and Environment,2018,63: 907-922.

[61] BIGGS D C,AKCELK R. An energy-related model of instantaneous fuel consumption [J]. Traffic Engineering and Control,1986,2(6): 320-325.

[62] WU X, HE X, YU G, et al. Energy-optimal speed control for electric vehicles on signalized arterials[J]. IEEE Transactions on Intelligent Transportation Systems,2015, 16(5): 2786-2796.

[63] 李明. 随机需求下网联自动驾驶车辆动态调度研究[D]. 北京: 北京航空航天大学,2020.

[64] SEXTON T R,BODIN L D. Optimizing single vehicle many-to-many operations with desired delivery times: I. Scheduling [J]. Transportation Science, 1985, 19 (4): 378-410.

[65] LIGHTHILL M J,WHITHAM G B. On kinematic waves I. Flood movement in long rivers [J]. Proceedings of the Royal Society of London. Series A. Mathematical and Physical Sciences,1955,229(1178): 281-316.

[66] RICHARDS P I. Shock waves on the highway[J]. Operations research,1956,4(1): 42-51.

[67] LEBACQUE J. A two phase extension of the LWR model based on the boundedness of traffic acceleration[M]. Emerald Group Publishing Limited,2002.

[68] DAGANZO F. Fundamentals of Transportation and Traffic Operations[M]. Oxford,UK: Pergamon-Elsevier,1997.

[69] HUO X,WU X,LI M,et al. The allocation problem of electric car-sharing system: A data-driven approach[J]. Transportation Research Part D: Transport and Environment, 2020,78: 102192.

[70] ZAKARIA R,DIB M,MOALIC L,et al. Car relocation for carsharing service: Comparison of CPLEX and greedy search[C]. 2014 IEEE Symposium on Computational Intelligence in Vehicles and Transportation Systems (CIVTS),2014: 51-58.

[71] MA X,MIAO R,WU X,et al. Examining influential factors on the energy consumption of electric and diesel buses: A data-driven analysis of large-scale public transit network in

Beijing[J]. Energy,2021,216: 119196.

[72] WANG J,RAKHA H A. Fuel consumption model for conventional diesel buses[J]. Applied Energy,2016,170: 394-402.

[73] RAKHA H A,AHN K,MORAN K,et al. Virginia tech comprehensive power-based fuel consumption model: model development and testing[J]. Transportation Research Part D: Transport and Environment,2011,16(7): 492-503.

[74] MA X, DING C, LUAN S, et al. Prioritizing influential factors for freeway incident clearance time prediction using the gradient boosting decision trees method[J]. IEEE Transactions on Intelligent Transportation Systems,2017,18(9): 2303-2310.

[75] TANG X,LIN X,HE F. Robust scheduling strategies of electric buses under stochastic traffic conditions[J]. Transportation Research Part C: Emerging Technologies,2019, 105: 163-182.

[76] 李一凡. 多车场多车型纯电动公交车车辆调度问题研究[D]. 天津: 天津大学,2019.

[77] STOKES A,POGER L. Electric Drive Buses[R]: Advanced Energy,2013.

[78] WANG Y,HUANG Y,XU J,et al. Optimal recharging scheduling for urban electric buses: A case study in Davis[J]. Transportation Research Part E: Logistics and Transportation Review,2017,100: 115-132.